支之義機山之記盡矣雖有作者寧能有加乎補之之追復勤勵方以詩文成又適南行蒙時泊舟護寵求四君子於亭下爲能篤補之補之陽明居士王守仁識

王阳明全集

王阳明◎著

中国文史出版社

图书在版编目（CIP）数据

王阳明全集：1－5/王阳明著．—北京：中国文史出版社，2014.8（2020.11 重印）

ISBN 978－7－5034－5084－6

Ⅰ．①王… Ⅱ．①王… Ⅲ．①王守仁（1472－1528）－文集 Ⅳ．①B248．2－53

中国版本图书馆 CIP 数据核字（2020）第 202130 号

责任编辑：殷　旭
封面设计：周　飞

出版发行：**中国文史出版社**
社　　址：北京市海淀区西八里庄路 69 号 邮编：100036
电　　话：010－81136606 81136602 81136603（发行部）
传　　真：010－81136655
印　　装：三河市华晨印务有限公司
经　　销：全国新华书店
开　　本：880×1230 毫米　1/32
印　　张：51.25　　　字数：1150 千字
版　　次：2014 年 8 月北京第 1 版
印　　次：2020 年 11 月第 4 次印刷
定　　价：198.00 元（全五册）

王阳明全集

目录

卷九　世德纪

卷十　附录

卷九　世德纪

传

王性常先生传

张壹民

王纲字性常，一字德常。弟秉常、敬常，并以文学知名。性常尤善识鉴，有文武长才。少与永嘉高则诚族人元章相友善，往来山水间，时人莫测也。元末尝奉母避兵五泄山中。有道士夜投宿，性常异其气貌，礼敬之，曰："君必有道者，愿闻姓字。"道士曰："吾终南隐士赵缘督也。"与语达旦，因授以筮法。且为性常筮之曰："公后当有名世者矣。然公不克终牖下。今能从吾出游乎？"性常以母老，有难色。道士笑曰："公俗缘未断，吾固知之。"遂去。诚意伯刘伯温微时常造焉。性常谓之曰："子真王佐才，然貌微不称其心，宜厚施而薄受之。老夫性在邱壑，异时得志，幸勿以世缘见累，则善矣。"后伯温竟荐性常于朝。

洪武四年，以文学征至京师。时性常年已七十，而齿发精神如少壮。上问而异之。亲策治道，嘉悦其对，拜兵部郎中。未几，潮民弗靖，遂擢广东参议，往督兵粮。谓所亲曰："吾命尽兹行乎？"

致书与家人诀，携其子彦达以行。至则单舸往谕，潮民感悦，咸扣首服罪，威信大张。回至增城，遇海寇曹真窃发，鼓噪突至，截舟罗拜，愿得性常为帅。性常谕以逆顺祸福，不从，则厉声叱骂之。遂共扶异之而去。贼为坛坐性常，日罗拜请不已。性常亦骂不绝声，遂遇害。时彦达亦随入贼中，从旁哭骂求死。贼欲并杀之。其酋曰："父忠而子孝，杀之不祥。"与之食，不顾。贼悯其诚孝，容令缀羊革裹尸，负之而出，得归葬禾山。

洪武二十四年，御史郭纯始备上其事。得立庙死所，录用彦达。彦达痛父以忠死，躬耕养母，麄衣恶食，终身不仕。性常之殁，彦达时年十六云。

遁石先生传

胡　俨

翁姓王氏，讳与准，字公度，浙之余姚人，晋右军将军羲之之裔也。父彦达，有隐操。祖广东参议性常，以忠死难。朝廷旌录彦达，而彦达痛父之死，终身不仕。悉取其先世所遗书付翁曰："但毋废先业而已，不以仕进望尔也。"翁闭门力学，尽读所遗书。乡里后进或来从学者，辄辞曰："吾无师承，不足相授。"因去从四明赵先生学《易》。赵先生奇其志节，妻以族妹而劝之仕。翁曰："昨闻先生'遁世无闷'之诲，与准请终身事斯语矣。"赵先生愧谢之。

先世尝得筮书于异人，翁暇试取而究其术，为人筮，无不奇中。远近辐辏，县令亦遣人来邀筮。后益数数，日或二三至。翁厌苦之，取其书对使者焚之曰："王与准不能为术士，终日奔走公门，谈祸福。”令大衔之。翁因逃入四明山石室中，不归者年余。时朝廷督有司访求遗逸甚严。部使者至县，欲起翁。令因言曰：“王与准以其先世尝死忠，朝廷待之薄，遂父子誓不出仕，有怨望之心。”使者怒，拘翁三子，使人督押，入山求之。翁闻益深遁，坠崖伤足。求者得之以出。部使见翁创甚，且视其言貌坦直无他。翁亦备言其焚书逃遁之故。使者悟，始释翁。见翁次子世杰之贤，因谓翁曰：“足下不仕，终恐及罪，宁能以子代行乎？”不得已，遂补世杰邑庠弟子员。而翁竟以足疾得免。翁谓人曰：“吾非恶富贵而乐贫贱；顾吾命甚薄，且先人之志，不忍渝也。”又曰：“吾非伤于石，将不能遂栖遁之计，石有德于吾，不敢忘也。”因自号遁石翁云。

翁伟貌修髯，精究《礼》《易》，著《易微》数千言。尝筮居秘图湖阴，遇“大有”之“震”，谓其子曰：“吾先世盛极而衰，今衰极当复矣。然必吾后再世而始兴乎？兴必盛且久。”至是翁没且十年，而世杰以名儒宿学膺贡，来游南雍。大司成陈公一见，待以友礼，使毋就弟子列；命六堂之士咸师资之。俨忝与同舍，受世杰教益为最多，而相知为最深，因得备闻翁之隐德，乃私为志之若此。

昔人有言：公侯子孙必复其始。王氏自汉吉祥至祥览，皆以令德孝友垂江左。聊緜数百祀，门第之盛，天下莫敢望。中微百余年，天道未为无意也。元末时，其先世尝遇异人，谓其后必有名世者出；而翁亦尝再世而兴之筮。今世杰于翁亦再世矣，充世杰之道，真足以弘济天下，而能澹然爵禄不入其心，古所谓“富贵不能淫，贫贱不能移，威武不能屈”者，吾诚于世杰见之，异时求当天下之大任者，非世杰而谁乎？则异人之言，与翁之筮，于是始可验矣。

槐里先生传

戚　澜

先生姓王，名杰，字世杰，居秘图湖之后。其先世尝植三槐于门，自号槐里子，学者因称曰槐里先生。始祖为晋右将军羲之。曾祖纲性常与其弟秉常、敬常俱以文学显名国初，而性常以广东参议死于苗之难。秘湖渔隐彦达，父遁石翁与准，皆以德学为世隐儒。先生自为童子，即有志圣贤之学。年十四，尽通《四书》《五经》及宋诸大儒之说。时朝廷方督有司求遗逸，部使者闻遁石翁之名，及门迫起之，不可得。见先生，奇焉，谓遁石翁曰："足下不屑就，罪且及身，宁能以子代行乎？"不得已，乃遣先生备邑庠弟子员。时教谕程晶负才倨傲，奴视诸生，见先生，辄敬服，语人曰："此今之黄叔度也。"岁当大比，邑有司首以先生应荐。比入试，众皆散发袒衣，先生叹曰："吾宁曳履衡门矣。"遂归，不复应试。

宣德间，诏中外举异才堪风宪者，破常调任使之。时先生次当贡，邑令黄维雅重先生，为之具行李，戒仆从，强之应诏。先生固以亲老辞。乃让其友汪生叔昂。既而遁石翁殁，又当贡，复以母老辞，让其友李生文昭；而躬耕受徒，以养其母，饔飧不继，休如也。母且殁，谓先生曰："尔贫日益甚，吾死，尔必仕。毋忘吾言。"已终丧，先生乃应贡，入南雍。祭酒陈公敬宗闻先生至，待以友礼，使毋就弟子列。明年，荐先生于朝。未报，而先生殁。

先生仪观玉立，秀目修髯，望之以为神人。无贤愚戚疏，皆知敬而爱之。言行一以古圣贤为法。尝谓其门人曰："学者能见得曾点意思，将洒然无人而不自得，爵禄之无动于中，不足言也。"

先生与先君冷川先生友，先君每称先生所著《易春秋说》《周礼考正》，以为近世儒者皆所不及；与人论人物，必以先生为称首。澜时为童子，窃志之。然从先君宦游于外，无因及门也。今兹之归，先生殁已久矣。就其家求所著述，仅存《槐里杂稿》数卷；而所谓《易春秋说》《周礼考正》者，则先生之殁于南雍，其二子皆不在侍，为其同舍生所取，已尽亡之矣，呜呼惜哉。先君幼时，尝闻乡父老相传，谓王氏自东晋来盛江左，中微且百数年，元时有隐士善筮者，与其先世游，尝言其后当有大儒名世者出，意其在先生。而先生亦竟不及用，岂尚在其子孙耶？

竹轩先生传

魏 瀚

先生名伦，字天叙，以字行。性爱竹，所居轩外环植之，日啸咏其间。视纷华势利，泊如也。客有造竹所者，辄指告之曰："此吾直谅多闻之友，何可一日相舍耶？"学者因称曰竹轩先生。

早承厥考槐里先生庭训，德业夙成。甫冠，浙东西大家争延聘为子弟师。凡及门经指授者，德业率多可观。槐里先生蚤世，环堵萧然，所遗惟书史数箧。先生每启箧，辄挥涕曰："此吾先世之所殖也。我后人不殖，则将落矣。"乃穷年口诵心惟，于书无所不读，而尤好观《仪礼》《左氏传》《司马迁史》。雅善鼓琴，每风月清朗，则焚香操弄数曲。弄罢，复歌以诗词，而使子弟和之。识者谓其胸次洒落，方之陶靖节、林和靖，无不及焉。

居贫，躬授徒以养母。母性素严重，而于外家诸孤弟妹，怜爱甚切至。先生每先意承志，解衣推食，惟恐弗及；而于妻孥之寒馁，弗遑恤焉。弟粲幼孤，为母所钟爱。先生少则教之于家塾，长则挈之游江湖，有无欣戚，罔不与居。逮子华官翰林，请于朝，分禄以为先生养。先生复推其半以赡弟。乡人有萁豆相煎者，闻先生风，多愧悔，更为敦睦之行。

先生容貌环伟，细目美髯。与人交际，和乐之气蔼然可掬。而对门人弟子，则矩范严肃，凛乎不可犯。为文章好简古而厌浮靡，赋诗援笔立就，若不介意，而亦未尝逸于法律之外。所著有《竹轩稿》及《江湖杂稿》若干卷，藏于家。

先生与先君菊庄翁订盟吟社，有莫逆好。瀚自致政归，每月旦亦获陪先生杖履游。且辱知于先生仲子龙山学士。学士之子守仁，又与吾儿朝端同举于乡。累世通家，知先生之深者，固莫如瀚，因节其行之大者于此，以备太史氏之采择焉。

海日先生墓志铭

杨一清

正德己卯，宁濠称乱江西，鸠集群盗，发数千艘而东，远近震动。巡抚南赣都御史王守仁伯安传檄邻境，举兵讨贼。时其父南京吏部尚书王公致仕居会稽。有传伯安遇害者，人谓公曰:“盍避诸？”公曰：“吾儿方举大义，吾避安之。”或曰：“伯安既仇贼，贼必阴使人行不利于公，避之是也。”公笑曰：“吾儿能弃家讨贼，吾何可先去，以为民望。祖宗功泽在天下，贼行且自毙。吾为国大臣，恨老不能荷戈首敌。即有不幸，犹将与乡里子弟共死此城耳。”因使人趣郡县，宜急调兵粮为备；禁讹言，勿令动摇人心。乡人窃视公宴然如常时，众志亦稍稍定。盖不旬月而伯安之捷报至矣。初，贼濠东下，将趋南都。伯安引兵入南昌，夺其巢。贼闻大恐，急旋舟。伯安帅吉安知府今都宪伍君文定等大战于鄱阳湖。贼兵风靡，遂擒濠，并其党与数千人，献俘于阙。呜呼。自古奸雄构乱，虽有忠臣义士，必假以岁月，乃能削平祸难。伯安奋戈一呼，以身临不测之渊，呼吸之间，地方大定。公闻变从容，群嚣众惑，屹然不为动。伯安得直前徇国。不婴怀回顾以成懋绩。公之雅量，伯安之忠义，求之载籍，可多见哉？

及是武庙南巡，权奸妒功，构飞语陷伯安，迹甚危。众虑祸且及家，公寂若无闻。辛巳，今皇帝入嗣大统，始下诏表扬伯安之功。召还京师，因得便道归省。寻论功封奉天翊运推诚宣力守正文臣，特进光禄大夫柱国新建伯。又以廷推兼南京兵部尚书，参赞机务。锡之造券，封公勋阶爵邑如子，俾子孙世其爵。适公诞辰，伯安捧觞为寿。公蹙然曰："吾父子乃得复相见耶。贼濠之乱，皆以汝为死矣，而不死。以为事难猝平，而平之。然此仗宗社神灵，朝廷威德，岂汝一书生所能办。比谗构横行，祸机四发，赖武庙英明保全。今国是既定，吾父子之荣极矣。然福者祸之基，能无惧乎。古云：'知足不辱，知止不殆。'吾老矣，得父子相保牖下，孰与犯盈满之戒，覆成功而毁令名者耶？"伯安跪曰："谨受教。"公自是日与姻党置酒宴乐。岁暮，旧疾作。嘉靖壬午春二月十二日，终于正寝。得年七十有七。未属纩时，使者以部咨将新命至，公尚能言，趣诸子曰："不可以吾疾废礼，宜急出迎。"既成礼，偃然而逝。

讣闻，上赐谕祭，命有司治葬事。伯安偕诸弟卜以卒之明年秋八月某日，葬公郡东天柱峰之南之原，具书戒使者诣镇江请予铭公墓。予曩官外制官太常，接公班行不鄙，谓予以知言见待。予迁南京太常，辱赠以文。公校文南畿，道旧故甚洽。正德丁卯，取嫉权奸，归致仕；予亦避谗构，谢病归，杜门不接宾客。公直造内室，慰语久之。伯安又予掌铨时首引置曹属，号知己。公铭当予属。顾以江西之变，关系公父子大节，特先书之。乃按公门人国子司业陆君深所著状，摘而叙之曰：

公姓王氏，讳华，字德辉，号实庵，晚号海日翁。尝读书龙泉山中。学者称为龙山先生。上世自瑯琊徙居会稽之山阴，又自山阴徙余姚。四世祖讳性常，有文武才。国初为诚意伯所荐，仕至广东参议。峒苗为乱，死之。高祖讳彦达，号秘湖渔隐。年十六，裹父尸自苗壤归葬。痛父死忠，布蔬终其身，人称孝子。曾祖讳与准，号遁石翁。学精于《易》，尝筮得《震》之《大有》，谓其子曰："吾后再世其兴，兴其久乎？"祖讳世杰，号槐里子，以明经贡为太学生卒。父讳天叙，号竹轩。初以公贵封修撰，后与槐里公俱赠嘉议大夫礼部右侍郎，今以伯安功，俱追封新建伯。祖妣孟氏，封淑人。妣岑氏，累封太淑人，进封太夫人。

公生正统丙寅九月。孟淑人梦其姑抱绯衣玉带一童子授之曰："妇事吾孝，孙妇亦事汝孝。吾与若祖丐于上帝，以此孙畀汝，世世荣华无替。"故公生以今名名，长兄以荣名，符梦也。

公生而警敏，始能言，槐里公口授以诗歌，经耳辄成诵。稍长，读书过目不忘。

六岁，与群儿戏水滨。见一客来濯足，已大醉，去，遗其所提囊。取视之，数十金也。公度其醒必复来，恐人持去，以投水中坐守之。

少顷，其人果号而至。公迎谓曰:“求尔金邪？” 为指其处。其人喜，以一锭为谢，却不受。

年十一，从里师授业，日异而月不同。岁终，里师无所施其教。

年十四，尝与诸子弟读书龙泉山寺。寺故有妖物为祟，解伤人；寺僧复张皇其事，诸生皆丧气走归。公独留居，妖亦浸灭。僧以为异，假妖势恐，且试之百方，不色动。僧谢曰：“君天人也，异时福德何可量。”

弱冠，提学张公时敏试其文，与少傅木齐谢先生相甲乙，并以状元及第奇之，名遂起，故家世族争礼聘为子弟师。浙江方伯祁阳宁君良择师与张公。张公曰：“必欲学行兼优，无如王某者。”宁亲造其馆，宾礼之，请为子师，延至祁阳，湖湘之士闻而来从者踵相接。居宁之梅庄别墅。墅中积书数千卷，日夕讽诵其间，学益进。祁俗好妓饮，公峻绝之，三年如一日，祁士有化服者。

归，连举不利。成化庚子，发解浙江第二人。明年辛丑，廷试第一甲第一人，授翰林院修撰。甲辰，充廷试弥封官。丁未，同考会试。弘治改元，戊申，与修《宪庙实录》，充经筵官。己酉，满九载，以竹轩公忧去。癸丑，服阕，迁右春坊右谕德。

丙辰，命为日讲官，赐金带四品服。公讲筵音吐明畅，词多切直，每以勤圣学，戒逸豫，亲仁贤，远邪佞为劝。孝庙嘉纳焉。内侍李广方贵幸。尝讲《大学衍义》，至唐李辅国结张后表里用事，众以事颇涉嫌，欲讳之，公朗然诵说，无少避忌，左右皆缩头吐舌。上乐闻之不厌。罢讲，遣中官赐尚食。

皇太子出阁，诏选正人辅导，用端国本。公卿多荐公。自是日侍东宫讲读，眷赐加隆。

戊午，命主顺天乡试。辛酉，再主乡试应天，得士为多。壬戌，迁翰林院学士，食从四品禄，命授庶吉士业修《大明会典》为纂修官。书成，迁詹事府少詹事，兼学士，掌院事，与编纂《通鉴纂要》。是岁迁礼部右侍郎，仍兼日讲。武庙嗣位，遣祭江淮诸神。乞便道归省。以岑太夫人年高，乞归便养，不允。

明年改元。丙寅，瑾贼窃柄，士夫侧足立，争奔走其门，求免祸。公独不往。瑾衔之。时伯安为兵部主事，疏瑾罪恶。瑾矫诏执之，几毙廷杖，窜南荒以去。瑾复移怒于公。寻知为微时所闻名士，意稍解，冀公一见，且将柄用焉。公竟不往，瑾益怒。丁卯，迁南京吏部尚书，犹以旧故慰言，冀必往谢，公复不行。遂推寻礼部旧事与公本不相涉者，勒令致仕。既归，有以其同年友事诬毁之者。人谓公当速白，不然且及罪。公曰："是焉能浼我？我何忍讦吾友？"后伯安复官京师，闻士夫论及此，将疏辨于朝。公驰书止之曰："汝将重吾过邪？"

公性至孝。初，竹轩公病报至，当道以不受当迁官，宜出受新命，公卧家不出，日忧惧不知所为。逾月，讣始至，恸绝几丧生。襄葬穴湖山，遂庐墓下。墓故虎穴，虎时群至，不为害，久且益驯，人谓孝感。比致仕，岑太夫人年近百岁，公寿逾七十，犹朝夕为童子嬉戏以悦亲；左右扶掖，不忍斯须去侧。太夫人卒，块苫擗踊，过毁致疾。及葬，徒跣数十里，疾益甚，竟以是不起。

处诸昆弟笃友爱，禄食赢余，恒与共之，视其子若己出。气质醇厚，坦坦自信，不立边幅。议论风生，由衷而发，广廷之论，入对妻孥无异语。人有片善，亟称之；有急，恻然赴之。至人有过恶，则尽言规斥，不少回曲，坐是多遭嫉忌。然人谅其无他，则亦无深怨之者。识宏而守固，百务纷沓，应之如流。至临危疑震荡，众披靡惶惑，独卓立毅然不为变若是。盖有人不及知者矣。

公之学一出于正，书非正不读。客有以仙家长生之术来说者，则峻拒之曰："修身以俟命，吾儒家法。长生奚为？"俭素自持，货利得丧，不屑为意。楼居厄于火，赀积一空。亲朋来救焚者，款语如常。为诗文取达意，不以雕刻为工，而自合程度。所著有《龙山稿》《垣南草堂稿》《礼经大义》诸书，《杂录》《进讲余抄》等稿，共四十六卷，藏于家。

初配赠夫人郑氏，渊静孝悲，与公起微寒，同贫苦，躬纺绩以奉舅姑。既贵，恭俭不衰。寿四十一，先公三十六年卒。继室赵氏，封夫人。侧室杨氏。子男四：长即伯安，守仁名，别号阳明子，其学邃于理性，中外士争师之，称阳明先生。次守俭，太学生。次守文，郡庠生。次守章。女一，适南京工部都水郎中同邑徐爱。初，郑夫人祔葬穴湖，已而改殡郡南石泉山。石泉近有水患，乃卜今地葬公云。

惟古贤人君子未遇之时，每以天下国家为己任。出而登仕，其所遭际不同，而其志有遂有不遂，非人之所能为也。公少负奇气，壮强志存用世。顾其职业恒在文字间，而未能达之于政。际遇孝宗，讲筵启沃，圣心简在，柄用有期。不幸龙驭上宾，弗究厥用。晚登八座，旋见沮于权奸，偃蹇而归。岂非天哉。然有子如伯安，所建立宏伟卓荦，凡公之所欲为，噤而不得施用者，皆于其子之身而显施大发之，公又亲及见之，较之峻登大受既久且专，而泯然无闻于世者，其高下荣辱宜何如也？王氏之先，有植槐于庭，荫后三公者，遁石翁"大有"之占，其类是乎？铭曰：

孰不有母，孰如公母寿。七十之叟，傞傞拜舞，百岁而终，归得其所。孰不有子，公子天下士。亶其忠勤，以事其事，不有其身，惟徇之义。是子是父，允文允武，勋在册府，帝锡之爵土。其生不负而殁不朽，铭以要诸久。

海日先生行状

陆　深

先生姓王氏，讳华，字德辉，别号实庵，晚复号海日翁。尝读书龙泉山中，学者又称为龙山先生。其先出自晋光禄大夫览之曾孙、右军将军羲之，由琅琊徙居会稽之山阴。后二十三代孙迪功寿又自山阴徙余姚。至先生之四世祖，广东参议性常，又五世矣。参议博学，善识鉴，有文武长才，与永嘉高则诚族人元章相友善，往来山水间，时人莫测也。诚意伯刘伯温微时尝造焉。参议谓曰："子真王佐才，然异时勿累老夫则善矣。"伯温既贵，遂荐以为兵部郎中，擢广东参议。卒死于苗难。高祖讳彦达，号秘湖渔隐。渔隐年十六，自苗中裹父尸归葬，朝夕哭墓下。痛父以忠死，麄衣恶食，终身不仕，乡里以孝称之。曾祖讳与准，号遁石翁。伟貌修髯，精究《礼》《易》，著《易微》数千言。居秘湖阴，尝筮得"大有"之"震"，谓其子曰："吾先世盛极而衰，今衰极当复矣。然必吾后再世而始兴乎？兴必盛且久。尔虽不及显，身没亦与有焉。"祖讳世杰，号槐里子。以明经贡为太学生。卒赠嘉议大夫，礼部右侍郎。祖妣孟氏，赠淑人。父讳天叙，别号竹轩。封翰林院修撰，赠礼部右侍郎。妣岑氏，封太淑人。

正统丙寅九月甲午，先生生。先夕，孟淑人梦其姑赵抱一童子绯衣玉带授之曰：“新妇平日事吾孝，今孙妇事汝亦孝。吾与若祖丐于上帝，以此孙畀汝，子孙世世荣华无替。”故先生生而以今名名，先生之长兄半岩先生以荣名，梦故也。先生生而警敏绝人。始能言，槐里先生抱弄之，因口授以古诗歌，经耳辄成诵。稍长使读书，过目不忘。

六岁时，与群儿戏水滨。见一客来濯中，已大醉，遗其所提囊而去。取视之，数十金也。先生度其人酒醒必复来，恐人持去，投水中，坐守之。有顷，其人果号泣而至。先生迎谓曰:“求尔金邪？”为指其处。其人喜跃，以一金谢。先生笑却之曰：“不取尔数十金，乃取尔一金乎？”客且惭且谢，随至先生家，无少长咸遍拜而去。

岑太夫人尝绩窗下，先生从旁坐读书。时邑中迎春，里儿皆竞呼出观，先生独安读书不辍。太夫人谓曰：“若亦暂往观乎？”先生曰：“大人误矣，观春何若观书？”太夫人喜曰：“儿是也，吾言误矣。”

年十一，从里师钱希宠学。初习对句；月余，习诗；又两月余，请习文。数月之后，学中诸生尽出其下。钱公叹异之曰：“岁终吾无以教尔矣。”县令呵从到塾，同学皆废业拥观，先生据案朗诵若无睹。钱奇之，戏谓曰:“尔独不顾。令即谓尔倨傲，呵责及尔，且奈何？”先生曰：“令亦人耳，视之奚为？若诵书不辍，彼亦便奈呵责也？”钱因语竹轩公曰：“公子德器如是，断非凡儿。”

十四岁时，尝与亲朋数人读书龙泉山寺。寺旧有妖为祟。数人者皆富家子，素豪侠自负，莫之信；又多侵侮寺僧，僧甚苦之。信宿妖作，数人果有伤者。寺僧因复张皇其事，众皆失气，狼狈走归。

先生独留居如常，妖亦遂止。僧咸以为异。每夜分，辄众登屋号笑，或瓦石撼卧榻，或乘风雨雷电之夕，奋击门障。僧从壁隙中窥，先生方正襟危坐，神气自若。辄又私相叹异。然益多方试之，技殚，因从容问曰："向妖为祟，诸人皆被伤，君能独无恐乎？"先生曰："吾何恐？"僧曰："诸人去后，君更有所见乎？"先生曰："吾何见？"僧曰："此妖但触犯之，无得遂已者，君安得独无所见乎？"先生笑曰："吾见数沙弥为祟耳。"诸僧相顾色动，疑先生已觉其事，因徉谓曰："此岂吾寺中亡过诸师兄为祟邪？"先生笑曰："非亡过诸师兄，乃见在诸师弟耳。"僧曰："君岂亲见吾侪为之？但臆说耳。"先生曰："吾虽非亲见，若非尔辈亲为，何以知吾之必有见邪？"寺僧因具言其情，且叹且谢曰："吾侪实欲以此试君耳。君天人也，异时福德何可量？"至今寺僧犹传其事。

天顺壬午，先生年十七，以三礼投试邑中。邑令奇其文，后数日，复特试之。题下，一挥而就。令疑其偶遇宿构，连三命题，其应益捷。因大奇赏，谓曰："吾子异日必大魁天下。"远迩争礼聘为子弟师。提学松江张公时敏考校姚士，以先生与木斋谢公为首，并称之曰："二子皆当状元及第，福德不可量也。"方伯祁阳宁公良择师于张公。张曰："但求举业高等，则如某某者皆可。必欲学行兼优，惟王某耳。"时先生甫逾弱冠，宁亲至馆舍讲宾主礼，请为其子师。延至家，湖湘之士翕然来从者以数十。在祁居梅庄别墅。墅中积书数千卷，先生昼夜讽诵其间，不入城市者三年。永士有陈姓者，闻先生笃学，特至梅庄请益。间取所积书叩之，先生皆默诵如流。陈叹曰："昔闻'《五经》笥'，今乃见之。"祁俗好妓饮，先生峻绝之。比告归，祁士以先生客居三年矣，乃秘两妓于水次，因钱先生于亭上，宿焉。客散，妓从秘中出。先生呼舟不得，撤门为桴而渡。众始叹服其难。

始，先生在梅庄，尝一夕梦迎春，归其家，前后鼓吹幡节，中导白土牛，其后一人舆以从，则方伯杜公谦也。既觉，先生以竹轩公、岑太夫人皆生于辛丑，谓白为凶色，心恶之，遂语诸生欲归。诸生坚留之。宁生曰:“以纮占是梦，先生且大魁天下矣。夫牛，丑属也，谓之一元；大武辛金属，其色白；春者，一岁之首也，世以状元为春元，先生之登，其在辛丑乎。故事送状元归第者，京兆尹也，其时杜公殆为京兆乎？”先生以亲故，遂力辞而归。舟过洞庭，阻风君山祠下，因入祠谒。祝者迎问曰:“公岂王状元邪？”先生曰:“何从知之？”祝者曰:“畴昔之夕，梦山神曰:‘后日薄暮有王状元来。’吾以是知之。”先生异其言，与梅庄之梦适相协，因备纪其事。自是先生连举不利，至成化庚子，始以第二人发解。明年，辛丑，果状元及第；杜公为京兆，悉如其占云。

是岁授官翰林院修撰。甲辰廷试进士，为弥封官。丁未充会试同考官。弘治改元，与修《宪庙实录》，充经筵官。己酉，秩满九载，当迁。闻竹轩疾，即移病不出。当道使人来趣，亲友亦交劝之且出迁官，若凶闻果至，不出未晚也。先生曰："亲有疾，已不能匍匐归侍汤药，又逐逐奔走为迁官之图，须家信至，幸而无恙，出岂晚乎？”竟不出。

庚戌正月下旬，竹轩之讣始至，号恸屡绝。即日南奔，葬竹轩于穴湖山，遂庐墓下。墓故虎穴，虎时时群至。先生昼夜哭其傍，若无睹者。久之益驯，或傍庐卧，人畜一不犯，人以为异。

癸丑服满。升右春坊右谕德，充经筵讲官。尝进劝学疏，其略谓:

贵缉熙于光明。今每岁经筵不过三四御，而日讲之设，或间旬月而始一二行，则缉熙之功，无亦有间欤？虽圣德天健，自能乾乾不息。而宋儒程颐所谓涵养本原，熏陶德性者，必接贤士大夫之时多，而后可免于一暴十寒之患也。

上然其言，御讲日数。

丙辰三月，特命为日讲官，赐金带四品服。四月，以选正人端国本，公卿会推为东宫辅导。戊午三月，又命兼东宫讲读，眷赐日隆。是岁，奉命主顺天府乡试。辛酉，又奉命主应天乡试。壬戌，升翰林院学士，从四品俸。寻命教庶吉士鲁铎等。继又命与纂修《大明会典》。逾年书成，升詹事府少詹事，兼翰林院学士。五月，复命与编《通鉴纂要》。六月，升礼部右侍郎，仍兼日讲。上以先生讲释明赡，故特久任。是岁冬，命祭江淮诸神，乞便道归省。还朝以岑太夫人年迈屡疏乞休，以便色养。不允。寻升礼部左侍郎。

明年，武宗皇帝改元。贼瑾用事，呼吸成祸福。士大夫奔走其门者如市。先生独不之顾。时先生元子今封新建伯方为兵部主事，上疏论瑾罪恶。瑾大怒，既逐新建，复迁怒于先生。然瑾微时尝从先生乡人方正习书史，备闻先生平日处家孝友忠信之详，心敬慕之，先生盖不知也。瑾后知为先生，怒稍解。尝语阴使人，谓于先生有旧，若一见可立跻相位。先生不可。瑾意渐拂。丁卯，升南京吏部尚书。瑾犹以旧故，使人慰之曰：“不久将大召。”冀必往谢。先生又不行。瑾复大怒。然先生乃无可加之罪，遂推寻礼部时旧事与先生无干者，传旨令致仕。先生闻命忻然，束装而归，曰：“吾自此可免于祸矣。”

既而，有以同年友事诬毁先生于朝者，人咸劝先生一白。先生曰：“某吾同年友，若白之，是我讦其友矣。是焉能浼我哉？”竟不辨。后新建复官京师，闻士夫之论，具本奏辨。先生闻之，即驰书止之曰：“是以为吾平生之大耻乎？吾本无可耻，今乃无故而攻发其友之阴私，是反为吾求一大耻矣。人谓汝智于吾，吾不信也。”乃不复辨。

历事三朝，惟孝庙最知。末年尤加眷注，屡因进讲，劝上勤圣学，戒逸豫，亲仁贤，远邪佞。上皆虚心嘉纳。故事讲官数人当直者，必先期演习，至上前犹或慌张失措。先生未尝预习，及进讲，又甚条畅。一日，上已幸讲筵，直讲者忽风眩仆地。众皆遑遽，共推先生代，先生从容就案，展卷敷析，尤极整暇。众咸服其器度。内侍李广方贵幸，尝于文华殿讲《大学衍义》，至唐李辅国与张后表里用事，诸学士欲讳不敢言，先生特诵说朗然，开讽明切。左右闻者皆缩头吐舌，而上乐闻不厌。明日罢讲，命中官赐食。中官密语先生云：“连日先生讲书明白，圣心甚喜，甚加眷念。”先生自庆知遇，益用剀切。上亦精勤弥励。讵意孝庙升遐，先生志未及行，亦偃蹇而归矣。天道如斯，呜呼悲夫。

先生气质醇厚，平生无矫言饰行，仁恕坦直，不立边幅。与人无众寡大小，待之如一。谈笑言议，由衷而发，广庭之论，入对妻孥，曾无两语。人有片善，称之不容口；有急难来控者，恻然若身陷于沟阱，忘己拯救之，虽以此招谤取嫌，亦不恤；然于人有过恶，亦直言规切，不肯少回曲，以是往往反遭嫉忌，然人亦知其实心无他，则亦无有深怨之者。先生才识宏达，无所不可。而操持坚的，屹不可动。百务纷沓，应之沛然，未尝见其有难处之事。至临危疑震荡，众多披靡惶恐，而先生毅然卓立，然未尝以此自表现，故人之知者罕矣。为诗文皆信笔立就，不事雕刻，但取词达而止。所著有《龙山稿》《垣南草堂稿》《礼经大义》诸书。《杂录》《进讲余抄》等稿，共四十六卷。

先生孝友出于天性，禄食盈余，皆与诸昆弟共之，视诸昆弟之子不啻己出。竹轩公及岑太夫人色爱之养，无所不至。太夫人已百岁，先生亦寿逾七十矣，朝夕为童子色嬉戏左右，抚摩扶掖，未尝少离。或时为亲朋山水之邀，乘舟暂出，忽念太夫人，即蹙然反棹。及太夫人之殁，寝苫蔬食，哀毁逾节，因以得疾。逮葬，跣足随号，行数十里，于是疾势愈增。病卧逾年，始渐瘳。然自是气益衰。

先生素闻宁濠之恶，疑其乱，尝私谓所亲曰："异时天下之祸，必自兹人始矣。"令家人卜地于上虞之龙溪，使其族人之居溪傍者买田筑室，潜为栖遁之计。至是正德己卯，宁濠果发兵为变。远近传闻骇愕，且谓新建公亦以遇害，尽室惊惶，请徙龙溪。先生曰："吾往岁为龙溪之卜，以有老母在耳。今老母已入土，使吾儿果不幸遇害，吾何所逃于天地乎？"饬家人勿轻语动。又而新建起兵之檄至，亲朋皆来贺，益劝先生宜速逃龙溪。咸谓新建既与濠为敌，其势必阴使奸人来不利于公。先生笑曰："吾儿能弃家杀贼，吾乃独先去以为民望乎？祖宗德泽在天下，必不使残贼覆乱宗国，行见其败也。吾为国大臣，恨已老，不能荷戈首敌。倘不幸，胜负之算不可期，犹将与乡里子弟共死此城耳。"因使趣郡县宜急调兵粮，且禁讹言，勿令摇动。乡人来窃视先生，方晏然如平居，亦皆稍稍复定。不旬月，新建捷至，果如先生所料。亲朋皆携酒交庆。先生曰："此祖宗深仁厚泽，渐渍人心，纪纲法度，维持周密，朝廷威灵，震慑四海，苍生不当罹此荼毒。故旬月之间，罪人斯得，皆天意也。岂吾一书生所能办此哉？然吾以垂尽之年，幸免委填沟壑；家门无夷戮之惨；乡里子弟又皆得免于征输调发；吾儿幸全首领，父子相见有日；凡此皆足以稍慰目前者也。”诸亲友咸喜极，饮尽欢而罢。

已而，武庙南巡，奸党害新建之功，飞语构陷，危疑汹汹，旦夕不可测。群小偵伺，旁午于道。或来先生家，私籍其产宇丁畜，若将抄没之为。姻族皆震撼，莫知所出。先生寂若无闻，日休田野间，惟戒家人谨出入，慎言语而已。辛巳，今上龙飞，始下诏宣白新建之功，召还京师。新建因得便道归省。寻进南京兵部尚书，封新建伯。遣行人赍白金文绮慰劳新建。遂下温旨存问先生于家，兼有羊酒之赐。适先生诞辰，亲朋咸集。新建捧觞为寿。先生蹙然曰："吾父子不相见者几年矣。始汝平寇南赣，日夜劳瘁，吾虽忧汝之疾，然臣职宜尔，不敢为汝忧也。宁濠之变，皆以汝为死矣，而不死；皆以事为难平矣，而卒平。吾虽幸汝之成，然此实天意，非人力可及，吾不敢为汝幸也。谗构朋兴，祸机四发，前后二年，岌乎知不免矣。人皆为汝危，吾能无危乎？然于此时惟有致命遂志，动心忍性，不为无益，虽为汝危，又复为汝喜也。天开日月，显忠遂良，穹官高爵，滥冒封赏。父子复相见于一堂，人皆以为荣，吾谓非荣乎？然盛者衰之始，福者祸之基，虽以为荣，复以为惧也。夫知足不辱，知止不殆，吾老矣，得父子相保于牖下，孰与犯盈满之戒，覆成功而毁令名者邪？”新建诜而跽曰："大人之教，儿所日夜切心者也。"闻者皆叹息感动。于是会其乡党亲友，置酒燕乐者月余。岁且暮，疾复作。新建率其诸弟日夜侍汤药。壬午正月，势转剧。二月十二日己丑，终于正寝。享年七十有七。临绝，神识精明，略无昏愦。时朝廷推论新建之功，进封先生及竹轩、槐里，皆为新建伯。是日部咨适至，属疾且革。先生闻使者已在门，促新建及诸弟曰:“虽仓遽，乌可以废礼？尔辈必皆出迎。”闻已成礼，然后偃然瞑目而逝。

先生始致政归，客有以神仙之术来说者。先生谢之曰：“人所以乐生于天地之间，以内有父母、昆弟、妻子、宗族之亲，外有君臣、朋友、姻戚之懿，从游聚乐，无相离也。今皆去此，而槁然独往于深山绝谷，此与死者何异？夫清心寡欲，以怡神定志，此圣贤之学所自有。吾但安乐委顺，听尽于天而已，奚以长生为乎？”客谢曰:“神仙之学，正谓世人悦生恶死，故其所欲而渐次导之。今公已无恶死悦生之心，固以默契神仙之妙，吾术无所用矣。”先生于异道外术一切奇诡之说，廓然皆无所入。惟岑太夫人稍崇佛教，则又时时曲意顺从之，亦复不以为累也。

先生既归，即息意邱园，或时与田夫野老同游共谈笑，萧然形迹之外。人有劝之，宜且闭门养威重者。先生笑曰：“汝岂欲我更求作好官邪？”性喜节俭，然于货利得丧，曾不以介意。尝构楼居十数楹，甫成而火，赀积为之一荡。亲友来救焚者，先生皆一一从容款接，谈笑衎衎如平时，略不见有仓遽之色。人以是咸叹服其德量云。

先生元配夫人郑氏，渊靖孝慈，与先生共甘贫苦。起微寒，躬操井臼，勤纺织以奉舅姑。既贵而恭俭益至。寿四十九，先先生三十六年卒。继室赵氏，封夫人。侧室杨氏。子四人：长守仁，郑出，南京兵部尚书，封新建伯。次守俭，杨出，太学生。次守文，赵出，郡庠生。次守章，杨出。一女，赵出，适南京工部都水郎中同邑徐爱。始郑夫人殡郡南之石泉山，已而有水患，乃卜地于天柱峰之阳而葬先生焉。

深，先生南畿所录士也。暨于登朝，获从班行之末，受教最深；又辱与新建公游处，出入门墙最久。每当侍侧讲道之际，观法者多矣。正德壬申秋，以使事之余，迂道拜先生于龙山里第。扁舟载酒，相与游南镇诸山，乃休于阳明洞天之下。执手命之曰："此吾儿之志也。大业日远，子必勉之。"临望而别。呜呼。深鄙陋无状，不足以窥见高深，然不敢谓之不知先生也。谨按王君琥所录行实，泣而叙之，将以上于史官，告于当世之司文柄者，伏惟采择焉。

阳明先生墓志铭

湛若水

甘泉子挈家闭关于西樵烟霞之洞，故友新建伯阳明王先生之子正亿以其岳舅礼部尚书久庵黄公之状及书来请墓铭。曰："公知阳明公者也，非公莫能铭。"甘泉子曰："吾又何辞焉？公知阳明公者也，非公莫能状。公状之，吾铭之。公状其详，吾铭其大。吾又何义之辞焉？"乃发状而谨按之：

读世系状云云，曰：

公出于龙山状元大宗伯公华；大宗伯公出于赠礼部侍郎竹轩公天叙；竹轩公出于太学生赠礼部侍郎槐里公杰；槐里公出于遁石公与准，厥有《礼》《易》之传；遁石公出于秘湖渔隐公彦达；秘湖出于性常公纲，有文武长才，与括苍刘伯温友善，仕为广东参议，死难也。推其华胄遥遥，远派于晋高士羲之，光禄大夫览焉。曰："公其有所本之矣。"夫水土之积也厚，其生物必蕃，有以也夫。

读诞生状云云，曰：

祖妣岑太淑人，有赤子乘云下界，天乐导之之梦，公乃诞焉。是名曰云，盖征之矣。神僧言之，遂改今名。曰：“然则阳明公殆神授欤，其异人矣。”六年乃言，十一年有金山之诗，十七年闻一斋“圣人可学”之语。曰：“其有所启之矣。”

读学术状云云，曰：

初溺于任侠之习；再溺于骑射之习；三溺于辞章之习；四溺于神仙之习；五溺于佛氏之习。正德丙寅，始归正于圣贤之学。会甘泉子于京师，语人曰：“守仁从宦三十年，未见此人。”甘泉子语人亦曰：“若水泛观于四方，未见此人。”遂相与定交讲学，一宗程氏“仁者浑然与天地万物同体”之指。故阳明公初主“格物”之说，后主“良知”之说；甘泉子一主“随准体、认天理”之说，然皆圣贤宗指也。而人或舍其精义，各滞执于彼此言语，盖失之矣。故甘泉子尝为之语曰：“良知必用天理，天理莫非良知，以言其交用则同也。”

读仕进状云云，曰：

初举己未礼闱第一，徐穆争之，落第一，然益有声。登进士，试工部，差督造王威宁坟，辞却金币，独受军中佩剑之赠，适符少时梦，盖兆之矣。疏边务朝政之失，有声。授刑部主事，审囚淮甸，有声。告病归养，起补兵部主事，上疏乞宥南京所执谏官戴铣等，毋使远道致死，朝廷有杀谏官之名。刘瑾怒，矫诏廷杖之。不死，谪贵州龙场驿。万里矣，而公不少怵。甘泉子赠之九章，其七章云：“皇天常无私，日月常盈亏，圣人常无为，万物常往来。何名为无为？自然无安排，勿忘与勿助，此中有天机。”其九章云：“天地我一体，宇宙本同家。与君心已通，别离何怨嗟？浮云去不停，游子路转赊。

愿言崇明德，浩浩同无涯。”及居夷，端居默坐，而夷人化恶为善，有声。人或告曰：“阳明公至浙，沉于江矣，至福建始起矣。登鼓山之诗曰：‘海上曾为沧水使，山中又拜武夷君。’有征矣。”甘泉子闻之笑曰：“此佯狂避世也。”故为之作诗，有云：“佯狂欲浮海，说梦痴人前。”及后数年，会于滁，乃吐实。彼夸虚执有以为神奇者，乌足以知公者哉。复起尹庐陵，卧治六月而百务具理，有声。取入南京刑部主事，留为吏部验封主事，有声。阳明公谓甘泉子曰：“乃今可卜邻矣。”遂就甘泉子长安灰厂右邻居之。时讲于大兴隆寺，而久庵黄公宗贤会焉。三人相欢语，合意。久庵曰：“他日天台、雁荡，当为二公作两草亭矣。后合两为一焉，明道一也。”明年，甘泉子使安南。后二年，阳明公迁贰南太仆，聚徒讲学，有声。甘泉子还，期会于滁阳之间。夜论儒、释之道。又明年，甘泉子丁忧，扶母柩南归。阳明公时为南大鸿胪，逆吊子龙江关。寻迁南赣都宪矣。

读平赣之状云云，曰：

夫倡三广夹攻之策，收横水、左溪、桶冈、浰头之功，用兵如神矣。甘泉子曰：“虽有大司马王晋溪之知，请授之便宜旗牌以备他用，亦以阳明公素养锐士于营，以待不时之出也；迅雷呼吸之间也，又以身先士卒以作军气也。”

读平江西之状云云，曰：

“甘泉子先是在忧，致书于公，幸因闽行之使以去也。”盖公前有宰相之隙，后有江西未萌之祸，不去必为楚人所钤，两不报。未几，有宁府之变，公几陷于虎口。然而赣兵素振，既足为之牵制，而倡义檄诸府县兴兵，会丰城誓师，分攻七门，七门大开，遂除留守之党，封府库之财，收劫取之印，安协从之民，释被报之囚，表死难之忠。据省城，绝其归路，直趣樵舍，因成擒贼之功。是水也以浅见测渊谋也。然始而翕然称为掀天揭地之功矣，既而大吏妒焉，内幸争功者附焉，辗转殚力竭精矣，仅乃得免，或未尝不思前虑也，所以危而不死者，内臣张永护之也，于大吏门列，不亦愧乎？由是遂流为先与后擒之言，上下腾沸，是不足辩也。

夫阳明逆知宸濠有异志，刘养正来说："必得公乃发。"公应之曰："时非桀、纣，世无汤、武，臣有仗节死义耳。"其犹使冀生元亨往与之语者，实欲诱其善，不动干戈，潜消莫大之祸也。使阳明公而实许养正，则宸濠杀孙都宪、许副使，必待阳明至乃发。阳明未至而发者，知绝意于阳明之与己矣。使阳明实许之，必乘风直抵南昌，必不与丰城，闻顾泌告变，即谋南奔以倡大义，夺渔艇，使如渔人然以奔吉安矣。其宸濠兵校追公者，非迎公也，将胁公也。且宸濠之上不能直趋中原以北，中不能攻陷金陵以据者，以阳明为之制其尾，兵威足以累之，使不前也；又取据省城，绝其资重与归路也；功莫大焉。若夫百年之后，忌妒者尽死，天理在人心者复明，则公论定矣。

已而，该部果题赐敕锡劳，封新建伯，奉天翊卫推诚宣力守正文臣，特进光禄大夫柱国兼南京兵部尚书，参赞机务，岁支米一千石，于时天其将定矣，而置之南者有人焉以参乎其间矣。公丁父忧，而四方从学者日众。有迎忌者意，致有伪学之劾者，人其胜天乎。或以浮语沮公，六年不召。寻以论荐，命为两广总制军务，平岑猛之乱。或曰："其且进且沮，使公不得入辅乎？"

读思、田之状云云，曰：

公奏行剿之患十，行抚之善十，乃撤防兵，解战甲，谕威信，受来降，杖土目，复岑后，设流守，而思、田平。夫阳明公不革岑猛之后之土官，以夷治夷也。卢苏等杖之百而释之，置流守以制焉，仁义之术也。人知杀伐之为功，而不知神武不杀者，功之上也，仁义两全之道也。

读八寨之状云云，曰：

檄参将会守巡，命指挥马文瑞，永顺宣慰彭明辅，保靖宣慰彭九霄，分兵布哨，擒斩贼酋党与，遂破诸巢，移卫所制诸蛮，贯八寨之中，扼道路之冲，设县治，增城堡，皆保治安民之要。或曰："八峒掩袭村落以为功，无破巢之功也，无功以为有功也，何则？"辩之曰："夫阳明之贪功，当取岑猛、卢苏之大功而不取焉，不宜舍其大者，取其小者，其亦不智不武也。谓阳明公为之乎？夫宣慰诸哨之兵，可袭则袭，出其不意，兵法之奇，不可预授者也。而以病阳明焉，将使为宋襄、陈儒之愚已耶？非驭戎不测之威矣。"

事竣而请归告病危矣，不待报而遽行，且行且候命。其卒于南安途次而不及命下，亦命也。江西辅臣进帖以谮公，上革之恤典，人众之胜天也，亦命也。百年之后，天定将不胜人矣乎？甘泉子始召入礼部，面叩辅臣曰："外人皆云阳明之事乃公为之乎？"辅臣默然，然亦不以作怒加祸，犹为有君子度量焉，可尚也。

公卒之日，两广、江西之民相与吊于途曰："哲人其痿矣。"士夫之知者，相与语于朝曰："忠良其逝矣。"四方同志者且与吊于家曰："斯文其丧矣。"久庵公为之状，六年而后就，慎重也。甘泉子曰："吾志其大义，铭诸墓，将使观厥详于状也。"铭曰：

南镇嶙嶙，在浙之滨；奇气郁积，是生异人。生而气灵，乘云降精。

十一金山，诗成鬼惊。志学逾二，广信馆次，娄公一言，圣学可至。长而任侠，未脱旧习，驰马试剑，古人出入。变化屡迁，逃仙逃禅；一变至道，丙寅之年。邂逅语契，相期共诣：天地为体，物莫非己。抗疏廷杖，龙场烟瘴；居夷何陋，诸蛮归向。起尹卢陵，卧治不庭；六月之间，百废具兴。入司验封，众志皆通，孚于同朝，执经相从。转南太仆，鸿胪太畜；遂巡南赣，乃展骥足。浰头、桶冈，三广夹攻，身先士卒，屡收奇功。蓄勇养锐，隐然有待，云胡养正，阴谋来说。诈言尊师，公明灼知；冀子往化，消变无为。闽道丰城，及变未萌；闻变遄返，心事以明。旌旗蔽空，声义下江，尾兵累之，北趋不从。乃擒巨贼，乃亲献馘；争功欲杀，永也护翊。彼同袍者，反戈不怩，隐之于心，以莫不戚。忧居六年，起治思、田，抚而不戮，夷情晏然。武文兼资，仁义并行，神武不杀，是称天兵。凡厥操纵，圣学妙用，一以贯之，同静异动。

阳明先生行状

黄　绾

阳明先生王公讳守仁，字伯安，其先瑯琊人，晋光禄大夫览之后。

览曾孙羲之少随父旷渡江家建康，不乐，徙会稽。其后复徙剡之华塘，自华塘徙石堰，又徙达溪。有曰寿者，仕至迪功郎，乃徙居余姚。

六世祖讳纲，字性常，博学善识鉴，有文武长才，与永嘉高则诚宗人高元章、括苍刘伯温友善。仕国朝，为广东参议，死苗难。五世祖讳彦达，号秘湖渔隐，有孝行。高祖讳与准，号遁石翁，精究《礼》《易》，著《易微》数千言。曾祖讳杰，号槐里子，以明经贡为太学生，赠礼部右侍郎。曾祖妣孟氏，赠淑人。祖讳天叙，号竹轩，封翰林院编修，赠礼部右侍郎。祖妣岑氏，封太淑人。父讳华，成化辛丑状元及第，仁至南京吏部尚书，封新建伯。妣郑氏，封孺人，赠夫人。继母赵氏，封夫人。郑氏孕十四月而生公。

诞夕，岑太淑人梦天神抱一赤子乘云而来，导以鼓乐，与岑。岑寤而公生，名曰云。六岁不言。一日，有僧过之，摩其顶曰："有此宁馨儿，却叫坏了。"龙山公悟，改今名，遂言，颖异顿发。

年十一，竹轩翁携之上京，过金山，作诗曰："金山一点大如拳，打破维扬水底天。醉倚妙高台上月，玉箫吹彻洞龙眠。"有相者谓塾师曰："此子他日官至极品，当立异等功名。"

年十三，侍龙山公为考官，入场评卷，高下皆当。性豪迈不羁，喜任侠。畿内石英、王勇，湖广石和尚之乱，为书将献于朝，请往征之。龙山公力止之。

年十七，至江西，成婚于外舅养和诸公官舍。

明年，还广信，谒一斋娄先生。异其质，语以所当学，而又期以圣人，为可学而至，遂深契之。

领弘治壬子年乡荐。己未登进士，观政工部。与太原乔宇，广信汪俊，河南李梦阳、何景明，姑苏顾璘、徐祯卿，山东边贡诸公以才名争驰骋，学古诗文。钦差督造威宁伯王公坟于河间，驭役夫以十五之法，暇即演八阵图，识者已知其有远志。少日尝梦威宁伯授以宝剑，既竣事，威宁家以金币为谢，辞不受，乃出威宁军中佩剑赠之，适符其梦，受焉。时有彗星及鞑虏猖獗，上疏论边务，因言朝政之失，辞极剀切。

明年，授刑部主事，差往淮甸审囚，多所平反，复命。日事案牍，夜归必燃灯读《五经》及先秦、两汉书，为文字益工。龙山公恐过劳成疾，禁家人不许置钉书室。俟龙山公寝，复燃，必至夜分，因得呕血疾。

养病归越，辟阳明书院，究极仙经秘旨，静坐，为长生久视之道，久能预知。其友王思裕等四人欲访公，方出五云门，即命仆要于路，历语其故。四人惊以为神。

甲子，聘为山东乡试考官，至今海内所称重者，皆所取士也。改兵部武库司主事。明年，白沙陈先生高第甘泉湛公若水，一会而定交，共明圣学。

明年丙寅，正德改元，宦官刘瑾窃国柄，作威福，差官校至南京，拿给事中戴铣等下狱。公上疏乞宥之。瑾怒，矫诏廷杖五十，毙而复苏，谪贵州龙场驿丞。瑾怒未释。公行至钱塘，度或不免，乃托为投江，潜入武夷山中，决意远遁。夜至一山庵投宿，不纳。行半里许，见一古庙，遂据香案卧。黎明，道士特往视之，方熟睡。乃推醒曰:“此虎狼穴也,何得无恙？”因诘公出处,公乃吐实。道士曰:“如公所志，将来必有赤族之祸。”公问:“何以至此？”道士曰:“公既有名朝野，若果由此匿迹，将来之徒假名以鼓舞人心，朝廷寻究汝家，岂不致赤族之祸？”公然其言。尝有诗云:“海上曾为沧水使，山中又拜武夷君。”遂由武夷至广信，溯彭蠡，历沅、湘，至龙场。

始至，无屋可居。茇于丛棘间，迁于东峰，就石穴而居。夷俗于中土人至，必蛊杀之。及卜公于蛊神，不协，于是日来亲附。以所居阴湿，乃相与伐木为何陋轩、君子亭、宾阳堂、玩易窝以居之。三仆历险冒瘴，皆病，公日夕躬为汤糜调护之。

瑾欲害公之意未已。公于一切得失荣辱皆能超脱，惟生死一念，尚不能遣于心，乃为石廓，自誓曰："吾今惟俟死而已，他复何计？"日夜端居默坐，澄心精虑，以求诸静一之中。一夕，忽大悟，踊跃若狂者。以所记忆《五经》之言证之，一一相契，独与晦庵注疏若相抵牾，恒往来于心，因著《五经臆说》。时元山席公官贵阳，闻其言论，谓为圣学复睹。公因取《朱子大全》阅之，见其晚年论议，自知其所学之非，至有诳己诳人之说，曰："晦翁亦已自悔矣。"日与学者讲究体察，愈益精明，而从游者众。

时思州守遣人至龙场，稍侮慢公，诸役夫咸愤惋，辄相与殴辱之。守大怒，曰宪副毛公科，令公请谢，且喻以祸福。公致书于守，遂释然，愈敬重公。安宣慰闻公名，使人馈米肉，给使令，辞不受。既又重以金帛鞍马，复固辞不受。及议减驿事，则力折之，且申说朝廷威信令甲，其议遂寝。已而，僮酋有阿买、阿札者，摽掠为地方患，公复以书诋讽之。安悚然，操切所部，民赖以宁。

庚午，升庐陵知县。比至，稽国初旧制，慎选里正三老，委以词讼，公坐视其成，囹圄清虚。是岁冬，以朝观入京，调南京刑部主事，馆于大兴隆寺。予时为后军都事，少尝有志圣学，求之紫阳、濂、洛、象山之书，日事静坐；虽与公有通家之旧，实未尝深知其学。执友柴墟储公巏与予书曰："近日士夫如王君伯安，趋向正，造诣深，不专文字之学，足下肯出与之游，丽泽之益，未必不多。"予因而慕公，即夕趋见。适湛公共坐室中，公出与语，喜曰："此学久绝，子何所闻而遽至此也？"予曰："虽粗有志，实未用功。"公曰："人惟患无志，不患无功。"即问："曾识湛原明否？来日请会，以订我三人终身共学之盟。"明日，公令人邀予至公馆中，会湛公，共拜而盟。又数日，湛公与予语，欲谋白岩乔公转告冢宰邃庵杨公，留公北曹。杨公乃擢公为吏部验封主事。予三人者自职事之外，稍暇，必会讲；饮食起居，日必共之；各相砥励。

未几，升文选员外郎，升考功郎中，而学益不懈。士大夫之有志者，皆相率从游。如此二年，而湛公使安南，予与公又居一年。壬申冬，予以疾告归，公为文及诗送予，且托予结庐天台、雁荡之间而共老焉。湛公又欲买地萧山、湘湖之间，结庐，与予三人共之。明年癸酉，升南京太仆寺少卿，从游者日益众。甲戌，升南京鸿胪寺卿，始专以良知之旨训学者。乙亥，朝廷举考察之典，为疏自劾，力乞休致，以践前言。不允。八月，又上疏力以疾甚，乞养病。又不允。

明年，丙子十月，升都察院左佥都御史，抚镇南、赣、汀、漳等处。先是南、赣抚镇，屡用非人，山谷凶民初为攘窃，渐至劫掠州县，肆无忌惮，远近视效。凡在虔、楚、闽、广接壤山谷，无非贼巢。小大有司束手无策，皆谓终不可除。兵部尚书王公琼独知公，特荐而用之。又恳疏以辞，亦不允，督旨益严。公遂受命。

既至南、赣，先严战御之法。时龙南贼二千余突至信丰，又纠合广东龙川、浰头诸贼酋分队以进，势甚猖獗。公于未战之先，令兵备官调兵断贼归路，又委官统领，前后夹击。又曰："此贼既离巢穴，利在速战。"又令乘险设伏，厚集以待，及各乡村往来路径，多张疑兵，使进无所获，退无所据，不过旬日，可以坐擒。一违节制，以军法从事。先时，在官吏书门皂及在门军民阴阳占卜，皆与贼通，日在官府左右詗觇，不惟言出于口，贼必先知，凡意向颜色之间，贼亦知之。公知其然，在此则示以彼，在彼则示以此；每令阴阳择日，日者占卜，或已吉而不用，或欲用而中止；每励兵蓐食，令俟期而发，兵竟不出。贼各依险自固，四路设伏，公潜令三省兵备官各率兵从径道与贼交锋，前后大战数合，擒斩首俘获无算。余党奔聚象湖山拒守。谕令佯言犒军退师，俟秋再举，密探虚实，乘贼懈弛，以护送广东布政使邵贲为名，选精兵一千五百当先，重兵四千二百继后。夜半，自率数十骑至，密招前军来，令分三路，各衔枚直趋象湖山，捣其巢穴。我兵夺据隘口，贼犹不知。贼虽失险，其间骁悍犹能凌绝谷超距如飞，复据上层峻险，四面飞打滚木垒石，以死拒敌。我兵奋勇鏖战，自辰至午，三省所发奇兵复从间道鼓噪突登，始惊溃大败。我兵乘胜追杀，擒斩俘获无算，堕崖壑而死者不可胜计。余党复入流恩、山冈等巢，与诸贼合势。明日复战，贼又不利，遁入广东界上。黄蜡、樟溪、大山贼酋詹师富等恃居可塘洞山寨，聚粮守险，势甚强固。公命分兵五路攻击，与贼连战。令知府钟湘破长富村等巢三十余处，擒斩俘获益多。其胁从余党悉愿携家以听抚安。公委官招抚，复业者四千余人。又令佥事顾应祥等委官统领军兵，会同福建克期进剿，扬言班师，出其不意，从牛皮、石岭脚等处分为三哨，鼓噪并进。贼瞻顾不暇，望风瓦解。攻破古村、柘林、白土村、赤石岩等巢，直捣箭灌。及攻破水竹、大重玩、苦宅溪、清泉溪、曰罗、南山等巢，直捣洋竹洞、三角湖等处。前后大战十余，俘获四千人有奇，牛马货物无算。

尝上疏申明赏罚，以励人心，因请教便宜行事，及请令旗、令牌，不报。及是大庾、南康、上犹三县畲贼虏掠居民，广东浰头等处强池大鬓等三千余徒突围南康县，杀损官兵，与湖广桂阳、广东乐昌等巢相联，盘据流劫三省。时兵备等官请调三省狼达等兵，与官兵夹剿。又上疏论狼兵所过，不减于盗，转输之苦，重困于民。仍请便宜行事，期于成功，不限以时，则兵众既练，号令既明，人知激劝，事无掣肘，可以伸缩自由，相机而动，日剪月削，可使澌尽。复请添设清平县治，通盐法，以足兵食。会湖广巡抚都御史秦公金奏请夹剿疏下，复上疏议处兵粮事宜。六月，召知府季敩、县丞舒富等密授方略，领兵分剿，生擒贼酋陈曰能等，捣其巢，俘获贼党无算。又上疏论三省交剿方略。先是屡请敕便宜行事，众皆笑公为迂，惟尚书王公慨然曰："朝廷此等权柄，不与此等人用，又与谁用？我必与之。"故因公疏覆议，奉旨改公提督南、赣、汀、漳等处军务，赐敕书及前所请旗牌，便宜行事。廷议以公前攻破长富村、象湖山，可塘洞诸处，擒斩首从贼级数多，降敕奖励，升俸一级，赏银二十两，纻丝二表里。

时汀、漳、左溪贼酋蓝天凤与赣、南、上新、稳下等硐贼酋雷鸣聪、高文辉等相结，盘据千里，荼毒三省。公与诸从事议曰："诸巢为患虽同，事势各异。以湖广言之，则桶冈诸巢为贼之咽喉，而横水、左溪诸巢为之腹心。以江西言之，则横水、左溪诸巢为贼之腹心，而桶冈诸巢为之羽翼。今不先去横水、左溪腹心之患，而欲与湖广夹攻桶冈，进兵两寇之间，腹背受敌，势必不利。今我出其不意；进兵速击，可以得志。已破横水、左溪，移兵而临桶冈，势如破竹矣。"议既决，命指挥邓文帅兵千余，自大庾县义安入；知府唐淳帅兵千余，自大庾县聂都入；知府季敩帅兵千余，自大庾县稳下入；县丞舒富帅兵千余，自上犹县金坑入；亲帅兵千余，自南康进屯至坪，期直捣横水，与诸军会；命副使杨樟，参议黄宏，监督各营官兵往来给饷，以促其后。是月初七日，各哨齐发。初十日，进兵至坪。会间谍诇知，各险隘皆设滚木垒石。公度此时贼已据险，势未可近，乃自率兵乘夜遂进。未至贼巢三十里止舍，使人伐木立栅，开堑设堠，示以久屯之形。复遣官分帅乡兵及樵竖善登山者四百人，各与一旗，赍锐炮钩镰，使由间道攀崖壁而上，分列远近极高山顶以觇贼，张立旗帜，热茅为数千灶，度我兵至险，则举炮燃火相应。十二日黎明，公进兵至十八面隘。贼方据险迎敌，骤闻远近山顶炮声如雷，烟焰四起，我兵复呼哨分逼，铳箭齐放，贼皆惊溃失措，以为官兵尽破其巢，遂弃险退走。公预遣千户陈伟、高睿分帅壮士数十缘崖上，夺贼险，尽发其滚木垒石。我兵乘胜骤进，指挥谢昶、马廷瑞兵由间道先入，悉焚贼巢。贼退无所据，乃大败奔溃。横水既破，遂乘胜进攻左溪，擒斩首级无算，俘获男妇牛马什物不可胜算。会雾雨连日，公令休兵犒劳。

是月二十七日，官兵乘胜进攻桶冈。公复议：桶冈天险，四山壁立万仞，中盘百余里，连峰参天，深林绝谷，不睹日月。因询访乡导，贼所由入惟锁匙龙、葫萝洞、茶坑、十八磊、新地五处，皆假栈梯壑，夤悬绝壁而上；惟上章一路稍平，然深入湖广，迂回取道，半月始至。令移屯近地，休兵养锐，振扬威声，使人谕以祸福，彼必惧而请服。其或不从，乘其犹豫，袭而击之，乃可以逞。纵所获桶冈贼钟景縋入贼营，期以翼日早，使人于锁匙龙受降。贼方恐，集众会议。又遣县丞舒富帅数百人屯锁匙龙，促使出降。遣知府邢珣入茶坑，伍文定入西山界，唐淳入十八磊，知县张戬入葫萝洞，皆于是月晦日乘夜各至分地。遇大雨，不得进。明早，冒雨疾登。贼酋蓝天凤方就锁匙龙聚议，闻各兵已入险，皆惊愕散乱。犹驱其男妇千余人据内隘，绝险隔水为阵以拒。我兵渡水前击，复分部左右夹攻，贼不能支，且战且却。及午，雨霁，各兵鼓奋而前，贼乃败走。桶冈诸巢悉平。

亲行相视形势，据险之隘，议以其地请建县治，控制三省诸瑶，断其往来之路。又进兵攻稳下、朱坑等巢，悉平。又以湖、广二省之兵方合，虽近境之贼悉以扫荡，而四远奔突之虞难保必无，乃留兵二千余，分屯茶、寮诸隘，余兵令回近县休息，候二省夹攻尽绝，然后班师。驱卒不过万余，用费不满三万，两月之间，俘斩六千有奇，破巢八十有四，渠魁授首，噍类无遗。又疏请三县适中之处立崇义县，移置小溪驿于大庾县城内，使督兵防遏。

浰头贼酋池大鬓等闻横水诸巢皆破，始惧加兵，乃遣其弟池仲安等率老弱二百余，徒赴军门投降，随众立效，意在缓兵，因窥虚实，乘间内应。公逆知其谋，乃阳许之。及进攻桶冈，使领其众截路于上新地以远其归途。十一月，池大鬓等闻复破桶冈，益惧，为战守备。公使人赐各酋长牛酒，以察其变。贼度不可隐，诈称龙川新民卢珂等将掩袭之，是密为之防，非虞官兵也。亦阳信其言，因复阳怒卢珂等擅兵仇杀，移檄龙川，使廉其实；且趣伐木开道，将回兵浰头，取道往征之。贼闻之，且喜且惧。卢珂、郑志高、陈英者，皆龙川旧招新民，有众三千余，为池大鬓所胁，而三人者独深忌之，乃来告变。云池大鬓僭号设官，及以伪授庐珂等金龙霸王官爵印信来首。公先已谍知其事，乃复阳怒，不信，遂械系卢珂，而使人密谕其意。珂遂遣人归集其众，待时而发。又使人往谕池大鬓，且密购其所亲信头目二十人，阴说之同部下百八十人使自来投诉。还赣，乃张乐大享将士，下令城中散兵，使各归农，示不复用。贼众皆喜，遂弛其备。池大鬓等乃谓其众曰："若要伸，先用屈。赣州伎俩，亦须亲往勘破。”率其麾下四十人自诣赣。公使人探知池大鬓已就道，密遣人先行属县，勒兵分哨，候报而发。又使人督集卢珂等兵，俱至，令所属官寮以次设羊酒，日犒池大鬓等，以缓其归。会正旦之明日，复设犒于庭，先伏甲士，引池大鬓入，并其党悉擒之。出卢珂等所告状，讯鞫皆伏，置于狱斩之。夜使人趋发属县兵，期以初七日入巢。诸哨兵皆从各径道以入；自率帐下官兵，从龙南县令水直捣下浰大巢，与各哨兵会于三浰。先是贼徒得池大鬓报，谓赣州兵已罢归，皆已弛备，散处各巢。至是骤闻官兵四路并进，皆惊惧，分投出御；悉其精锐千余据险设伏，并势迎敌于龙子岭。我兵聚为三冲，犄角而前，大战良久，贼败。复奋击数十合，遂克上、中、下三浰。各哨官兵遥闻三浰大巢已破，皆奋勇齐进，各贼溃败。

遂进攻九连山。于是选精锐七百余人，皆衣所得贼衣，佯若奔溃者，乘暮直冲贼所，据崖下涧道而过。贼以为各巢败散之党，皆从崖下招呼。我兵亦佯应之。贼疑，不敢击。已度险，遂断其后路。次日，贼始知为我兵，并势冲敌。我兵已据险，从上下击，贼不能支。公度其必溃，预令各哨官兵四路设伏以待。贼果潜遁，邀击而悉俘之，前后擒斩首级无算，俘获男妇牛马器仗什物不可胜计。余党张仲全等二百余人，及远近村寨，一时为贼所驱，从恶未久者，势穷计迫，聚于九连谷口呼号痛哭，诚心投降。遣邢珣验实，量加责治，籍其名数，悉安插于白沙。相视险易，经理立县设隘可以久安长治之策，留兵防守而归。赣人皆戴香遮道而迎，为立生祠，又家肖其像，而岁时祭祷。

上疏乞休致，不允。又以龙川诸处系山林险阻之所，盗贼屯聚之乡，当四县交界之隙，乃三省闰余之地，政教不及，人迹罕到。其间接连闽、广，反覆贼巢，动以百数。据而守之，真足控诸贼之往来，杜奸宄之潜匿。遂疏请于和平地方建设和平县治，以扼其要害。又以大贼酋龚福全、高仲仁、李斌、吴玑等邀路劫杀军民，攻掠郡县，命三省将官剿平。上三省夹剿捷音疏。朝廷论功行赏，升右副都御史，荫子一人锦衣卫，世袭百户，写敕奖励。恳疏辞免，乞原职致仕。温旨慰留。因奏平定广东韶州府乐昌县等贼捷音，查例加升子本卫，世袭副千户。

在赣虽军旅扰扰，四方从游日众，而讲学不废。褒崇象山陆子之后以扶正学。赣人初与贼通，俗多鄙野。为立保甲十家牌法，于是作业出入皆有纪。又行乡约，教劝礼让。又亲书教试四章，使之家喻户晓。而赣俗丕变，赣人多为良善，而问学君子亦多矣。

十四年正月，再疏乞放归田里。当路忌公，欲从其请。王公琼逆知宸濠必将为变，一日，召其属主事应典曰："我置王某于江西，与之便宜行事者，不但为溪洞诸贼而已，或有他变，若无便宜行事敕书旗牌，将何施用？"时福建有军人进贡等之变，王公曰:"此小事，不足烦王某。但假此以牵便宜敕书在彼手中，以待他变。尔可为我做一题稿来看。"稿成，具题。降敕与公曰："福州三卫军人进贡等协众谋反，特命尔暂去彼处地方会同查议处置，参奏定夺。"

时濠阴谋不轨，亦已有年。一日，命安福举人刘养正往说公云："宁王尊师重道，有汤、武之资。欲从公讲明正学。"公笑曰："殿下能舍去王爵否？"既而令门人冀元亨先往，与濠讲学，以探其诚否。元亨与语矛盾；濠怒，遣还，密使人杀于途，不果。公以六月初九日自赣往福建勘事。十五日至丰城县界，典史邓人报濠反状。继而知县顾佖具言之。公度单旅仓猝，兵力未集，难即勤王，亟欲溯流趋吉安。南风方盛，舟人闻宸濠发千余人来劫公，畏不敢发，乃以逆流无风为辞。公密祷于舟中，誓死报国。无何，北风大作，舟人犹不肯行；拔剑馘其耳，遂发舟。薄暮，度势不可前，潜觅渔舟，以微服行；留麾下一人服己冠服在舟中。濠兵果犯舟，而公不在。欲杀其代者，一人曰："何益？"遂舍之。故追不及。是夜至临江。知府戴德孺喜甚，留公入城调度。曰："临江居大江之滨，与省城相近，且当道路之冲，莫若吉安为宜。"又以三策筹之曰："濠若出上策，直趋京师，出其不意，则宗社危矣。若出中策，则趋南都，大江南北亦被其害。若出下策，但据江西省城，则勤王之事尚易为也。"

行至中途，恐其速出，乃为间谍，假奉朝廷密旨先知宁府将反，行令两广、湖、襄都御史杨旦、秦金及两京兵部各命将出师，暗伏要害地方，以俟宁府兵至袭杀。复取优人数辈，各与数百金以全其家，令至伏兵处所飞报窃发日期，将公文各缝置袷衣絮中。将发间，又捕捉伪太师李士实家属至舟尾，令其觇知。公即佯怒，牵之上岸处斩，已而故纵之，令其奔报。宸濠逻获优人，果于袷衣絮中搜得公文，遂疑不发。

十八日至吉安。知府伍文定甚喜，军民皆遮道呼号。公入城抚慰，两上疏告变，请命将征讨，以解东南倒悬。奏至，王公琼扬言于朝曰："王某在南赣，必能擒之。不久当有捷报至。但朝廷不命将出师，则无以壮其军威。"

时濠畜养死士二万，招诱四方盗贼渠魁亦万数，举事之日，复驱其护卫党与并胁从之人又六七万，虐焰张炽。公以百数从卒，退保吉安，遥为牵制之图。远近军民劫于濠积威，道路以目，莫敢出声。公率知府伍文定、戴德孺、邢珣、徐琏等调集军民兵快，石募四方报效义勇，会计应解留钱粮，支给粮赏，造作军器战船，奏留公差回任御史谢源、伍希儒分职任事，约会乡官致仕右副都御史王懋忠，养病编修邹守益，郎中曾直，评事罗侨，丁忧御史张鳌山，赴部调用佥事刘蓝，依亲进士郭持平，致仕副使刘逊，参政黄绣，闲住知府刘昭等，相与激劝忠义，晓谕祸福。调度已定，移檄远近，宣布朝廷仁德，暴濠罪恶。濠始觉为公所欺，亟欲引兵而出。公谓：急冲其锋，攻其有备，皆非计之得也；始示以自守不出之形，必俟其出，然后尾而图之。先复省城以捣其巢穴，彼闻必回兵来援。我则出兵邀而击之。此全胜之策也。濠果使人探公未出，先发兵出次南康、九江，自居省城以御公。

七月初二日，濠又使人探公兵果不出，乃留兵万余，属其腹心宗室及仪宾内官并伪部都督都指挥等官使守省城，自引兵向安庆。公知其出，遂急促各府兵，期以本月十五日会于临江樟树镇；身督伍文定等兵径下。于是知府戴德孺引兵自临江来，知府徐琏引兵自袁州来，知府邢珣引兵自赣州来，通判胡尧元、童琦引兵自瑞州来，通判谈储，推官王暐、徐文英，新淦知县李美，太和知县李楫，宁都知县王天与，万安知县王冕，亦各以兵来赴。十八日遂至丰城，分布哨道。使伍文定攻广润门，邢珣攻顺化门，徐琏攻惠民门，戴德孺攻永和门，胡尧元、童琦攻章江门，李美攻德胜门，都指挥余恩攻进贤门。谈储、王暐、李楫、王天与、王冕等各以其兵乘七门之衅，从旁夹击，以佐其势。又探得濠伏兵千余于新旧坟厂，以备省城之援。乃遣奉新知县刘守绪，典史徐诚，领兵四百，从间道夜袭破之，以摇城中。

十九日，登市汉誓师，且申布朝廷之威，再暴濠恶。约诸将一鼓而附城，再鼓而登城，三鼓不克诛其伍，四鼓不克斩其将。誓已，莫不切齿痛心，踊跃激奋。薄暮徐发。

二十日黎明，各至信地。城中为备甚严，滚木、灰瓶、火炮、石弩、机毒之械，无不毕具。及我兵已破新旧坟厂，败溃之卒皆奔告城中。城中闻我师四面骤集，莫不震骇。我师呼噪并进，梯絙而登。城中倒戈而奔。遂破擒其居守宜春王栱樤及伪太监万锐等千余人。宫眷纵火自焚，延烧居民房屋。公令各官分道救火，抚定居民，释其胁从，封其府库。搜出原收大小衙门印信九十六颗。其胁从布政使胡廉、参政刘斐、参议许效廉、副使唐锦、佥事赖凤、都指挥王玘，皆自上江西捷音疏，仍分兵四路追蹑。

是时濠攻安庆未下，亲自督兵运土填堑，期在必克。及闻我兵至丰城，大恐，即欲回舟。李士实阻劝，以为必须径往南京，既登大宝，则江西自服。濠不应。次日，遂解安庆之围，移兵泊阮子江，会议归援。

先是兵至丰城，众议安庆被围，宜引兵直趋安庆。公以九江、南康皆以为贼所据，而南昌城中数万之众，精悍亦且万余，食货充积。我兵若抵安庆，贼必回军死斗。安庆之兵仅仅自守，必不能援我于湖中。南昌之兵绝我粮道，而九江、南康之贼合势挠蹑，而四方之援又不可望，事难图矣。今我师骤集，先声所加，城中必已震慑，因而并力急攻，其势必下。已破南昌，贼先破胆夺气，失其本根，势必归救。则安庆之围可解，濠亦可以坐擒。果如公料。及议所以御之之策，众谓宜敛兵入城，坚壁自守，以待四方援兵。公独谓宜先出锐卒，乘其惰归，要迎掩击，一挫其锋，众将不战自溃，所谓“先人有夺人之气，攻瑕则坚者瑕”矣。是日抚州知府陈槐引兵亦至。公遣伍文定、邢旽、徐琏、戴德孺共领精兵五百分道并进，击其不意。濠亦先使精悍千余人从间道欲出公不意攻收省城，偶遇于某处，遂交战。我兵失利。报至。公怒甚，欲以军法斩取伍文定、邢珣、戴德孺、徐琏等首。乃自帅兵亲战。或以敌锋方交，若即斩其首，兵无统领而乱，俟各奋励以图后效。明日各帅兵奋死以战，大败之。又遣余恩以兵四百往来湖上，诱致贼兵。陈槐、胡尧元、童琦、谈储、王旽、徐文英、李美、李楫、王冕、王轼、刘守绪、刘源清等各领百余，四面张疑设伏，候伍文定等兵交，然后四起合击。

分布既定，大赈城中军民。虑宗室郡王将军或为内应生变，亲慰谕之，以安其心。出给告示，凡胁从皆不问，虽尝受贼官爵，能逃归者皆免死，能斩贼徒归降者皆给赏。使内外居民及乡导人等四路传布，以解散其党。

二十三日，濠先锋已至樵舍，风帆蔽江，前后数十里。公乃分督各兵乘夜趋进，使伍文定以正兵当其前，余恩继其后，邢珣引兵绕出贼背，徐琏、戴德孺张两翼以分其势。

二十四日早，贼兵鼓噪乘风而前，逼黄家渡，其气骄甚。伍文定、余恩之兵佯北以致之。贼争进趋利，前后不相及。邢珣之兵从后横击，直贯其中，贼败走。伍文定、余恩督兵乘之。徐琏、戴德孺合势夹攻，呼噪并起。贼不知所为，遂大溃，奔走十余里。擒斩二千余级，落水死者以万数。贼势大沮，引兵退保八字脑，众稍遁散。濠震惧，身自激励将士，赏其当先者以千金，被伤者银百两。尽发九江、南康守城之兵以益师。是日，建昌知府曾玙引兵至。公以九江不破则湖兵终不敢越九江以援我，南康不复则我兵亦不能逾南康以蹑贼。及遣知府陈槐领兵四百，合饶州知府林城之兵乘间以攻九江；知府曾玙领兵四百，合广信知府周朝佐之兵乘间以取南康。

二十五日，贼复并力盛气挑战。时风势不便，我兵少却，死者数十人。公急令人斩取先却者。知府伍文定等立于铳炮之间。火燎其须，不敢退，奋督各兵，殊死并进。炮及宁王舟。宁王退走，遂大败。擒斩二千余级，溺水死者不计其数。贼复退兵保樵舍，连舟为方阵，尽出其金银以赏士。公乃夜督伍文定等为火攻之具。邢珣击其左，徐琏、戴德孺出其右，余恩等各官兵分兵四伏，期火发而合。

二十六日，宁王方朝，群臣拘集所执三司各官，责其间以不致死力，坐观成败者，将引出斩之。争论未决，而我兵已奋击四面而集，火及宁王副舟，众遂奔散。宁王与妃嫔泣别，妃嫔宫人皆赴水死。我兵遂执宁王，并其世子、郡王、将军、仪宾及伪太师、国师李士实、刘养正、元帅、参赞、尚书、都督、指挥、千百户等官数百余人，被执胁从官太监王宏，御史王金，主事金山，按察使杨璋，佥事王畴、潘鹏，参政程果，布政使梁辰，都指挥郑文、马骥、白昂等，擒斩贼党三千余级，落水死者约三万余。弃其衣甲器仗财物，与浮尸积聚，横亘若洲。余贼数百艘，四散逃溃。公复遣官分路追剿，毋令逸入他境为患。二十七日，及之于樵舍，大破之；于吴城又破之，擒斩复千余级，落水死者殆尽。濠既擒，众执见公，呼曰：“王先生，我欲尽削护卫所有，请降为庶民，可乎？”对曰：“有国法在。”遂令送至囚所。

公既擒濠，欲令人献俘，虑有余党沿途窃发，欲亲解赴阙，因在吉安上疏乞命将出师。朝廷差安边伯许泰为总督军务，充总兵官，平虏伯江彬为指督等官，左都督刘翚为总兵官，太监张忠为提督军务，张永为提督，赞画机密军务，并体勘濠反逆事情，及查理库藏宫眷等事，太监魏彬为提督等官，兵部侍郎王宪为督理粮饷，往江西征讨。至中途，闻捷报，计欲夺功，乃密请上亲征。上遂自称为总督军务威武大将军总兵官后军都督府太师镇国公，往江西亲征。廷臣力谏不听，有被杖而死者。

江彬、许泰、刘翚、张忠、张永、魏彬等先领兵由大江至，入居城中，人马填溢衢巷，至不可行。乃倡言诬公始同濠谋反，因见天兵俯临征讨，始擒濠以脱罪，欲并擒公为己功。公于官军慰劳有加，病者为之医药，死者为之棺敛，间自行抚，众心皆悦。初见彬辈，皆设席于傍，令公坐。公乃佯为不知，遂坐上席；转傍席于下，以坐彬辈。彬辈衔之，出语诮公。公以常行交际事体谕之，左右皆为公解，遂无言。公非争一坐也，恐一受节制，则事机皆将听彼而不可为矣。

又欲置濠湖中，待驾至列阵擒之，然后奏凯论功。公竟发南昌，数遣人追至广信，不听。戴星趋玉山，度草萍，上疏力止。以为：

濠睥睨神器，阴谋久蓄，招纳叛亡，探辇毂之动静，日无停迹。广置奸细，臣下之奏白，百不一通。发谋之始，逆料大驾必将亲征，先于沿途伏有奸党，为博浪、荆轲之谋。今逆不旋踵，遂以成擒，法宜解赴阙下，式昭天讨。欲付部下各官押解，恐旧所潜布乘隙窃发，或致意外之虞，臣死有余憾。况平贼献俘，固国家常典，亦臣子职分。臣谨于九月十一日亲自量带官军，将濠并宫眷逆贼情重人犯督解赴阙。

行至广信，闻报，疏上不听。既抵杭，谓张永曰："西民久遭濠毒，经大乱，继旱灾，困苦既极，必逃聚山谷为乱。奸党群应，土崩之势成矣。然后兴兵平之，不已难乎？"永深然之，徐曰："吾此出为君侧群小，欲调护而默辅之，非掩功也。但将顺天意，犹可挽回。万一苟逆之徒激群小之怒，何救于大事？"公始深信，以濠付之。复上捷音，以为宸濠不轨之谋已逾一纪，今旬月之间遂克坚城，俘擒元恶，是皆钦差总督威德指示方略所致。以此归功总督军门，以止上江西之行。称病净慈寺。

张永在上前备言公尽心为国之忠之功，及彬等欲加害之意。既而彬等果诬公无君欲叛，上不信。又言此既不信，试召之，必不来，则可知其无君矣。上乃召公。公即奔南京龙江关，将进见。忠等皆失意，又从中阻之，使不见。公乃以纶巾野服入九华山。永闻知，又力言于上曰："王守仁实忠臣，今闻众欲争功，欲并弃其官，入山修道。"由是上益信公之忠。

公复还江西视事。西人皆家肖公像，岁时报祀，犹夫赣焉。

十五年闰八月，四乞省葬，节奉旨："王守仁奉命巡视福建，行至丰城，一闻宸濠反叛，忠愤激烈，即便倡率所在官司，起集义兵，合谋剿杀，气节可嘉。已有旨著督兵讨贼，兼巡抚江西地方。所奏省亲事情，待贼平之日来说。"故复领巡抚事。江西兵残之余，宗室人民凋敝之甚，官府衙门居民房屋烧毁殆尽。公为之赈恤，绥劳抚定，奏免租税。又将城中没官房屋，及濠违制宫室，与革毁一应衙门，皆修改为公廨。濠占夺民间田地山塘房屋，遵奉诏书给还原主管业。其余照依时估变卖，价银入官，先尽拨补南、新二县兑军，淮安京库折银粮米，及王府禄米；余羡收贮布政司，用备缓急。

是年□月，上晏驾。今上皇帝登极。特降玺书曰："尔昔能剿平乱贼，安靖地方。朝廷新政之初，特兹召用。敕至，尔可驰驿来京，毋或稽迟。"于二十日，公驰驿起程。为辅臣所忌，潜讽科道建言，以为朝廷新政，武宗国丧，资费浩繁，不宜行晏赏之事。行至中途而返。道经钱塘，上疏恳乞便道归省。制曰：可。

升南京兵部尚书，参赞机务。又具疏辞免，慰旨益勤。本年十二月内，该部题为捷音事，议封公伯爵，给与诰券，子孙世世承袭，赐敕遣官奖劳慰谕，锡以银币，犒以羊酒。乃封公新建伯，奉天翊卫推诚宣力守正文臣，特进光禄大夫柱国，兼南京兵部尚书。参赞机务，岁支禄米一千石，三代并妻一体追封。累疏辞免，欲朝廷普恩赏于报效诸臣。又极言举人冀元亨因说宸濠，反为奸党构陷狱中，以忠受祸，为贼报仇，抱冤赍恨，愿尽削己官，移报元亨，以赎此痛。先是元亨在狱，又为移咨六部申理其冤。及元亨死，又为移文湖广两司，优恤其家属。

元年，丁父海日翁忧，四方来游其门益众。科道官迎当路意，以伪学举劾。服阕，辅臣忌公才高望重，六载不召。御史石金等交章论荐。礼部尚书席公书为疏特荐公及石淙杨公曰："生在臣前见一人，曰杨一清；生在臣后见一人，曰王守仁。"皆不报。

丁亥，田州土知府岑猛之乱，提督都御史姚镆不克成功。张公孚敬拉桂公萼同荐，桂公不得已，勉从荐公。得俞旨，兵部奉钦依，差官持檄，授公总制军务，督同都御史姚镆勘处彼中事情。上疏辞免，举尚书胡世宁、李承勋自代，不允。上与杨公一清曰："若姚镆不去，王守仁决不肯来。"遂令镆致仕。又降旨督趋赴任。旨云："卿识敏才高，忠诚体国。今两广多事，方藉卿威望，抚定地方，用舒朕南顾之怀。姚镆已致仕了，卿宜星夜前去，节制诸司，调度军马，抚剿贼寇，安戢兵民，勿再迟疑推诿，以负朕望。还差官铺马裹赍文前去敦取赴任行事，该部知道。”

予时为光禄寺少卿，具疏论江西军功，及荐公才德，堪任辅弼。上喜，亲书御扎，并疏付内阁议。杨公一清忌公入阁，与之同列，乃与张公孚敬具揭帖对曰：“王守仁才固可用，但好服古衣冠，喜谈新学，人颇以此异之。不宜入阁，但可用为兵部尚书。”桂公知，遂大怒詈予，潜进揭帖毁公，上意遂止。公遂扶病莅任，沿途涉历访诸士夫，询诸行旅，皆云岑猛父子固有可诛之罪；然所以为乱者，皆当事诸人不能推诚抚安以致之。上疏谢恩，极言致乱之由，平复之策。

十二月，杨公一清与桂公萼谋，恐事完回京，复命见上，予与张公又荐之，上必留用。又题命公兼理巡抚。奉圣旨“王守仁暂令兼理巡抚两广等处地方，写敕与他。”咨到，又力疏辞免，举致仕都御史伍文定、刑部左侍郎梁才自代，不允。建议大约以为进兵行剿之患十，罢兵行抚之善十，与夫二幸四毁之弊。时布政使林富，纪功御史石金，皆以为然。

至南宁府，乃下令尽撤调集防守之兵，数日之内，解散而归者，数万有余。湖兵数千，道阻且远，不易即归，仍使分留南宁、宾州，解甲休养，待间而发。

初，思、田二府目民卢苏、王受等闻公来，知无必杀之心，皆有投生之念，日夜悬望，惟恐公至之不速。既至，又见防守之兵尽撤，投生之念益坚，乃遣其头目黄富等十余人先赴军门诉苦。公谕以朝廷威信，及开示更生之路。明日，苏、受等毕囚首自缚，各与其头目数百人投见，号哀控诉。公复谕以朝廷恩德，下苏、受于军门，各杖一百。众皆合辞别扣首，为之请命。乃解其缚曰："今日宥尔一死者，是朝廷好生之仁；杖尔一百者，乃吾等人臣执法之义。"于是众皆扣首悦服。公随至其营，抚定余众，莫不感泣，欢呼感恩。誓以死报，杀贼立功，以赎前罪。公复谕以朝廷惟愿生全尔等，今尔方来投生，岂忍又驱之兵刃之下。尔等逃窜日久，家业破荡，且宜速归，完尔室家，及时耕种，修复生理。至于各处盗贼，军门自有区处，不须尔等剿除。待尔等家事稍定，徐当调发。于是又皆感泣欢呼。遂委布政林富，总兵官张祐，分投安插，督令各归复业。

既而上疏，处置平复地方以图久安，宜仍立土官以顺其情，分土目以散其党，设流官以制其势。犹以土夷之心未必尽得，而穷山僻壤或有隐情，则又备历田州、思恩村落而经理其城堡。因以所以处之之道询诸其长目。率皆以为善。又询诸父老子弟，又皆以为善。然后信其可以久行，而反覆其辞，更互其说。请田州仍立岑氏后为土官知州以顺土夷之情；特设流官知府以制土官之势；分设土官巡检以散各夷之党。又以田州既设流官，宜更其府名为田宁，盖取"田石倾，田州兵；田石平，田州宁"之谣。至于思恩，则岑浚之后已绝，不必复有土官之设矣。

又按视断藤峡诸处瑶贼，上连八寨，下通仙台、花相诸峒，连络数十余巢，盘亘三百余里，彼此犄角，结聚凭险，流劫郡县，檄参将张经会同守巡各官集议。于是命浔州卫指挥马文瑞，永顺统兵宣慰彭明辅男彭宗舜，保靖统兵宣慰彭九霄，辰州等卫指挥彭飞等，分兵布哨。以永顺土兵进剿牛肠等贼巢，保靖土兵进剿六寺等贼巢。先是贼酋诇知公住扎南宁，寂无征剿消息，又不见调兵集粮，遂皆怠弛，不以为意。至是突遇官兵，四面攻围，怆惶失错。擒斩贼酋及党与颇多。余贼退败，复据仙女大山。我兵追围，拔大缘崖，仰攻，复大破之。乘胜攻破油榨，石壁、大陂等巢。余贼奔至断藤峡、横石江边，我兵追急，争度溺死者无算，斩获首从，俘获男妇牛畜器械等项不可胜计。

还兵浔州府住扎，复进剿仙台诸贼巢。诸军吏各率永顺、保靖壮兵争先陷阵。贼又大败，奔入永安边界立山将险结寨。乃摘调指挥王良辅并目兵彭恺等分路并进，四面仰攻。贼败散。命林富、张祐分投密调各目兵卢苏、王受等分道进剿，前后生擒斩获并俘获男妇头畜器械殆尽。

以八寨之地据其要害，欲移设卫所，控制诸蛮。复于三里设县，迭相引带。亲临视思恩府基景定卫县规则。盖南舟卫僻在广西极边之地，非中土之人所可居者，于是移筑于周安堡。当八寨之中，以阻扼其道路之冲，则柳庆诸贼不必征剿，皆将效顺服化。思恩旧在寨城山内，尚历高山数十余里，令移于荒田地方，四野宽衍之处，开图立里，用汉法以治武缘之众，夷夏交和，公私两便。移凤化县治于虞乡，为立廨宇，属之思恩。于宣化、思龙地方添设流官县治。是皆保治安民之要。增筑守镇城堡于五屯，以壮威设险。仍选取协守诸兵及附近土寨目兵，智略忠勇官一员，重任而专责之，使之训练抚摩，令参将兵备等宫时至其地经理而振作之，则贼势自摧。将思、田分设九土巡检司，各立土目众所信服者管之，节疏奏请定夺。奉旨:“王守仁受命提督军务，莅任未久，乃能开诚宣恩，处置得宜，致令叛夷畏服，率众归降，罢兵息民，奇功可加。写敕差行人赍去奖励，还赏银五十两，纻丝四表里，布政司买办羊酒送用。”九月八日，行人冯恩赍至广城。是时公已卧病月余，扶病疏谢。

而病势日笃，犹力惫视事。年十五岁时，梦中尝得句云："卷甲归来马伏波，早年兵法鬓毛皤"，莫知其谓。至是舟至乌蛮滩，舟人指曰："此伏波庙前滩也。"公呀然登拜，如梦中所见，因诵梦中诗，叹人生行止之不偶云。

十月初十日，复上疏乞骸骨，就医养病。因荐林富自代。又一月，乃班师。至大庾岭，谓布政使王公大用曰："尔知孔明之所以付托姜维乎？"大用遂领兵拥护，为敦匠事。廿九日至南康县，将属纩，家童问何所嘱。公曰："他无所念，平生学问方才见得数分，未能与吾党共成之，为可恨耳。"遂逝。舁至南安府公馆而敛。柩经南、赣，虽深山穷谷，男女老弱皆缟素，匍匐哀迎，若丧考妣。凡所过江西地方，行道之人无不流涕者。

讣至，桂公萼欲因公乞养病疏参驳害公，令该司匿不举，乃参其擅离职役，及处置广西思、田、八寨恩威倒置，又诋其擒濠军功冒滥，乞命多官会议。先此张公孚敬见公所处岑猛诸子及卢苏、王受得宜，征剿八寨有方，奏至甚喜，极口称叹，谓予知人之明。又述在南京时与言惓惓欲公之意，曰："我今日方知王公之不可及。"即荐于朝，取来作辅，共成天下之治。桂公、杨公闻之皆不乐，及嗾锦衣卫都指挥聂能迁诬奏公用金银百万，托余送与张公，故荐公于两广。余疏辨其诬。奉旨："黄绾学行才识，众所共知，王守仁功高望隆，与论推重。聂能迁这厮捏词妄奏，伤害正类，都察院便照前旨严加审问。务要追究与他代做奏词并帮助奸恶人犯来说。黄绾安心供职，不必引嫌辞避。"下能迁于狱，杖之死。时予为詹事，桂公、杨公计欲害公，恐予在朝，适南礼侍缺，即推予补之。明年春，上将出郊，桂公密具揭帖奏云云。上遂允命多官会议，削公世袭公爵，并朝廷常行卹典赠谥，至今人以为恨。

公生而天资绝伦，读书过目成诵。少喜任侠，长好词章、仙、释，既而以斯道为己任，以圣人为必可学而至。实心改过，以去己之疵；奋不顾身，以当天下之难。上欲以其学辅吾君，下以其学淑吾民，惓惓欲人同归于善，欲以仁覆天下苍生。人有宿怨深仇，皆置不较。虽处富贵，常有烟霞物表之思。视弃千金，犹如土芥，藜羹珍鼎，锦衣缊袍，大厦穷庐，视之如一。真所谓天生豪杰，挺然特立于世，求之近古，诚所未有者也。

配诸氏，参议养和公讳某女，不育。抚养族子曰正宪。诸氏卒，继张氏，举一子正亿。适予女仅二周而公卒，遂鞠于余。以恩荫授国子生。孙男曰承勋、承学□□；孙女五。

所著有《阳明集》《居夷集》《抚夷节略》《五经臆说》《大学古本旁注》及门人所记《传习录》，所纂则言诵而习者可知其造诣矣。

濠之变盖非一日，其烝淫奸暴，腥秽彰闻，贼杀善类，剥害细民，招亡纳叛，诱致剧贼，召募四方骁勇，力能拔树排关者，万有余徒。又使其党王春等分赍金银数百万，造奇巧器玩，贿结内外大小臣僚。至有奏保其仁孝者，有复其护卫者，有备其官僚者，有为潜布腹心于各镇及儿内各要地，复阴置奸徒于沧州、淮扬、山东、河南之间。起事之日，号称一十八万，从之东下者实八九万。非公忠义智勇，誓不与贼俱生，奚旬月之间，遂得克复坚城，俘擒元恶，以成宗社无疆之休哉？不特此也，南、赣等处贼巢蟠居三省，积数十年，如池大鬓之俦，皆勇力机智绝人者，非先计除之，则宸濠一呼，风从乌合，其为天下祸当何如也？且八寨为害积几百年，思、田扰攘亦既数年，一旦除而安之，文武并用，处置经画，皆久远之图。惜当路忌之既深，而南北臣又皆承望风旨，反肆弹劾。虽平日雅好公者，方公成功时，亦心害其能，考察之岁，承辅臣意。有功如邢珣、徐琏、陈槐、谢源等皆黜之。则国典之所以议功议能者安在哉。

予以女许公之子，盖悯其孤而抚之。汪公鋐因予诤张公大同之征，当别其善恶，不当玉石俱焚，张公怒，汪迎其意，劾予回护属官邹守益，难居大臣，调予边方参政。赖圣明复职。汪又为疏论公伪学，及指予皆为党邪不忠。予又为疏明诤大同之心，又明公学术之忠国，及予所以悯子许婚携抚，皆非得已。疏上，亦赖圣明拔之陷阱，因察公与守益之无辜。于乎。公既困屈，没齿尚尤不免，则公与予平生所期何如，而皆仅止此者，岂非天与命也，悲夫。

子正宪、正亿将以是年仲冬十一日奉公柩葬于洪溪之高村，为次其世行功爵，及所以致谤者，乞铭于宗工。幸怜而属笔焉，以备他日太史氏之择。谨状。

祭文

亲友祭文 九篇

石潭汪俊 礼部尚书

惟公豪杰之才，经纶之业，习坎心亨，穷标峻揭。勋名既懋，德誉亦隆，阳明之称，走卒儿童。维吾兄弟，投分最早，坐或达旦，何幽不讨。忽谪万里，执手赠言，誓将结茅，待子云烟。公兹东来，曰：“予无乐，乐见故人，来践旧约。”旗旐央央，流水瀰瀰，公私皇皇，或卧或起。乃重订约，“其待予归；归将从容，山遨水嬉。”公既奏凯，吾治吾馆。忽闻讣音，乃以丧返。呜呼。公有大劳，国史辉煌；公有心学，传者四方。公何以没，吾何以伤？交情未竟，公进此觞。呜呼哀哉。

北原熊浃 吏部尚书南昌人

于乎。公有安危，朝廷重轻；公有进退，世道升降；公有存亡，圣学晦明。公之生也，士如寐觉；民如醉醒；吏振循良之化；将知仁义之兵；寇贼奸宄，逆节不敢以复萌。譬如祥麟威凤，一见于海岳，群鸟百兽，率快睹以飞鸣。公之死也，士迷向往；民坏长城；

吏肆贪残之虐；将无纪律之冯；不逞余孽，四方啸聚而横行。譬如山崩梁折，物害民殃，徒奔走而无宁。在昔江藩不轨，荷义举兵，谈笑而清。今几何年，元恶大憝，已湮没而无形。旷恩厚德，尚尔如生。方公之归也，幸其鳝堂载启，木铎扬声，斯文未丧，庶几有兴。其再出也，意其入秉钧衡，辅成圣德，岂期仗钺，不得一日立乎朝廷。悠然长逝，岂厌世浊之不可撄；抑天不遗，俾我民之失典刑。虽然，可尽者公五十七年之身，其不可尽者，与天地相为终始之令名。豫章为公过化之地，浃等遥瞻灵榇匍匐往迎。岂无昭假，以慰微诚。此又不得以天下哀而夺吾党私公之情。呜呼哀哉。

诚斋汪鋐 兵部尚书

惟公擅华国之文，奋匡君之节，怀希圣之心，彰伐叛之烈。一代之英，万夫之杰，追韩、范以驱驰，兼朱、程而教设。夫何梁木忽倾，台星俄折？章水咽而不流，楚云愁而四结。岂物理之乘除有数，抑造化之无常者不可以臆决。鋐叨继公后，亦惟遵公之辙。辱公深知，大惧累公之哲。不敢以公所不屑者而自屑也。旅榇摇摇，泻椒浆以荐洁。陈词未竟，自始无穷之咽。

胡东皋 四川廉使

呜呼哀哉。公其可死乎。母太夫人，孰为之养？茕茕遗孤，孰为之抚而成之乎？其大者，圣明尧、舜，方倚公为皋、夔；四方未甚迪乱，正倚公神武之功以镇之，而公其忍死乎？又其大者，圣学不明，几千百年于兹，赖公良知之学以昭揭之；虽有妙契独得，亦天之有意于斯世斯人，故属公以先知先觉之责，公之门人满天下，固不无如颜、如闵、如参、如赐者出于其间，足以继往开来，永公之传于不朽，然公不及亲见其道之大明大行于天下，公其忍死矣乎？呜呼哀哉。虽然，功在社稷，道在人心，文章在遗书，母老子幼而有二仲之贤为可恃。且死王事，公复何憾，予又安得戚戚于生死之间乎？独相去万里，不得执手永诀，亲视含襚，为可恨耳。兹以兵事就道，临风一奠，以寄吾哀；而万一之私，曷其有涯也邪。

徐　玺

呜呼。先生有汲长孺之直而辞不至于憨；有张晋公之忠而谋不至于疏；有朱晦庵、陆象山之读书穷理颖悟直截，而存心致知不至于偏废。方其夷江左之大难也，浩然归志，自谓得所欲矣。及闻百粤之乱也，应召而起，履险若夷，功以时建，大彰德威。中道而殒，与榇以归。呜呼。先生而止于斯耶。吾子曰爱，受教门下，先生爱重匪特亲故；先十年而卒，先生哭之恸。孰谓吾今之哭先生，犹先生之哭吾子也。呜呼痛哉。寿夭天也，生顺死安，吾岂为先生憾。然朝廷失重臣，斯文失宗主，幼子失所怙，呜呼痛哉。敬陈薄奠，聊寄痛哀。魂兮耿耿，鉴兹永怀。

储良材 巡按御史

呜呼。先生勋业文章，声光荣遇，夫人能知之，亦能道之，夫复何言。客岁云暮，柩临南浦，良材等载奠载奔，小大莫处。想其道玉山，历草萍，东望会稽，先生故里也。摇摇旅魂，庶其宁止。呜呼。异土之殒，数也；首丘之敦，仁也。数以任其适然；仁以归于至当。君子也，尚何言哉。

储良材 巡按御史

呜呼。濂、洛云逝，斯道攸卬。公启绝学，允协于中。钥蔽发蒙，我知孔良。允文允武，绥我四方。四方既同，公归江东。童冠二三，春风融融。岑寇匪茹，跳梁三纪。维公来止，载橐弓矢。南夷底绩，公既弥留。人百其哀，况我同俦。小人靡悱，君子曷宗？羞我黄流，为天下恸。呜呼哀哉。

王尧封 右副都御史

呜呼。先生以纯粹之资，刚毅之气，通达之才，雄浑之文，心得之学，今焉已哉。方其抗逆竖也，而奸党息；歼叛宗也，而天下安；化瑶、僮也，而边夷格。帝念厥勋，爵位载锡，声光洋洋，簪缨奕奕，今焉已哉。方今圣明在上，励精唐、虞之治，天奚夺之速，而顾不遗，以共弼厥成耶？呜呼。天宅茫茫，至难谌也。寒蛩唧唧于月砌，鸾凤沦没于岑丘，蕙兰靡靡于蔓草，薋施蕃盛于道周，慨物运之不齐，于天道乎奚尤？于乎先生，其已焉哉。尧封等竟陈词兮酌醴，灵仿佛兮淹留。

王　畤

呜呼。先生排奸触忌，忠则烈矣；蒙难考贞，节则甘矣；战乱靖戎，功则懋矣；修辞立教，文则崇矣；撝谦下士，德则允矣；明诚合一，道则章矣。忠足以名世，而孤忠谀簸弄之党；节足以名世，而夺循资固宠之习；功足以名世，而基社稷无疆之休；文足以名世，而洗杜撰凿空之陋；德足以名世，而动凌高厉空之志；道足以名世，而破支离偏曲之学。然则先生之生也，虽谓其随之以存。先生之死也，孰谓其随之以灭？如有作者，其不可及已夫，呜呼先生。

有司祭文 三篇

吉安府知府张汉等

于乎先生。弘毅刚大，履险涉崎，忠孝文武，为学者师。任崇正黜邪之责而功同孟氏，合知行动静之一而道传子思。问罪兴思，堂堂豫章之阵；而怀来安辑，正正百粤之旗。方南仲奏春风之凯，而武侯星殒；乃龙蛇遘康成之梦，而学者兴悲。《六经》之迷途谁指？明堂之梁栋谁支？谁作万里之长城？谁窥一贯之藩篱？岂非天夺朝廷之杨绾与吾党之濂溪。汉等晚生末学，敬仰光休。矧庐陵望邑，为先生过化旧邦，而流风余韵，为先生之山斗门墙。遡姚江而源流滚滚，瞻五岭而云树苍苍。讣闻螺浦，悲伤旁皇。徒使吾党德铏道范之望，付之于无何有之乡。有奠椒浆，有泪淋浪，临风载拜，先生其来尝。

南昌府儒学教授廖廷臣等

惟公以心会道，倡学东南；以义兴师，讨平逆藩。天子曰都，爰锡公爵。四方景之，泰山乔岳。公方东归，江汉龙飞。冀公凭翼，道与时熙。固天下之延颈，实我公之优为。讵意百粤群丑，弄兵潢池。佥曰："平之，匪公弗宜。"拜命南征，蛮方丕叙。经略弥年，委身劳瘁。连章乞归，公疾乃革。天不遗，斯文之厄。呜呼。公之功业，似若未竟；公之道德，曷系存亡。盖功虽以存而建，道不以死而弗彰。公无憾矣。

玉山知县吕应阳

呜呼哀哉。铜柱标伏波之勋，岘碑堕羊公之泪。呜呼哀哉。明堂遗栋石之思，稽山还英灵之气。呜呼哀哉。边陲罢锁钥之防，章缝夺蓍龟之恃。歼我哲人，岂其躬瘁。应阳等窃尝淑公绪论，恨未登其庭也。来吏兹上，闻诸异时，逆藩拂经，丕曰是膺，伊豪杰之奋义，实夫子之先声。不然，虽竭西江之水，未足以洗数年之兵。是则公之泽在天下，而西人再造于公，世世德也。灵辆何来，载疑载惊。今也号叨，昔也欢迎。我奠我奔，愿百其身。公乘白云，厥鉴孔神，而阳耿耿于平日者，犹未能尽鸣也。

门人祭文 十五篇

顾应祥应良

呜呼夫子。天其悯俗学之卑陋，而生此真儒耶？何栽培之独厚也？其眷圣上之中兴，而生此贤佐邪？又何遽夺而使之不寿也？呜呼夫子。今不可作矣。斯道斯民，真不幸矣，夫复何言。夫复何言。尤所私痛者，妙道精义不可复闻，霁月光风不可复见矣。将使末学伥伥，可受而不可传邪？呜呼哀哉。敬陈远奠，封寄潺湲。盛德大业，言莫能名；至痛深悲，辞莫能宣。

黄宗明

自道术为天下裂，而人不知其有己，忘内逐外，夸多斗靡，搜罗训诂，立世赤帜。孔、孟既远，濂、洛亦逝；岂无豪杰，如草庐氏，觉彼暮年，精力随弊；金溪之学，为世大忌。惟我夫子，丰神凛异，少也雄杰，出入亦几。鬼神通思，精识径诣，汎扫支离，收功一致。哀我人斯，开关启闭，良知之说，直截简易，无俟推求，无不该具。顺我良知，行罔或悖。逆瑾扇惑，言官尽系，公触危机，从容就理。

谪官蛮貊，艰难罔蹶。汀、赣贼起，公握兵符，犷狡既殄，老稚歌呼。藩王称乱，海内忧虞。夫子倡义，一鼓献俘。岑氏构祸，东南驿骚，五六年间，财耗兵逃。公抚循之，鞭笞其豪。事适机宜，畏威怀德，出其死力，裹粮灭贼。八寨奇功，神武难名。十年命将，手提重兵。人曰劳止，驰驱靡宁；先生再至，寂无军声。讲学其间，朝夕靡停；运筹决策，贼以计平。出入两广，瘴疠伤生，积成疾疢，中道殒倾。于乎痛哉。夫子之教，如揭日月，人方瞻仰，斯文遽绝。夫子之忠，功在社稷，身死未几，谗谤交集。世路险崎，人言易讹，命也如何，忧患实多。某自服膺，十有余年，奔走畏途，旧学就捐，孤负教育，谁执其愆。今兹矢心，昕日勉旃，启夕跽奠，号呼旻天。明发赴官，敢附告焉，呜呼哀哉。

魏良器

呜呼，先生遽止于斯邪。振千年之绝学，发吾人之良知，靡用志以安排，曷思索而议拟，自知柔而知刚，自知显而知微。挽人心于根本，洗末学之支离。真韩子所谓功不在禹下，障百川而东之。使天假先生以年，大明此道，斯世殆将皞皞而熙熙。于乎。曾谓先生而遽止于斯邪。壬癸甲乙之岁，坐春风于会稽，先生携某于阳明之麓，放舟于若耶之溪，徘徊晨夕，以砭其愚而指其迷。已而已而，今不可得而复矣。呜呼。天果有意于斯道耶？何啬我先生之期颐？天果无意于斯道耶？则二三子在焉，苟不忘先生之教，其传犹或可期。洋洋如在之灵，尚其阴隙而默相之。于乎。章江之水，其流汤汤，既羞我淆，爰荐我觞，睹灵輀之既驾，怆予衷之皇皇。

应　典

维公学承千圣之传，道阐诸儒之秘。立言垂训，体本良知，功归格致。修齐治平，一言以蔽。将刊末学之支离，司二教之同异，总摄万殊，归之一致。进以觉夫当时，退以淑诸来裔。彼忠谏之动朝廷，勋业之铭鼎彝，文章之被金石，世之君子或以为难，在公则为余事耳。方奉命以南征，为朝野之毗倚。胡天命之不延，乃一朝而云瘗。典等受教有年，卒业无恃，恸候江千，泪无从止。呜呼。公虽已矣，神其在天，文未坠地，庶几有传。握椒兰以荐心，指江流而誓焉。惟逊志以无负，庶歆格乎斯筵。

栾惠等

呜呼。乾坤孕秀，哲人降生。睿智间出，忠孝天成。多才多艺，天纵其能。精一之学，尧、舜是承。良知垂教，如梦得醒。四方风动，豪杰奋兴。云集鱼贯，日萃讲庭。岂其徒学，为国柱石。忠耿立朝，不避权逆。窜逐夷方，优游自适。世态浮华，无能损益。玉蕴山辉，珠沉光溢。宸濠倡乱，人心惶惶，祸自萧墙，谁敢为敌？惟师威武，一鼓褫魄。功业既著，谗口交棘。师乃休休，退而自食，荣辱毁誉，弗留于臆。惟道不明，心焉则戚；与二三子，讲学是力。风月为朋，山水成癖，点瑟回琴，歌咏其侧。天王圣明，旂常纪绩。西丑陆梁，日费千仓，凯功未奏，主忧宁忘。奉诏徂征，应时翱翔。既负重委，文德丕扬。先声按抚，弓矢斯张。丑类来归，缉缉洋洋。曰“今已后，弗复敢攘。”师乃谕曰：“兵加不轨，不杀投降。尔归王化，我岂尔戕。归完尔室，干乃农桑。”亦有八寨，盗贼业积。一罹其毒，朝不保夕。开国以来，屡征弗获。选将用兵，曾何休息？

贻祸非小，实伤国脉。窥望窃发，其机已迫。师轸民忧，不计失得，询谋佥同，便宜行策，神机应变，旬日剿贼。巢穴既空，疮痍荡涤，招抚流移，复其田宅。长虑永图，扶病区画，相彼夷方，随俗因革：爰立土官，分地授职，犬牙相制，世守疆域；保甲既严，部伍既饬，统于流官，庶无间隙。爰修文教，俾肄儒籍，变化夷族，实为美则。似兹哲人，邦其有光，苍生父母，后学梯航，宜应福祉，享寿无疆。胡天不悯，俾没瘴乡。王事忠矣，遗孤谁将。斯道之责，孰能担当？呜呼已矣。朝野悲伤。知夫子者，和气春阳；昧夫子者，如刺如芒。呜呼。道大难容，古今之常，爰有公论，孰为泯藏？惠等闻讣惊悼，涕泣沾裳，匪天丧师，二三子殃。百拜荐奠，聊泄悲肠。灵其不昧，庶几鉴尝。

王良知

　　呜呼已矣。自夫子没而乾坤无粹气矣，山岳无英灵矣，国家无柱石矣，弟子无依归矣，呜呼已矣。讵谓广南之役遂为永诀矣乎。夫子以道殉身，以身殉国，超然于寿夭之间，则亦何憾？而二三子之悲伤，则固无以自赎于今日也，呜呼哀哉。薄奠一觞，摛词伸忱。神其不昧，庶几来歆。

薛侃翁万达

　　呜呼。世有一长一善，皆足以自章明。而吾夫子学继往圣，功在生民，顾不能安于有位，以大其与人为善之心，岂非浅近易知而精微难悟，劣己者容而胜己者难为让耶？且自精一之传岐而为二，学者沦无滞有，见小遗大，茫无所入。吾夫子发明良知之说，真切简易，广大悉备。漫汗者疑其约，而不知随遇功成，无施不可，非枯寂也。拘曲者疑其泛，而不知方员无滞，动出规矩，非率略也。袭古者疑其背经，考之孔、孟，质诸周、程，盖无一字一意之弗合。尚同者疑其立异，然即乎人情，通乎物理，未尝有一事一言之或迂。是大有功于世教圣门之宗旨也。盖其求之也备尝艰难，故其得之也，资之深若渊泉之莫测，应之妙若鬼神之不可知，教之有序，若时雨之施，弗先弗后，而言易入，若春风煦物，一沾一长。其平居收敛，若山林之叟，了无闻识，其发大论，临大难，断大事，则沛然若河海之倾，确然若蓍龟之信而莫知其以也。世之议夫子者，非晏婴之知，则彭更之疑；非互乡之惑，则子路之不悦；非沮溺荷蒉之讥，则武叔、淳于髡之诋;用是纷纭，非夫子之不幸，世之不幸也。侃也不肖，久立门墙而无闻。顷年以来，知切淬励。夫子逝矣，慨依归之无从，虑身世之弗立，郁郁如痴，奄奄在告，盖一年于兹矣。方将矢证同志，期奉遗训，尚赖在天之灵昭鉴启牖，使斯道大明于天下，传之来世，以永芘于无穷。是固夫子未尽之志也。灵輀将驾，薄奠一觞，衷怀耿耿，天高地长，于乎哀哉。

应人桂

呜呼。人知有先生之道，而或未尽得先生之教；人阴荷先生之功，而或未尽白先生之忠。己卯之变，吾不知其何如也，而谤固以随；交广之难，吾不知其何如也，而死竟以俱。呜呼。外吾教者斯优，晦吾忠者斯妬，岂瘴疠之足尤，实气运之不扶。虎豹委于空山，豺狼号于当路，风雨嗟其何及，家园惨而谁顾。吾念先生之悟道也，以良知为扃钥；其收功也，以格致为实际。体常秘于玄默，用实粲于经济。桂等犹及见先生之面，复密迩先生之明，虽未稔于耳提口授之下，或少得于神交契悟之余。方有待于卒业，而先生竟以若斯。痛先觉之早逝，怅末学其何依？幸门墙之无恙，或斯文之在兹。

刘　魁

鸣呼。夫子已矣，后学失所宗矣，生民失所望矣，吾道一脉之传，将复付之谁矣？虽然，人心有觉，德音未亡；俨门墙之在望，顾堂室之非遥；去意见之私而必于向往，扫安排之障而果于先登，是在二三子，后死者不得辞其责矣。归葬有日，筑室无期，临风遣使，有泪涟洏，嗟何及矣。矢志靡他，庶其慰矣。

万　潮

鸣呼。古所谓豪杰之才，圣贤之学，社稷之臣，非先生其人耶？曩哭先生之柩于钱塘之浒，今拜先生之墓于兰亭之阳，吾道终天之恸，其何能已耶。潮早岁受知，不徒文字，循循善诱，孔、孟我师；剖障决藩，直指本体，良知是致，一以贯之。谨服膺以周旋，若饮渴而食饥。悟大道之易简，信精一而无私。顾虽有觉而即在，实惟念兹而在兹。夙夜战兢，深惧无以奉扬先生之教，惟先生在天之灵，阴启予而终成兮。

张津等

惟我夫子，德本诚明，才兼文武。以践履为实而厌俗学之支离，以广大为心而陋专门之训诂。功夫启易简之规，指授辟良知之户。惟所立之甚高，故随在而有补。以之讲道则化洽时雨之施，以之立朝则仪渐鸿羽之楚，以之承诏奏则右尹折招之诗，以献君谟则宣公独对之语。至于名振华夷，勋迈今古：季札观鲁，方陈南龠之仪；山甫徂齐，复正东方之虏。元恶之首既歼，丑类之俦咸抚，此则勇夫悍士犹以为难，而夫子独谈笑于指顾。夫何中山之功甫就，俄盈谤箧之书；武侯之恨有余，辄动英雄之抚。一老不遗，万民何憷？天轴西驰，江声东吐；草正芳兮鸩鸣，日未斜兮鹏舞；叫台城兮云悲，抚钟阜兮烟锁。吁嗟夫子兮固无所憾，而辱倚门墙者不能不为终身之苦。学未传心，言徒在耳，忍观绝笔之铭，式奠临棺之祖。怅吾道之已穷，盖不知涕洒长空之雨。呜呼哀哉。

王时柯等

呜呼。天惟纯佑，材生文武，学本诚明，道宗邹鲁，羽翼程朱，颉颃申甫。早掇巍科，筮仕天部。始谪龙场，直言忤主。九死不回，孤忠自许。继迁庐陵，人思召父。再擢鸿胪，荐登枢府。专阃分符，衣绣持斧，机密虑周，战胜攻取，芟夷洞寇，四民安堵。蠢兹逆藩，束身就虏。勤在王家，爵封南浦。瑶、僮相攻，赖公柔抚。茕独无告，赖公哺乳，民昔干戈，今豆且俎。民昔呻吟，今歌且舞。式遏寇攘，孰敢予侮？忧无西顾，殿有南土。丽日祥云，和风甘雨，山斗仰瞻，凤凰快睹，厥德斯懋，厥施斯普，人怀至今，公竟作古。意公神灵，翱翔天宇；在帝左右，为帝夹辅；降为河岳，庙食簋簠。柯等亲炙至教，恩沾肺腑。忆昔请益，期以振旅。云胡背弃，使我心苦。敬奠一觞，痛深谈虎。

邹守益

圣学绵绵，嘻其微矣。贸然末俗，纷交驰矣。矧兹寡陋，莫知所之矣。谓考究遗经，可自得矣；旁搜远勘，亦孔之疲矣；将摹仿而效，千古可期矣。外貌或似，精神非矣。不遇□，孰醒我迷矣。良知匪外铄，自秉彝矣。戒慎恐惧，通昼夜而知矣。酬酢万化，□我规规矣。声应气求，四方其随矣。譬彼昏曀，庆□矣。霜雾忽乘之，众安归矣。将民之无禄，罹此菑矣。百世之恸，岂独予私矣。

叶 溥

鸣呼先生。乾坤间气。鸣呼先生。夷夏重名。谓孔、孟学必可成也，谓周、召功必可立也，故以心觉天下，不罔以生也，以身翰天下，力尽而毙也。竟虚天子之注，日深吾党之思。将造物者忌功抑忌德也，何遽止此而不究所志也？呜呼先生。系谁无福？

阳克慎

鸣呼。天胡夺我先生之速耶？有濂溪之学而能自强，有武侯之忠而能自将，有子仪之功而能自忘，有良平之智而能自藏，真所谓文武兼资，乾坤间气，领袖后学，柱石明堂者也。天胡夺之速耶？抚灵辆兮涕泗淋浪，泰山颓兮莫知向往。絜酒为仪兮荐此衷肠，神尚不昧兮来格洋洋。

师服问

钱德洪

夫子既没于南安，宽、畿奔丧广信，拟所服于竹峰邵子。邵子曰："昔者孔子没，子贡若丧父而无服制也。"宽、畿曰："然。然则今日若有间也。夫子没于道路，执丧者弗从。宽也父母在，麻衣布绖弗敢有加焉；畿请服斩以从，至越则释，麻衣布绖，终葬则释；宽居越则绖，归姚则否，何如？”邵子曰：“亦宜。”于是畿也服斩以行。

讣告同门

钱德洪

去年季冬十九日，宽、畿西渡钱塘，将北趋殿封。二十二日，有人自广来，传夫子以病告，将还庾岭。闻之且喜且疑，即日舟迎至兰溪。传言夫子已逝，相顾骇怖，不知所出。且相慰曰：“天为吾道，必无此事。”兼程夜抵龙游驿，吏曰：“信矣，于十一月二十九日午时终于江西之南安。”闻之昏殒愦绝，不知所答。及旦，反风，且雨，舟弗能前，望南而哭。天乎。何至此极邪。吾生如偃草棘薪，何益于世，胡不使我百身以赎，而顾萎吾夫子邪。日夜痛哭，病不能兴。除夕至常山，又相与自解曰：“命也已矣，天实为之，奈之何哉。”

斯道晦冥几千百年，而昭明灵觉之体终古不磨，至吾夫子始尽发其秘。同志相承日孚以博，乃有今日，亦云兆矣。天子圣明，注眷日殷，在朝诸老又更相引汲，使其得遂同心，则其未尽之志当更展矣。今若此，天意若将何哉。或者三代以降气数薄蚀，天道之秘既以其人而发泄之，又旋而扑灭之乎？遡观孔、孟，已莫不然。夫孔、孟之不得身行其学者，上无君也。今有君矣，而夫子又若此，果何谓邪？

前年秋，夫子将有广行，宽、畿各以所见未一，惧远离之无正也，因夜侍天泉桥而请质焉。夫子两是之，且进之以相益之义。冬初，追送于严滩请益，夫子又为究极之说。由是退与四方同志更相切磨，一年之别，颇得所省，冀是见复得遂请益也，何遽有是邪。呜呼。别次严滩，逾年而闻讣复于是焉，云何一日判手，遂为终身永诀已乎。

夫子勤劳王家，殉身以道，古固有勤事而野死者，则亦何憾，特吾二三子不能以为生耳。向使吾人懵然无闻，如梦如醉以生于世，则亦已矣；闻道及此而遽使我止此焉，吾何以生为哉？人生不闻道，犹不生也；闻道而未见其止，犹不闻也。夫子教我发我，引我翼我，循循拳拳而不倦者几十年，而吾所闻止此，是夫子之没，亦吾没也，吾何以生为哉？呜呼。命也已矣，天实为之，奈之何哉。

所幸四方同志信道日众，夫子遗书之存，《五经》有删正，《四书》有傍注，传习有录，文有文录，诗有诗录，政事有政事录，亦足恃矣。是夫子虽没，其心在宇宙，其言在遗书，百世以俟圣人，断断乎知其不可易也。明发逾玉山，水陆兼程，以寻吾夫子游魂，收其遗书。归襄大事于稽山之麓，与其弟侄子姓及我书院同志筑室于场，相勉不懈，以冀成吾夫子之志。尚望我四方同志爱念根本之地，勿为遐遗，乃大慰也。

昔者孔子之道不能身见于行，没乃光于万世者，亦以其门人子弟相守不变耳。三年之外，门人治任将归，人揖子贡，相向失声，是非儿女之情也。三年之聚，亦以精其学也。子贡反，筑室独居三年，则益粹于进矣。凡我同志，远者、仕者，虽不必居三年，其亦肯间相一聚，以庶几相期于成乎？

逾月之外，丧事少舒，将遣人遍采夫子遗言及朋友私录以续成书，凡我同志，幸于夫子片纸只语备录以示。嗣是而后，每三年则复遣人，一以裒吾夫子之教言，不至漫逸，一以验朋友之进足，为吾不肖者私淑也。

荒悖恍惚，不知所云。水陆茫茫，预以陈告，惟吾同志，怜念怜念。

遇丧于贵溪书哀感

钱德洪

嘉靖戊子八月，夫子既定思、田、宾、浔之乱，疾作。二十六日，旋师广州。十一月己亥，疾亟，乃疏请骸骨。二十一日逾大庾岭，方伯王君大用密遣人备棺后载。二十九日疾将革，问侍者曰："至南康几何？"对曰："距三邮。"曰："恐不及矣。"侍者曰："王方伯以寿木随，弗敢告。"夫子时尚衣冠倚童子危坐，乃张目曰："渠能是念邪。"须臾气息，次南安之青田，实十一月二十九日丁卯午时也。是日，赣州兵备张君思聪，太守王君世芳，节推陆君府奔自赣；节推周君积奔自南安，皆弗及诀，哭之恸。明日，张敦匠事，饰附设披积，请沐浴于南野驿，亲进含玉；陆同殓襚。又明日，南赣巡抚汪公鋐来莅丧纪，士民拥途哀号，汪为之挥涕慰劳。十二月二十日，丧至南昌，有司分道而迎，巡按御史储君良材，提学副使赵君渊哭，士民皆哭，声载于道。乃挽丧留于南浦，请改岁而行，以尽士民之哀。赵日至三踊哭。有问之，曰："吾岂为乃公哭邪？"己丑改岁六日，将发舟，北风厉甚。储焚香虔祝于柩曰："公弗行，岂为士民留邪？公党有子嗣，门人亦望公久矣。"即时反风，不四日，直抵信州。

呜呼。夫子没而诸大夫之周旋者至矣。是固夫子盛德所感，亦诸大夫好德之诚也。二三子弗身承其劳，闻其事能弗以为思乎？详述之，用以告吾同门者。

书稽山感别卷

钱德洪

人有异常之恩于我者，君子感乎？异常之恩，不可恩也；不可恩，不可感也。是故稽颡再拜，颂言烦悉，报之微也；适馆受飧，左右以赆，惠之微也。其遭也无自，其合也不媒，其聚弗亲，其离弗违，无致而至，莫知其以，此恩之至也，感之极也。今夫龙兴而云从，云非恩乎龙而从也，嘘吸为变，莫之致也。计功量者，孰为恩，孰为感，悉悉而数之，则薄矣。吾于赣城杨君竹溪之于夫子何以异。吾固不能忘情于恩感，固亦无以为恩感也。

昔者夫子奉命南征，以不杀之仁，绥思、田之顽民。维时荷戈持戟之士，其孙谋吴略，勇力拔众者，为不少矣。及成功之日，乃皆一时归散，环视诸庭，依依不忍去。若左广之武和斋，吉水之龙北山，赣之刘易斋及君者，乃皆退然若弗胜衣之士，是四君者岂有意而相遭邪？必其所存有以近吾夫子不杀之仁，故不谋而自合。至大了待命北巡，忽为南安之变也，君皇皇然亲含襚，扶舆榇，行则与蒸徒共揖，止则与二三同门麻衣布绖并就哭位。是固何自而然哉？夫仁，人心也，通幽明，忘物我，不以生而亲，不以死而忘，无致而致，虽四君亦莫之知也。四君且莫之知，吾又得而恩感乎哉？故我欲稽颡再拜，颂言烦悉，以报其情，而其情终不可报；吾欲适馆受飧，左右以赆，以惠其去，而其去终不可惠。故相率归于无言。

噫。无言之感，洞彻千古，吾亦无如之何也已。虽然，君去而能益笃吾夫子不杀之仁，则吾之无言者尚有无穷之言也。因其去，吾复能已于言乎？是为书。

谢江广诸当道书

钱德洪

冬暮，宽、畿渡钱塘，将趋北上。适广中有人至，报父师阳明先生以病告，沿途待命，将逾庾岭矣。即具舟南迎，至兰溪，忽闻南安之变。慌怖三问三疑，奔至龙游，传果实矣。死乎。何至此极邪。吾师以王事驰驱，尽心亶力，今果勤事而野死矣乎？在吾师以身许国，死复何憾，独不肖二三子哀恨之私，有不能一日解诸怀耳。夫自讲学四十余年，从之游者遍海内，没乃无一人亲含襚，殓手足，以供二三子之职，哀悯何甚。

宽、畿北面有年矣，教我抚我，诱我翼我，实有罔极之恩，而今若此，无涯之戚，谁则任之。兼程至贵溪，始得凭哭其棺。间乃询之厮吏，始知临终之地，长途空寂，前后弗及。幸我大人先生有预事之谋，载棺相随，使永诀之晨得以时殓襚。是虽子嗣门人亲临其事，当无逾此，诚死生而肉骨者也，恩孰大焉。夫吾师有罔极之恩，而没则贻我以无涯之戚，今赖大人得少慰焉，是大人之恩于二三子，实有无涯之感矣。夫野死而无悔者，夫子之忠也；无归而殡者，大人之仁也。斯二者固皆天下之公义，而区区之恩感不与焉。特吾二三子儿女之情，至此皆不能已于无言耳。剖心刻骨，有言莫尽。《诗》云：“中心藏之，何日忘之。”荒悖布情不悉，惟怜而终教之。

再谢汪诚斋书

钱德洪

父师之丧颇德庇，于二月四日奠于堂矣。感公之私，与日俱积。乃弟乃子颇能承袭遗规，弗至逾礼。四方同门亦日来奔，颇具执事。是皆先生倡厚德于前，故子弟门人知激劝于后，不敢以薄自处，重获罪于大君子之门也。所谕父师军中羡余银两，责其官赍送嗣子，是执事哀死之情，推及遗孤，此恩此德，非特其子弟知感，在门人小子，佩刻亦殊深矣。但父师嗣子方及四龄，未有知识；亲弟守俭、守文、守章，继子正宪欲代之言，顾其中有愿言而不敢尽者。生辈恃在旧爱，敢代为之言，惟执事其终听焉。

父师两广事宜，间尝询之幕士矣，颇有能悉其概者。谓奏凯之日，礼有太平筵宴及庆贺赆送之仪，水夫门子供具中有情不得却与例不必却者，收贮赏功所，谓之羡余，以作公赏之费。成功之后，将归，乃总其赏功正数，所给公帑不过一万余两，皆发梧州矣。正数之外，有此羡余，仍命并发梧州。从者又以沿途待命，恐迟留日久，尚有不时之需，姑携附以行，俟随地遣发。不意未至南安，罹此凶变。病革之晨，亲命仆隶检遗书，治行箧，命赏功官劳其勤劳而归羡余于公。此实父师之治命也。当事者既匿其情不以告夫先生，而先生又切哀死之情，笃遗孤之爱，案官吏之请，从合得之议，谓大臣驱驰王事，身殒边陲，痛有余哀，礼当厚报。况物出羡余，受之不为伤义，故直以事断而不疑其为私。其恩可谓厚矣。特弟子登受之余，尚不免于惶惑。盖以父师既有成命，前日之归是，则今日之受非矣。苟不度义而私受之，恐拂死者之情，终无以白于地下也。且子弟之事亲，平时一言，罔敢逾越，况军旅之事，易箦之言，顾忍违忘而私受乎？夫可以与者大人之赐，可以无取者父师之心，取之惟恐违死者之命而重生者之罪，则又其子弟衷由之情，用是不避呵叱，谨勒手状，代为先生布。并原银五百三十二两，托参随州判龙光原义男添贵送复台下，伏望验发公帑，使存歿之心可以质诸天地鬼神。是则先生无穷之赐，幽明共戴之恩也。不胜冒犯殒悼之至。

再谢储谷泉书

钱德洪

宽、畿不率，弗祐于天，遽夺吾师之速；黄发乳口，失所保哺，皇皇然无所归。时闻凶讣，又恨未及相随以趋曳杖之歌；天丧斯文，后死者终弗与闻矣乎。既而奔丧贵溪，冯哭之余，水浆不入于口，奄奄气息，若无复可生于人世矣。间乃询其后事，乃知诸君子殚心瘁力，送死无憾，而先生左右维持之力居多。愚以为相知之情至此，亦云足矣。及凡所经历，舟未入境，而执事之戒命已先哭奠虔壸，虽有司好德之同，而激动之机不无所自，哀感何言。仆且私告曰：公虑吾主君家事也，云云；曰：公虑吾主君勋业未著，云云。已而，朋友又私相语曰：公恸吾夫子者，悼其教未明于天下也，云云。生辈矍然而起曰："有是哉。何公信爱之至有如此也。"

噫。天下之爱吾夫子者有矣，叹之而已矣；信我夫子者有矣，感之而已矣；孰有如吾执事精神心思，周旋曲折，实以见之行事者乎。必其平日相孚默契，有甚不得已者藏于其中，是未可声音笑貌为也。吾侪小人自失所恃，遽恐吾道终底于躄塞。不知天下大君子有如先生者出于其间，斯道虽重，主盟得人，吾何以惧乎哉？孟子曰:“然而无有乎尔,则亦无有乎尔。”今兹有乎尔矣。今兹有乎尔矣。于是自衢以下，顺流而归，慷慨激亢，无复为儿女之情。是先生不言之教，起我跛躄于颠跻之中，吾当何以为报哉。

二月四日，已妥灵于堂。乃弟乃子，颇知自植，四方同门，又日来至，丧事聊此议处，不复敢远婴先生之怀矣。萧尚贤事略具汪公别纸，并奉请教。小厮辈以小嫌构辞，致烦案牍。在先生宽仁之下，当必有处。然是人亦无足过责者，夫子用之，所谓略其全体之陋，以用其一肢之能，故其报死之情亦如是而已矣。今欲望之大过，是又若以其一肢之得，而复责其全体之失也，难矣。恃在推爱，妄敢喋喋，菅悖不恭，万罪万罪。

丧纪

程 煇

我师绪山先生编次《阳明夫子家乘》成，煇受而读之，作而叹曰：“嗟呼。天道报施善人，抑何其不可测邪。方夫子之生也，苦心妙悟，以续如线之道脉矣，乃伪学之谤不能弭；倡义兴师，以歼谋畔之独夫矣，乃君侧之恶不能去；开诚布心，不烦一旅，以格数百年负固之党矣，乃当轴之忌不能回，使其身一日立乎朝廷之上。何其与世之落落也？及其没也，哭者尽哀，祭者尽诚，至今有吊其墓，谒其祠，拜其家庙，为之太息流涕而不置者。又何其得众之鼎鼎也？窃惑焉。”先生进而教之曰：“是不可以观天人负胜之机矣乎？夫子之所不能者，时之艰也，人之胜也；其所能者，德之孚也，天之定也。而又何惑哉？吾方哀祭文之不能尽录者属子以终事焉。盖文固有略者矣；将人之祭于地与就其家而祭焉者，皆其实德所感，而人情之所不能已者，顾可略而不书乎？子其揭日月为序，凡显而公卿，微而庶人，有举必书，庶定者可考而见，且使我后之人知夫子有不待生而存，不随死而灭者，良在此而不在彼也。”煇避席曰：“敬闻命矣。”作《丧纪》。

夫子以戊子仲冬之丁卯卒于南安府青龙铺，舆止南野驿。越四日，为季冬庚午，门人广东布政王大用，推官周积，举人刘邦采，实敦后事。副使张思聪率属吏知府王世芳，同知何瑶，大庾知县叶章，府学训导杨登玉、王圭、陈守道，庠生张绂、李节、王辂、王辅等哭奠，乃殓。殓已，署上犹县事经历许同朝，崇义知县祝澍，南康教谕管辅，训导刘森，庠生刘爵等，千户刘环、俞春、周祥，门人知府王銮、阳克慎，乡约王秉言，各就位哭奠。

壬申，梓抵赣州府水西驿。提督都御史汪鋐，同知何瑶，推官陆府，检校唐本，乡宦宋元，指挥钱堂，知事郭铖，千百户何涌江、马昂、吴伦、谭景受、卜福、严述、王宁、王宪、潘钰、余洪、毕祥、杨守、武昌，千户所指挥陈伟，门人郎中刘寅，都指挥同知余恩，庠生易绍宣、李乔崇、李挺、李宪、何进隆、何进德、曾廷珂、曾廷琏、黄谱、黎教、王槐密、王振朝、刘凤月、刘天锡、刘瞬、彭遇贵、谢天表、谢天眷、桂士元、桂薰、袁泰、张镗、汪梅、周兰、宋金、雷锐、雷兑、应辰、钟振、俞鹗、汤伟、杜相、黄鳌各就位哭奠。张思聪、周积又各特举焉。

丁丑，榇抵吉安府螺川驿。佥事陈璧，知府张汉，同知张烈，通判蒋英，林春泽，建官周在，庐陵知县常序，署泰和县事知事汪仲，县丞刘纶，主簿庄伯瑶，典史李江，教谕林文焯，训导金玥、张旦，吉水县丞杨伯谦，主簿辛仲实，万安主簿杨廷兰，信丰指挥同知林节，乡宦尚书罗钦顺，副使罗钦德，副都御史罗钦忠，门人御史王时柯，庠生萧宠、萧荣、王舜鹏、袁登应、罗絅、谢廷昭、周文甫、王惠迪、刘德、蓝瑜、龙潢、龙渐、幕吏龙光，各就位哭奠。

戊子，榇抵临江府蒲滩驿。同知宇宾，通判林元，推官俞振强，靖江知县陈府，新淦县丞唐和，主簿王纶，教谕向钦，训导从介各就位哭奠。

辛卯，榇抵南昌府南浦驿。建安府镇国将军宸洪，太监黎鉴，御史储良材，参政叶溥、李绯，参议钟云瑞，副使赵渊，佥事陈璧、王玮、吴瀚、陈端甫，都指挥佥事刘玺、王宁、崔昂，府学教授廖廷臣，训导范昌期、张琚、谭倬、廖金，新建县学教谕刘环，训导梁子钟、何乐，南昌县学训导邢宽，庠生崔嵩、陶潮、刘伯盛、舒泰、武进、邹锐，乡宦副都史熊浃，布政胡训，副使刘伯秀，知府张元春，御史涂相，郎中张钦，主事张鳌，进士熊汲，检校张默，通判万奎、闵鲁，知县余琪、聂仪、杨璋、甘柏、胡大化，举人丁夔，门人裘衍、张良才、张召、魏良器、魏价、万世芳、邹宾、齐升、周麟、黄钟、钟文奎、艾铎，安仁县桂宸、桂宫、桂容、桂軏、孙张、孙钧，吉安府曾伟器，报效生员陈文荣，承差刘昂，乡民萧华、李延祥、程玉石、陈本道、高显彰、刘珏、杨文、严洪、徐杞、杜秉文、王钦，各就位哭奠。叶溥、赵渊、王玮、张元春、齐升又各特举焉。

岁己丑正月庚子，榇发南昌府。自储大夫以下，凡百有位，越百姓里居，市儿巷妇，哭而送者载道。风迅不可帆，又不可缆而前也，储大夫抚之曰:“先生岂有怀邪？越中子弟门人泣而迎者，延首跂足而徯至者，盖有日矣。”须臾反风，若或使之，遂行。丙午，余干县主簿陈瑢，教谕林秀，训导赵珊、傅谘，万年县主簿龙光、相安，仁和县主簿邹轼，训导周铎、黄选，庠生桂与，蒲田县廖大璧，贵溪知县方克，主簿钱珊，典史冯璁，教谕谢炯，庠生邱民节、宋廷豸、叶可久、叶可大、许文明，铅山主簿戚镗，乡宦大学士费宏，尚书汪俊，各就位哭奠。先是绪山、龙溪二先生将赴廷对，闻先生将还，逆之严滩。忽得讣音，相向恸哭。疑于服制，作《师服问》，厥既成服，兼程趋广信，讣告同门。会先生嗣子正宪至自越，至是同遇先生之榇于贵溪，哭之几绝；书《遇丧哀感》以寄怀云。

癸丑，榇抵广信府葛阳驿。知府赵烨，同知卢元恺，通判曾大有、龙纲，举人刘伟，玉山知县吕应阳，教谕霍重，庠生郑世迁、李材、程松、叶廷秀、徐森，常山县丞殷学夔，各就位哭奠。储良材又檄吕应阳而特举焉。夫子弟守俭、守文，门人栾惠、黄洪、李洪、范引年、柴凤会榇于玉山。

辛酉，榇抵衢州府上杭驿。同知杨文奎，通判简阅，推官李翔，西安知县林钟，门人栾惠、黄昫、何伦、王修、林文琼、徐霈、蒋兰，金华府通判高凤，兰溪县主簿高禹，教谕朱骥，训导胡弈、□辉，门人应典，严州府推官程淳，桐庐县主簿屠继祖，各就位哭奠。

丁卯，榇抵杭州府浙江驿。布政潘旦、刘节，参政胡缵宗、叶宽，参议万廷彩、庞浩，按察使叶溥，副使傅钥、万潮、党以平、何鳌、汪金，佥事孙元、巴思明、梁世骠、江良材、林茂竹，都指挥使刘宗伟，都指挥佥事李节、刘翱、孙仁、王佐，杭州府推官刘望之，府学教授陶贺，仁和县主簿曹官，富阳县主簿李珍，教谕黄宁，训导程大有、王裕，莆人知县黄铭介，子黄中，百户施经，各就位哭奠。

庚午，榇抵越城，奠于明堂。御史陈世辅、王化，分守庞浩，绍兴知府洪珠，同知孔庭训，通判陆远、洪皙，推官喻希礼，府学训导舒哲、陈箴、林文斌、曾升，会稽知县王文儒，教谕张概，训导詹诏，山阴知县杨仁中，教谕林斌，训导王升，广西布政李寅，参政沈良佐，参议汪必东，按察使钱宏，副使李中、翁素、张挺、伍箕，佥事张邦信、王世爵，都指挥佥事高松，金华府同知刘业，友人侍郎湛若水，副都御史刘节，门人侍郎黄绾，给事中毛宪，员外郎王臣，主事石简、陆澄，按察使顾应祥，副使郭持平、萧璆、应良，知州王直、刘魁，训导周桐、周衢，教授周冲、陈煙、陈焞、陈炼、李敬、应佐，监丞周仲、周浩、周甸，辨印生钱君泽，私淑门人知县戚贤，武林驿丞何图，赣州卫指挥同知刘镗，指挥佥事杨基，广州府右卫指挥佥事武銮，南昌卫指挥佥事赵升，广州府前卫舍人孙绍英，各就位哭奠。洪珠、栾惠又各特举焉。刘镗、杨基、武栾、龙光咸以营护至越时将告归。绪山先生书《稽山感别卷》赠之，因寓书江、广诸当道，盖德其虔于襄大事也。

仲冬癸卯，奉夫子榇窆于越城南三十里之高村，会葬者数千人。副都御史王尧封，御史端廷赦、陈世辅、梁尚德、万潮、黄卿、万廷彩、庞浩、傅钥、党以平、汪金、区越、梁世骠、江良材、林茂竹、王臣、刘宗仁、李节、刘翱、孙仁、洪珠、孔庭训、洪皙，杭州知府娄世德，同知杨文升，通判周忠、刘坎瀋，推官刘望之，运同钱澜，副使李信，判官林同、方禾，钱塘知县王桥，会稽知县王文儒，山阴县丞应佐，余姚主簿彭英，典史刘文聪，教谕徐锐，训导谢贤、陈元，广东御史何鰲。布政邵锐，姻人大学士谢迁，尚书韩邦问，编修周文烛，御史毛凤，都御史胡东皋，参政汪惇，副使吴便、司马公辂，佥事汪克章、沈钦、司马相、韩明，知府陆宁、金椿，运同徐冕，知县宋溥、金谧、陶天祐、刘瀚、田惟立、徐玺、徐俊民、吴昊、叶信、汪伹毅、周大经、周文炽、胡瀛、陈廷华，知县王轼，乡生钱继先、王廷辅、王文轩、夏文琳、何炫、徐应、周大赉、高隆，友生尚书伍文定，侍郎杨大章、陈筐、严毅、杨霓、杨誉，知府吴叙。廉使韩廉、邵赉、徐彬、邹鹄，员外郎张璿、施信、史伯敏、王代、于震、朱梁，晚生佥事汪应轸，知府朱衮、李节，郎中胡廷禄、陈良谟，主事叶良佩、田汝成、王度、王渐逵、王一和、王之训、王文钠、王文輹、王文辂、良直、费思义，门人大学士方献夫，侍郎黄绾，编修欧阳德，给事中魏良弼、李逢，行人薛侃、应大桂，郎中邹守益，员外郎蓝渠，主事潘颖、黄宗明、翁万达、石简、胡经，参政万潮，副使萧鸣凤，参议王洙，博士马明衡，监丞赵显荣，助教王崐、薛侨，知县薛宗铠、周桐、孙瑛、刘本、刘樽、诸训、诸阳、诸守忠，举人诸大纲、杨汝荣、金佩、金克厚，佥事韩柱，主事顾敦复、胡冲、徐沂、徐楷、徐潞、叶锴、徐霈、张津、钱翀、钱翱、钱祚诏、凌世华、朱篪、龚溥、龚渐，员外郎龚芝、杜应豸，县丞朱绂、周应损、秦锐、章乾、杨柱，从弟王守第，各就位哭奠。

呜呼。丧纪作则有孚惠我德者，固美而必章，而有孚惠我心者，亦盛而必传。读是编者，毋但曰雷阳寇公之竹而已也。

世德纪　附录

辨忠谗以定国是疏

陆　澄 刑部主事时上

臣切见巡按江西监察御史程启充，户科给事中毛玉，各论劾丁忧新建伯王守仁，似若心迹未明，功罪未当者。此论一倡，一二嫉贤妒功之徒固有和者；而在朝在市，冤愤不平。臣系守仁门生，知之最详，冤愤特甚，敢昧死一言。

谨按守仁学本诚明，才兼文武，抗言时事，致忤逆瑾，杖之几死。谪居龙场，居夷处困，动心忍性，独悟道真。荷先帝收用，屡迁至于巡抚。其在南赣，四征而福建、湖广、广东、江西数十年之巨寇为之荡平。因奉敕勘事福建，道由江西至于丰城。适遇贼变，拜天转风，舟返吉安，倡义督兵，不旬月而贼灭。人但见其处变之从容，而不知其忠诚之激切；人但见其成功之迅速，而不知其谋略之渊微；人但见其遭非常之构陷，而祸莫能中，而不知其守身无毫发之可疵。当时张锐、钱宁辈以不遂卖国之计而恨之，张忠、江彬辈以不遂冒功之私而恨之。宸濠、刘吉辈以不遂篡逆之谋而恨之，凡可以杀其身而赤其族者，诛求搜剔，何所不至。使守仁而初有交好之情，中有犹豫之意，后有贪冒之为，诸人其肯隐忍而不发乎？迨皇上龙飞，而褒慰殊恩，形于诏旨。天下方快朝廷之清明，不意功罪既白，赏罚既定，乃复有此怪僻颠倒之论，欲以暧昧不明之事，而掩其显著不世之功，天理人心安在哉。

论者之意，大略有六：一谓宸濠私书，有“王守仁亦好”一语；二谓守仁曾遣冀元亨往见宸濠；三谓守仁亦因贺宸濠生辰而来；四谓守仁起兵，由于致仕都御史王懋中、知府伍文定攀激；五谓守仁破城之时，纵兵焚掠，而杀人太多；六谓宸濠本无能为，一知县之力可擒，守仁之功不足多，而其捷本所陈，妆点过实。然究其本心，不过忌其功名而已。

宸濠私书“王守仁亦好”之说，乃启充得于湖口知县章玄梅者。切惟刑部节奉钦依：“原搜簿籍，既未送官封记收掌，又事发日久，别生事端，委的真伪难辨，无凭查究，着原搜获之人尽行烧毁。钦此。”今玄梅之书从何而来？使有之，何足凭据？且出于宸濠之口，尤其不足取信者。夫豪杰用意，类非寻常可测。守仁虽有防宸濠而图之之意，使几事不密，则亦不过如孙燧、许逵之一死以报国而已，其何以成功以贻皇上今日之安哉？设使守仁略有交通宸濠之迹，而卒以灭之，其心事亦可以自白；况可以不足凭信之迹，遂疑其心而舍其讨贼之大功哉？

其遣冀元亨往见者，是守仁知宸濠素蓄逆谋，而元亨素怀忠孝，欲使启其良心，而因以探其密计尔。元亨一见，不合而归。使言合志投，当留信宿，何反逆之日，反在千里之外乎？今元亨之冤魂既伸，而守仁之心事不白，天理人心何在乎？

毛玉疑守仁因贺宸濠生辰，而偶尔遇变。殊不知守仁奉敕将往福建，而瑞金、会昌等县瘴气生发，不敢经行，故道出丰城。且宸濠生日在十三，而守仁十五方抵丰城，若贺生辰，何独后期而至乎？

其谓守仁由王懋中等攀激起兵，尤为乖谬。守仁近丰城五里而闻变，即刻伪写两广都御史杨且大兵将临火牌，于知县顾佖接见之时，令人诈为驿夫入递，守仁佯喜，以为大兵即至，贼必易图，当令顾佖传牌入城，以疑宸濠。又令顾佖守城，许与拨兵助守。时有报称宸濠遣贼六百追虏王都者，守仁回船而南风大逆，乃恸哭告天而顷刻反风。守仁又恐贼兵追至，急乘渔舟脱身。此时王懋中安在？次日奔至蛇河，遇临江知府戴德孺，即议起兵。因不足恃，又奔入新淦城，欲与知县李美集兵。度不可居，复奔至吉安。见仓库充实，遂乃驻扎，传檄各处，起调军民。一面榜募忠义之士，方令伍文定以书请各乡官王懋中等盟誓勤王。而懋中又迟疑二日，乃始同盟。夫各府及万之兵，若非提督军门以便宜起调，其肯听致仕乡官而集乎？今乃颠倒其说，至谓守仁掩懋中之功，天理人心安在乎。

至于破城之时，焚者，宫中自焚，故内室毁而外宇存，官兵但救而无焚也。掠者，伍文定之兵乘胜夺贼衣资，众兵不然也。杀人者，知县刘守绪所领奉新之兵，以守仁号令“闭门者生，迎敌者死”，故杀迎敌者百余人。及守仁至，斩官兵杀掠者四十六人，遂无犯者矣。且省城之人，各受宸濠银二两，米一石，与之拒守，是贼也，杀之何罪？又宫为贼巢，财皆贼脏，焚之掠之，亦何罪哉？今舍其大功，而摘其小过，几何而不为逆贼报仇乎？

且宸濠势焰薰天，触者万死，人皆望风奔靡而已。及守仁调兵四集，捣其巢穴，散其党与，数败之余，羽翼俱尽，妻妾赴水，乃穷寇尔。夫然后知县王冕得以近之。今乃以为一知县可擒，甚无据也。果若所言，则孙燧、许逵何为被杀？而三司众官何为被缚耶？杨锐、张文锦何为守之一月不敢出战，必待省城破而贼自解围耶？伍文定何以一败而被杀者八百人，其余诸将，又何以战之三日而后擒灭耶？

至若捷本所陈，若作伪牌以疑贼心，行反间以解贼党之类，所不载者尤多，而谓以无为有可乎？

夫宸濠积谋有年，一旦大发，震撼两京，而守仁以一书生，谈笑平之于数日之内，功亦奇矣。使不即灭，而贻先帝亲征之劳，臣不知卖国之徒计安出也？使不即灭，先帝崩，臣又不知圣驾之来，能高枕无忧否也？今建不世之功，而遭不明之谤，天理人心安在哉。臣知守仁之心，决非荣辱死生所能动者。但恐公论不昭，而忠臣义士解体尔；此万世忠义之冤，而国是之大不定者，宜乎天变之叠见也。

臣与守仁分系师生，义均生死。前之所辨，天下公言。伏愿圣明详察，乞降纶音，慰安守仁。仍然戒饬言官，勿为异论。庶几国是以定，而亦消天变之一端也。臣干冒天威，不胜战慄待罪之至。

明军功以励忠勤疏

黄　绾 光禄寺少卿时作

臣闻赏罚者，人主御天下之操柄也。得其操柄，死命可致，天下可运之掌；不得其操柄，百事具废，欲治得乎？故明主慎之，至亲不可移，至仇不可夺，有功必赏，有罪必诛；然必称天以命之，示非私也，臣下视之，不饰虚誉，不结援党，不思贿托，惟勉忠勤，死不敢易，欲不治得乎？今或不然，凡饰誉，援党、贿托，讥谗不及，必获显擢，无不如意。凡尽忠勤职，即讥谗蝟集，黜辱随至，无不失意。以此操柄失御，人皆以奸结巧避为贤，孰肯身仕国家事哉？臣不能枚举，姑以先朝末年陛下初政一事论之。

如宸濠构逆，虐焰吞天，藩郡震动，宗亲慑忧。陛下尝身见之矣，腹心应援布满中外，鼎卿近幸，贿赂交驰，卖国奸臣，待时发动。两京乏备，四路无人，方镇远近，莫之如何，握兵观望，滔滔皆是。

惟镇守南赣都御史王守仁领敕福建勘事，道经南昌，中途闻变，指心吁天，誓不与贼俱生。赤身孤走，设奇运谋，乃遣优人赍谍，假与天兵约征，方镇会战，俾其邀获，以示有备。牵疑贼谋，以俟四路设备。中执叛臣家属，缪托腹心，又示无为，以安其心。然后激众以义，纠集乌合。待兵成虑审，发书骂贼，使觉悔。既出摄兵收复南昌，按甲待之。贼至安庆，攻城方锐，警闻使还，算其归途，水陆邀击，大溃贼众，遂擒宸濠于樵舍。兵法有先胜而后求战者，非此谓也。

成功之后，江右疮痍未复，武宗皇帝南巡，奸权攘功，嫉谮百端，危疑莫测。守仁恭勤曲致，方靖地方，仅获身免。守仁为忠，可谓艰贞竭尽者矣。使时无守仁倡义统众，谋获机宜，战取有方，安庆卒破，金陵不保，长驱北上，应援蜂起，腹心阴助，京师存亡未可知也。虽毕竟天命有在，终必歼夷，旷日持久，士夫戮辱，苍生荼毒，可胜言也。

守仁南、赣镇守地方之责初无所与。今受责地方者遇事不敢担当，不过告变待命而已。守仁家于浙之山阴，浙乃江右通衢，兵力素弱，长驱或下，父兄宗族有噍类乎？此时守仁夫岂不思，但忘私奉公，以为社稷不幸或败，夷灭何悔。守仁之志，可谓精贯白日者矣。幸而成功，宇内太平，所谓徙薪曲突，人不为功，亦不致思其忠。

又守仁于武宗初年，刘瑾为奸，人莫敢言。守仁斥之触恨，选杖毒决，碎尻折脾，死而复苏。流窜瘴裔，久方赦还，始获录用。乃者南赣乏镇，溪谷凶民聚党为盗，视效虐劫，肆无忌惮。凡在虔、楚、闽、广接壤山泽，无非贼巢。大小有司，束手无策，皆谓终不可理。守仁镇守三年，兵威武略奇变如神，以故茶寮、桶冈诸寨，大冒、浰头诸寨，次第擒灭，增县置逻，立明约，遂为治境。视古名将，何以过此。江右之民，为立生祠，岁时祝祭，民心不忘亦可见矣。

曩者陛下登极，命取来京宴赏，封之新建伯，而升南京兵部尚书。言者又谓不当来京宴赏，以致奢费。夫陛下大官之厨，日用无纪，较诸一飧之宴，所费几何，犹烦论之；北京岂无一职，必欲置之南京，此乃邪比蔽贤嫉功之所为也。守仁后丁父忧。服满遂不起用，反时造言排论。然虽蒙拜爵升官，铁券未给，禄米未颁，朝事无与，迹比樵渔。纵使有过，何庸论之，况有功无过哉。其意尤可知矣。

不独守仁，凡共勤王大小臣工，亦废黜殆尽，臣不能枚举，姑以一二论之。

彼时领兵知府，惟伍文定得升副都御史，得荫一子千户。邢珣、徐琏但升布政，即令闲住，彼亦何过，纵使有过，八议恶在？戴德孺虽升布政，即死于水，皆无荫子。副使陈槐因劝宰臣进贤，致怒仇人，希意诬之，独黜为民。御史伍希儒、谢源辄以考察去官。且陈槐、邢珣等皆抱用世之才，秉捐躯之义，因功废黜，深可太息。

然在今日，陛下操柄之失，莫此为甚。他日无事则可，万一有事，将谁效用哉？况守仁学原性命，德由忠恕，才优经济，使之事君处物，必能曲尽其诚，尤足以当薰陶，备顾问。以陛下不世出明贤之资，与之浃洽讲明，天下之治，生民之福，岂易言哉。前者言官屡荐，故尚书席书、吴廷举，今侍郎张璁、桂萼皆荐之，曾蒙简命，用为两广总制。臣谓总制寄止一方，何若用之庙堂，可以赞襄谋议，转移人心，所济天下矣。

伏惟陛下念明良遭遇之难，蚤召守会，令与大学士杨一清等共图至治。另推才能，为两广总制。仍敕该部给与守仁应得铁券禄米。将陈槐、邢珣、徐琏等起用，伍希儒、谢源等查酌军功事例议录，戴德孺量与荫袭。此实陛下奉天所操之大柄，不可毫发移夺者，宜早收之，以为使人宣忠效力之劝。臣不胜恳悃之至。

地方疏

霍　韬

窃见新建伯南京兵部尚书兼都察院左都御史王守仁奉命巡抚两广，已将田州、思恩抚处停当，随复剿平八寨及断藤峡等贼。臣等皆广东人，与贼邻壤，备知各贼为患实迹。尝窃切齿蹙额而叹曰：“两广良民何其不幸。生邻恶境，妻子何日宁也？”又尝窃计曰：“两广何日得一好官员，剿平各贼，俾良民各安其生，而顽民染患未深者亦得格心向化也？”

乃今恭遇圣明特起王守仁抚剿田州、思恩地方，臣等窃谋曰：“两广自是有底宁之期也。圣天子知人之泽也。”是役也，臣等为王守仁计曰：“前巡抚动调三省兵若干万，梧州三府积年储畜军饷费用不知若干万，复从广东布政司支去库银若干万，米不知支去若干万，杀死疫死狼兵乡兵民壮打手不知若干万，仅得田州安靖五十日耳。自是而思恩叛矣，吊岩贼出围肇庆府矣，杀数千家矣，此贼并时同出，盖与田州、思恩东西相应和者也。若王守仁者乘此大败极敝之后，仰承圣明特擢之恩，虽合四省兵力，再支库银百余万，支米数百万，剿平田州，报功级数万人，亦且曰天下之大功也。”然而守仁不役一卒，不费斗粮，只宣扬陛下圣德，遂致思恩、田州两府顽民稽首来服，其奉扬圣化以来远人，虽舜格不苗，何以过此。臣等是以叹服王守仁不惟能肃将天威，实能诞敷天德也。

若八寨之贼，断藤峡之贼，又非田州、思恩可比也。天下十二省，俱多平壤，惟广西独在万山之丛，其土险，其水迅，其山之高有猿猴不度、飞鸟不越者。故谚语曰：“广西民三而贼七。”由山高土恶，习气凶悍，虽良民至者亦化为贼也。八寨贼洪武年间所不能平。断藤峡成化八年都御史韩雍仅得讨平，及今五十余年，遗孽复炽。故广西贼巢，柳州、庆远、郁林、府江诸贼，虽时出劫掠，官兵京屡请征之。若八寨贼则自国初至今未有轻议征剿者，盖谓山水凶恶，进兵无路，消息少动，贼已先知，一夫控险，万兵莫敌，故百六十年未有敢征八寨贼者也。贼亦恃险肆恶，时出攻围城堡，杀掠良民，何啻万计。四方顽民犯罪脱逃，投入八寨，则有司不敢追摄矣。邻近流贼避兵追剿，投入八寨，则官兵不敢谁何矣。是八寨者，实四方寇贼渊薮也，断藤峡又八寨之羽翼也。广西有八寨诸贼，犹人有心腹疾也。八寨不平，则两广无安枕期也。今王守仁沉机不露，掩贼不备，一举而平之，百数十年豺虎窟穴，扫而清之如拂尘然，非仰藉圣人神武不杀之威，何以致此。

臣等是以叹服王守仁能体陛下之仁，以怀绥田州、思恩向化之民；又能体陛下之义，以讨服八寨、断藤峡梗化之贼也。仁义之用，两得之也。

谨按王守仁之成功有八善焉：乘湖兵归路之便，则兵不调而自集，一也。因田州、思恩效命之助，则劳而不怨，二也。机出意外，贼不及遁，所诛者真，积年渠恶，非往年滥杀报功者比，三也。因归师讨逆贼，无粮运之费，四也。不役民兵，不募民马，一举成功，民不知扰，五也。平八寨，平断藤峡，则极恶者先诛，其细小巢穴可渐施德化，使去贼从良，得抚剿之宜，六也。八寨不平，则西而柳、庆，东而罗旁、绿水、新宁、恩平之贼合数千里，共为窟穴，虽调兵数十万，费粮数百万，未易平伏。今八寨平定，则诸贼可以渐次抚剿，两广良民可渐安生业，纾圣明南顾之忧，七也。韩雍虽平断藤峡贼矣，旋复有贼者，实当尔时未及区画其地，为经久图，俾余贼复据为巢穴故也。今五十年生聚，则贼复炽盛也亦宜。若八寨乃百六十年所不能诛之剧贼，山川天险尤难为功，今守仁既平其巢窟，即徙建城邑以镇定之，则恶贼失险，后日固不能为变，逋贼来归，不日且化为良民矣。诛恶绥良，得民父母之体，八也。

或者议王守仁则曰：“所奉命抚剿田州、思恩也。乃不剿田州则亦已矣，遂剿八寨可乎？”臣则曰：昔吴、楚反攻梁，景帝诏周亚夫救梁，亚夫不奉诏，而绝吴、楚粮道，遂破吴、楚而平七国，安汉社稷。夫不奉诏，大罪也，景帝不以罪亚夫，何也？传曰："阃以内寡人制之;阃以外将军制之。"又曰:"大夫出疆，有可以安国家，利社稷，专之可也，古之道也。"是故周亚夫知制吴，楚在绝其食道，而不在于救梁也，是故虽有诏命，犹不受也。惟明君则以为功；若腐儒则以为罪。今王守仁知田州、思恩可以德怀也，遂约其降而安定之；知八寨诸贼百六十年未易服也，遂因时仗义而讨平之。仁义之用。

达天德者也;虽无诏命，先发后闻可也;况有便宜从事之旨乎？

或者又曰："建置城邑，大事也；区处钱粮，户部职也；不先奏闻而辄兴功，可乎？"臣则曰：古者帝王千里之内自治，千里之外附之侯伯而已。是岂尧、舜、汤、武圣智反后世不如哉？盖虑与图既广，则智力不及，与其役一己耳目之力而无益于事，孰若以天下贤才理天下事为逸而有功也。是故帝王之职在于知人而已，既知其人之贤而委任之矣，则事之举错，一以付之而责其成功。若功效不孚，乃制其罪可也。今既任之又从而牵制之，则豪杰何所措手足乎？是故王守仁之平八寨也，所杀者贼之渠魁耳，若逋逃者固未及杀也。乘此时机建置城邑，遂招逋逃之贼复业焉，则积年之贼皆可化为良民也。失此机会，撤兵而归；俟奏得旨，乃兴版筑，则贼渐来归，又渐生聚，据险结寨，以抗我师，虽欲筑城，亦不能矣。昔者范仲淹之守西边也，欲筑大顺城，虑敌人争之，乃先具版筑，然后巡边，急速兴工，一月成城。西夏觉而争之，已不及矣，尔时范仲淹若俟奏报，岂不败乃事哉？王守仁于建置城邑之役，盖计之熟矣，钱粮夫役，固不仰足户部而后有处也。其以一肩而分圣明南顾之忧，可谓贤矣。不以为功反以为过可乎？

先是正德十四年，宸濠谋反江西，两司俯首从贼，惟王守仁同御史伍希儒、谢源誓心效忠。不幸奸臣张忠、许泰等欲掩王守仁之功以为己有，乃扬诸人曰："王守仁初同贼谋。"及公论难掩，乃又曰："宸濠金帛俱王守仁、伍希儒、谢源满载以去。"当时大学士杨廷和，尚书乔宇，亦忌王守仁之功，遂不与辨白而黜伍希儒、谢源，俾落仕籍。王守仁不辨之谤，至今未雪，可谓黯哑之冤矣。

夫国家论功，有二道焉：有开国效功之臣焉，有定乱拯危之臣焉。开国之臣，成则侯也，败则虏也，虽勿计焉可也；惟祸变倏起，社稷安危凛乎一发，效忠定乱之臣则不忘也，何也？所以卫社稷也。昔者王守仁之执宸濠也，可谓定乱拯危之功矣。奸人犹或忌之而谤其短，夫如是，则后有事变，谁肯效忠乎？甚矣。小人忌功足以误国也。

臣等是以叹曰："王守仁等江西之功不白，无以劝励忠之臣。若广西之功不白，又无以劝策勋之臣。是皆天下地方大虑也。"王守仁大臣也，岂以功赏有无为重轻哉？第恐当时有功之人及土官立功之人视此解体，则在外抚臣遂无所激劝，以为建功之地耳。臣等广人也，目击八寨之贼为地方大患百数十年，一旦仰赖圣明任用守仁以底平定；不胜庆忭。今兵部功赏未见施行，户部覆题又复再勘，臣恐机会一失，大功遂沮，城堡不得修筑，逋贼复据巢穴，地方不胜可虑也。是故冒昧建言，惟圣明察焉。乞早裁断，俾官僚早得激劝，城寨早得修筑，逋贼早得招安，良民早得复业。岭海之外，歌咏太平，祝颂圣德，实臣等所以报陛下知遇一节也，亦臣等自为地方大虑也，不得已也。为此具奏。

征宸濠反间遗事

钱德洪

龙光云：是年六月十五日，公于丰城闻宸濠之变。时参谋雷济、萧禹在侍，相与拜天誓死，起兵讨贼。欲趋还吉安，南风正急，舟不能动。又痛哭告天，顷之，得北风。宸濠追兵将及，潜入小渔船，与济等同载，得脱免。舟中计议，恐宸濠径袭南京，遂犯北京，两京仓猝无备。图欲沮挠，使迟留半月，远近闻知，自然有备无患。乃假写两广都御史火牌云："提督两广军务都御史杨为机密军务事：准兵部咨及都察院右副都御史颜咨俱为前事，本院带领狼达官兵四十八万，齐往江西公干。的于五月初三日在广州府起马前进，仰沿途军卫有司等衙门，即便照数预备粮草，伺候官兵到日支应。若临期缺乏误事，定行照依军法斩首"等因。意示朝廷先差颜等勘事，已密于两广各处起调兵马，潜来袭取宸濠，使之恐惧迟疑，观望不敢轻进。使济等密遣乖觉人役，持火牌设法打入省城。宸濠见火牌，果生疑惧。

十八日，回至吉安。又令济等假写南雄、南安、赣州等府报帖，日逐飞报府城，打入省下，一以动摇省城人心，一以鼓励吉安效义之士。

又与济等谋假写迎接京军文书云："提督军务都御史王为机密军务事：准兵部咨该本部题奉圣旨：'许泰、郤永分领边军四万，从凤阳等处陆路径扑南昌；刘晖、桂勇分领京边官军四万，从徐州、淮安等处水陆并进，分袭南昌；王守仁领兵二万，杨旦等领兵八万，秦金等领兵六万，各从信地分道并进，刻期夹攻南昌。务要遵照方略，并心协谋，依期速进；毋得彼先此后，致误事机。钦此。’等因咨到，职除钦遵外，照得本职先因奉敕前往福建公干，行至丰城地方，卒遇宁王之变，见已退住吉安府起兵。今准前因，遵奉敕旨，候两广兵齐，依期前进外；看得兵部咨到缘由，系奉朝廷机密敕旨，皆是掩其不备，先发制人之谋。其时必以宁王之兵尚未举动。今宁王之兵已出，约亦有二三十万，若北来官兵不知的实消息，未免有误事机。以本职计之，若宁王坚守南昌，拥兵不出，京边官军远来，天时、地利，两皆不便，一时恐亦难图。须是按兵徐行，或分兵先守南都，候宁王已离江西，然后或遮其前，或击其后，使之首尾不救，破之必矣。今宁王主谋李士实、刘养正等各有书密寄本职，其贼凌十一、闵廿四亦各密差心腹前来本职递状，皆要反戈立功报效。可见宁王已是众叛亲离之人，其败必不久矣。今闻两广共起兵四十八万，其先锋八万，系遵敕旨之数，今已到赣州地方。湖广起兵二十万，其先锋六万，系遵敕旨之数，今闻已到黄州府地方。本职起兵十万，遵照敕旨，先领兵二万，屯吉安府地方。各府知府等官各起兵快，约亦不下一万之数，共计亦有十一二万人马，尽已够用。但得宁王早离江西，其中必有内变，因而乘机夹攻，为力甚易。为此今用手本备开缘由前去，烦请查照裁处。并将一应进止机宜，计议停当，选差乖觉晓事人员，与同差去人役，星夜回报施行，须至手本者。”

既已写成手本，令济等选差惯能走递家人，重与盘费，以前事机阳作实情，备细密切说与，令渠潜踪隐迹，星夜前去南京及淮、扬等处迎接官兵。又令济等寻访素与宸濠交通之人，厚加结纳，令渠密去报知宁府。宸濠闻知，大加赏赐，差人四路跟捉。既见手本，愈加疑惧，将差人备细拷问详悉，当时杀死。因此宸濠又疑李士宾、刘养正，不信其谋。

又与龙光计议假写回报李士实书，内云："承手教密示，足见老先生精忠报国之本心，始知近日之事迫于势不得已而然，身虽陷于罗网，乃心罔不在王室也。所喻密谋，非老先生断不能及此。今又得子吉同心协力，当万万无一失矣。然几事不密则害成，务须乘时待机而发乃可。不然恐无益于国，而徒为老先生与子吉之累，又区区心所不忍也。况今兵势四路已合，只待此公一出，便可下手，但恐未肯轻出耳。昨凌、闵诸将遣人密传消息，亦皆出于老先生与子吉开导激发而然。但恐此三四人者皆是粗汉，易有漏泄，须戒令慎密，又曲为之防可也。目毕即付丙丁，知名不具。"与刘养正亦同。两书既就，遣雷济设法差递李士实，龙光设法差递刘养正。各差递人皆被宸濠杀死。宸濠由是愈疑刘、李，刘、李亦各自相疑惧，不肯出身任事。以故上下人心互生疑惧，兵势日衰。

又遣素与刘养正交厚指挥高睿致书刘养正，及遣雷济、萧禹引诱内官万锐等私写书信与内官陈贤、刘吉、喻木等，俱皆反间之谋。又多写告示及招降旗号，开谕逆顺祸福，及写木牌等项，动以千计，分遣雷济、萧禹、龙光、王佐等分役经行贼垒，潜地将告示黏贴，及旗号木牌四路标插。又先张疑兵于丰城，示以欲攻之劳。又遣雷济、龙光将刘养正家属在吉安厚加看养，阴遣其家人密至刘养正处传递消息，亦皆反间之谋。

初时，宸濠谋定六月十七日出兵，自己于二十二日在江西起马，径趋南京，谒陵即位，遂直犯北京。因闻前项反间疑沮之谋，遂不敢轻出。故十七等日，先遣兵攻南康、九江，而自留省城、贼兵等候宸濠不出，亦各疑惧退沮，久驻江湖之上，师老气衰；又见四路所贴告示及插旗号木牌，人人解体，日渐散离，以故无心攻斗。其后宸濠探知四路无兵，前项事机已失，兵势已阻，人马已散，多有潜来投降者。我师一候宸濠出城，即统伍知府等官兵疾趋攻破省城。度宸濠顾念根本之地，势必归救，遂预发兵迎击于鄱阳湖。大战三日，罪人斯得。

右反间始末尝闻诸吉水致仕县丞龙光。光谓德洪曰："昔夫子写杨公火牌将发时，雷济问曰：'宁王见此恐未必信。'曰：'不信，可疑否？'对曰：'疑则不免。'夫子笑曰：'得渠一疑，彼之大事去矣。'既而叹曰：'宸濠素行无道，残害百姓，今虽一时从逆者众，必非本心，徒以威劫利诱，苟一时之合耳。纵使奋兵前去，我以问罪之师徐蹑其后，顺逆之势既判，胜负预可知也。但贼兵早越一方，遂破残一方民命。虎兕出柙，收之遂难。为今之计，只是迟留宸濠一日不出，则天下实受一日之福。'"

光又言："夫子捷疏虑繁文太多，一切反间之计俱不言及；亦以设谋用诡，非君子得已之事，不欲明言示人。当时若使不行间计，迟留宁王，宁王必即时拥兵前进，正所谓迅雷不及掩耳，两京各路何恃为备？所以破败宁王，使之坐失事机，全是迟留宁王一着。所以迟留宁王，全是谋行反间一事。今人读奏册所报，皆是可书之功，而不知书不能尽者十倍于奏册。"

又言："宁藩事平之后，京边官军南来，失其奸计，由是痛恨夫子，百计搜寻罗织，无所泄毒，挤怒门人冀元亨与济、禹、光等，俱欲置之死地。冀元亨被执，光等四窜逃匿，家破人亡，妻子离散。直伺官军离却省城，方敢出身回家。当时光等粘贴告示，标插旗号木牌，皆是半夜昏黑，冲风冒雨，涉险破浪，出入贼垒，万死中得一生，所差行间人役，被宸濠要杀者，俱是亲信家人。今当事平之后，议者不究始原，并将在册功次亦尽削去。此光等走役微劳，虽皆臣子本分，不足深惜，但赏罚若此，继后天下倘或再有事变，人皆以光等为鉴戒矣。谁肯复效死力哉？

又言："夫子应变之神真不可测。时官兵方破省城，忽传令造免死木牌数十万，莫知所用。及发兵迎击宸濠于湖上，取木牌顺流放下。时贼兵既闻省城已破，胁从之众俱欲逃窜无路，见水浮木牌，一时争取散去，不计其数。二十五日，贼势尚锐，值风不便，我兵少挫。夫子急令斩取先却者头。知府伍文定等立于锐炮之间，方奋督各兵，殊死抵战。贼兵忽见一大牌书：'宁王已擒，我军毋得纵杀。'一时惊扰，遂大溃。次日贼兵既穷促，宸濠思欲潜遁，见一渔船隐在芦苇之中。宸濠大声叫渡。渔人移棹请渡，竟送中军，诸将尚未知也。其神运每如此。"

又言："尝闻雷济云：夫子昔在丰城闻变，南风正急，拜受哭告曰：'天若悯恻百万民命，幸假我一帆风。'须臾风稍定，顷之，舟人欢噪回风。济、禹取香烟试之舟上，果然。久之，北风大作。宸濠追兵将及时，夫人、公子在舟。夫子呼一小渔船自缚，敕令济、禹持米二斗，腐鱼五寸，与夫人为别。将发，问济曰：'行备否？'济、禹对曰：'已备。'夫子笑曰：'还少一物。'济、禹思之不得。夫子指船头罗盖曰：'到地方无此，何以示信？'于是又取罗盖以行。明日至吉安城下，城门方戒严，舟不得泊岸。济、禹揭罗盖以示，城中遂欢庆曰：'王爷爷还矣。'乃开门罗拜迎入。于是济、禹心叹危迫之时，暇裕乃如此。"

德洪昔在师门，或问：“用兵有术否？”夫子曰：“用兵何术，但学问纯笃，养得此心不动，乃术尔。凡人智能相去不甚远，胜负之决不待卜诸临阵，只在此心动与不动之间。昔与宁王逆战于湖上时，南风转急，面命某某为火攻之具。是时前军正挫却，某某对立矍视，三四申告，耳如弗闻。此辈皆有大名于时者，平时智术岂有不足，临事忙失若此，智术将安所施？”

又尝闻邹谦之曰：“昔先生与宁王交战时，与二三同志坐中军讲学。谍者走报前军失利，坐中皆有怖色。先生出见谍者，退而就坐，复接绪言，神色自若。顷之，谍者走报贼兵大溃，坐中皆有喜色。先生出见谍者，退而就坐，复接绪言，神色亦自若。”

又尝闻陈惟浚曰：“惟浚尝闻之尚谦矣。尚谦言，昔见有待于先生者，自称可与行师。先生问之。对曰：‘某能不动心。’曰：‘不动心可易言耶？对曰：‘某得制动之方。’先生笑曰：‘此心当对敌时且要制动，又谁与发谋出虑耶？’又问：‘今人有不知学问者，尽能履险不惧，是亦可与行师否？’先生曰：‘人之性气刚者亦能履险不惧，但其心必待强持而后能。即强持便是本体之蔽，便不能宰割庶事。孟施舍之所谓守气者也。若人真肯在良知上用功，时时精明，不蔽于欲，自能临事不动。不动真体，自能应变无言。此曾子之所谓守约，自反而缩，虽千万人吾往者也。’”

又尝闻刘邦采曰：“昔有问：‘人能养得此心不动，即可与行师否？’先生曰：‘也须学过。此是对刀杀人事，岂意想可得？必须身习其事，斯节制渐明，智慧渐周，方可信行天下；未有不履其事而能造其理者，此后世格物之学所以为谬也。孔子自谓军旅之事未之学，此亦不是谦言。但圣人得位行志，自有消变未形之道，不须用此。后世论治，根源上全不讲及，每事只在半中截做起，故犯手脚。若在根源上讲求，岂有必事杀人而后安得人之理。某自征赣以来，朝廷使我日以杀人为事，心岂割忍，但事势至此。譬之既病之人，且须治其外邪，方可扶回元气，病后施药，犹胜立视其死故耳。可惜平生精神，俱用此等没紧要事上去了。'”

昔者德洪事先生八年，在侍同门每有问兵事者，皆默而不答，以故南、赣、宁藩始末俱不与闻。先生殁后，搜录遗书七年，而奏疏文移始集。及查对月日，而后五征始末具见。独于用间一事，昔尝概闻，奏疏文移俱无所见。去年德洪主试广东，道经江西，访问龙光，始获间书、间牌诸稿，并所闻于诸同门者，归以附录云。时嘉靖乙未八月，书于姑苏之郡学。

阳明先生平浰头记

费　宏

惠之龙川北抵赣，其山谷贼巢，亡虑数百，而浰头最大。浰之贼肆恶以毒吾民者，亡虑数千，而池仲容最著。仲容之放兵四劫，亡虑数十年，而龙川、翁源、始兴、龙南、信丰、安远、会昌以迩巢受毒无数。

正德丁丑之春，信丰复告急于巡抚都御史王公伯安，召诸县苦贼者数十人问何以攻之。皆谓非多集狼兵弗济。又谓狼兵亦尝再用矣，竟以招而后定。公曰：“盗以招蔓，此顷年大弊也，吾方惩之。且兵无常势，奚必狼而后济耶？若等能为吾用，独非兵乎。”乃与巡按御史屠君安卿、毛君鸣冈合疏以剿请；又请重兵权，肃军法，以一士心。诏加公提督军务，赐之旗牌，听以便宜区画，惟功之有成，不限以时。

时横水、桶冈盗亦起，而视浰为急。公议先攻二峒，乃会兵以图浰。凡军中筹画，多谘之兵备副使杨君廷宜，请募诸县机兵，而以其备暮新民之任战者，取赎金储谷、盐课以饷之，而兵与食足焉。

二峒之攻，虑仲容乘虚以扰我也，谋伐其交，使辩士周祥等谕其党黄金巢等，得降者五百人，藉以为兵。仲容独愤不从。冬初，闻横水破，始惧，使弟仲安率老弱三百人来图缓兵，且我觇之。公阳许之，使据上新地以遏桶冈之贼，而实迟其归图。

阅月，仲容闻桶冈破，益惧，为备益严。公使以牛酒诇之。贼度不可隐，则曰："卢珂、郑志高、陈英吾仇也，恐其见袭而备之耳。"珂等皆龙川归顺之民，有众三千，仲容胁之不可，故深仇之。公方欲以计生致仲容，乃阳檄龙川卢珂等构兵之实，若甚恐焉。趣利刊木且假道以诛珂党。十二月望，珂等各来告仲容必反。公复怒其诬构，叱收之，阴谕意向，使遣人先归集众。

时兵还自桶冈，公合乐大飨，散之归农，示不复用。使仲安亦领众归。又遗指挥余恩谕仲容毋撤备以防珂党。仲容益喜，前所辩士因说之亲诣公谢，且曰："往则我公信尔无他，而诛珂等必矣。"仲容然，率四十人来见。公闻其就道也，密饬诸县勒兵分哨。又使千户孟俊伪持一檄经浰巢，宣言将拘珂党，实督集其兵也。贼导俊出境不复疑。

闰十二月下弦，仲容既至赣，是夕释珂等驰归。縻仲容，令官属以次饔犒。明年正月癸卯朏，公度诸兵已集，引仲容人，并其党擒之。出珂等所告，讯鞠具状，亟使人约诸兵人巢。

越四日丁未，同时并进：其军于龙川者，惠州知府陈祥，率通判徐玑，从和平都入；指挥姚玺率新民梅南春等，从乌龙镇入；孟俊率珂等从平地水入。军于龙南者，赣州知府邢珣率同知夏克义，知县王天与等，从太平保入；推官危寿率义民叶方等，从南平人；守备指挥郏文率义民孙洪舜等从冷水径入；余恩率百长王受等，从高砂保入。军于信丰者，南安知府季敩率训导蓝铎等，从黄田冈入；县丞舒富率义民赵志标等，从乌径入。公自率中坚督文捣下浰大巢。副使君督余哨会于三浰。贼党自仲容至赣，备已弛矣，至是闻官兵骤入，皆惊失措。乃分投出御，而悉其精锐千余迎敌于龙子岭。我兵列为三冲，犄角而前。恩以受兵，首与贼战，却之。奋追里许，贼伏四起，击受后。寿乃以方兵鼓噪往援，俊复以珂等兵从旁冲击，呼声震山谷，贼大败而溃。遂并上、中二浰克之。各哨兵乘胜奋击，是日遂破巢十一：曰热水，曰五花障，曰淡方，曰石门，曰上下陵，曰芳竹湖，曰白沙，曰曲潭，曰赤塘，曰古坑，曰三坑。

明日探贼所奔，分道急击。己酉破巢凡六：曰铁石障，曰羊角山，曰黄田坳，曰岭冈，曰塘含冈，曰溪尾。庚戌破巢凡二：曰大门山，曰镇里寨。辛亥破巢凡九：曰中村，曰半径，曰都坑，曰尺八岭，曰新田径，曰古地，曰空背，曰旗岭，曰顿冈。癸丑破巢凡四：曰狗脚坳，曰水晶洞，曰五洞，曰蓝州。丙辰破巢凡二：曰风盘，曰茶山。

其奔者尚八百余徒，聚于九连山，山峻而袤广，与龙门山后诸巢接。公虑以兵进逼，其势必合，合难制矣。乃选锐士七百余人衣所得贼衣，若溃而奔，取贼所据崖下涧道乘暮而入。贼以为其党也，从崖下招呼。我兵亦佯与和应，已度险，扼其后路。明日贼始觉，并力求敌，我兵从高临下击败之。公度其必溃也，预戒各哨设伏以待。乙丑覆之于五花障，于白沙，于银坑水。丁卯覆之于乌龙镇，于中村，于北山，于风门奥。

分逃余孽尚三百余徒，各哨乃会兵追之。二月辛未，复与战于和平。甲戌战于上坪、下坪。丁丑战于黄田坳，辛巳战于铁障山。癸未战于乾村，于梨树。乙酉战于芳竹。壬辰战于百顺，于和峒。乙未战于水源，于长吉，于天堂寨。谍报各巢之稔恶者盖几尽矣，惟胁从二百余徒聚九连谷山，呼号乞降。公遣珣往抚之，籍其处之白沙。

公率副使君乃即祥应和平，相其险易，经理立县设隘，庶几永宁，遂班师而归，盖戊寅三月丁未也。凡所捣贼巢三十八，所擒斩贼酋二十九人，中酋三十八人，从贼三千六十八人，俘贼属男妇八百九十人，卤获马牛器仗称是。是役也，以力则兵仅数千，以时则旬仅六夹，遂能灭此凶狡稽诛之虏，以除三徼数十年之大患，其功伟矣。

捷闻，有诏褒赏，官公之子世锦衣百户副使君加俸一秩。于是邢侯、夏侯、危侯偕通判文侯运、吴侯昌谓公兹举足以威不轨而昭文德，不可以无传也，使人自赣来请予书其事。

嗟呼。惟兵者不祥之器，王公用儒者谋谟之业，而乃躬擐甲胄，率先将士，下上山谷，与死寇角胜争利，出于万死。而公平日岂习杀伐之事而贪取摧陷之功以为快哉？顾盗之于民不容并育，譬则莠骄害稼，而养之弗薅，从虎狼之狂噬，而听孽牧之衰耗，此不仁者所不忍为，而公亦必不以不仁自处也。公之心，予知之，公之功则播之天下，传之后世，何俟予之书之也。然而人知渠魁之坐缚，凶孽之荡平，以为成功如此之易，而不知公之筹虑如此其密，建请如此其忠，上之所以委任如此其专，副使君之所赞佐如此其勤，文武将吏之所以奔走御侮如此其劳，而功之成所以如此其不易，是则不可以不书也。予故为备书之，以昭示赣人，庶某无忘，且有考焉。

移置阳明先生石刻记

费　宏

昔阳明王先生督兵于赣也，与学士大夫切劘于圣贤之学，自缙绅至于闾阎，以及四方之过宾，皆得受业问道。盖濂、洛之传至是复明。而先生治兵料敌，卒不以平奸宄者，皆原于切劘之力。于是深信人心本善，无不可复，其不然者，由倡之不力，辅之不周，而为学之志未立故也。既以责志为教，肄其子弟，复取《大学》、《中庸》古本序其大端，与濂溪《太极图说》联书石于郁孤山之上。使登览而游息于此者，出埃墙之表，动高明旷远之志，庶几见所书而兴起其志，不使至于懈惰，盖所以为倡而辅之之虑切也。

先生去赣二十余年，石为风雨之所摧剥者日就缺坏，而是山复为公廨所拘，观者出入不便。嘉靖壬寅，宪副江阴薛君应登备兵之暇，访先生故迹，睹斯石，悲慨焉。既移置于先生祠中，复求榻本之善者补刻其缺坏，而托记于予。

予尝观先生所书，恨其学之不俱传也。自孔、孟以后，明其学者濂溪耳。故图说原天所以生人者本于无极，而求复其原，则以无欲为主，舍无欲而言中正仁义，皆不可以合德而反终。故《大学》

言致知，《中庸》言慎独，独知之地，欲所由辨，求其寡而无焉，此至易而难者也。先生数百年之下，处困而后自得，恍然悔既往之非，真若脱混浊而御冷风。故既自以切劘而尤不敢有隐于天下，于是择其辞书之石，冀来者之自得犹夫已也。

今先生之言遍天下，天下之人多易其言，而不知其处困之功，与责志之教。故深于解悟者，每不屑于持守，而意见所至，即皆自是而不疑，晓晓然方且以议论相持竞，譬则石已缺坏，而犹不蔽风雨，顾以为崇获之严，贸焉莫知其所出入，岂不失哉？

夫欲之易炽，速于风雨，而志之难立有甚于石，其积习之久，非一日可移置也。然使精神凝聚，即独知之地以从事焉，则又不易地不由人而足以自反，譬则石之摧剥于风雨者，复庇之以厦屋，虽失于昔，不犹何以保其终乎？今石存，则升先生之堂者宜有待矣。

薛君有志于学，其完此石、盖亦辅世之意。而余之困而不学，则有愧于切劘之助也。书之石阴，亦以为久要云。

阳明王先生报功祠记

费　宏

经世保民之道，济其变而后显其功，厚其施而后食其报。传曰："太上有立德，其次有立功。"时而至于立功，则去太上远矣。士君子遭时遇主，处常尽变，不得已而立功。固不望其报之久近。人之思报，自不能已，故昌黎祀潮，子厚祀柳，张咏绘像而祀于蜀，羊祜建碑而祀于襄阳，其致一也。

赣之牙境万山盘亘，群盗纵横，土酋跳梁于东南，逆藩窥伺于西北。正德丙子春，阳明王公以大中丞秉钺来镇，纲纪号令，朝发夕新。凡四省、五道、九府州、六十九县、二十五卫所之奔命者，皇皇汲汲，恐干后至之诛。又卓见大本，广集众思，张施操纵，不出庭户，而遥制黠虏于江山数千里之外，英声义烈，肃于雷霆。今年平南靖，明年平桶冈，又明年平浰头，又明年平逆藩。如虔，如楚，如闽，如粤，四郊力穑，清夜弦歌，而边圉之患除。如豫州，如江州，如桐城，如淮甸，千里肃清，万夫解甲，而社稷之忧释。夫公以文儒之资，生承平之世，蹈疏逖之踪，当盘错之会，天枢全斗极之光，地维扫豺狼之穴，玺书频奖，茅土加封，一时遭际，可以风励群工矣。

公之去赣久矣，而人犹思之，复建祠以祀之。富者输财，贫者效力，巧思者模橡，善计者纠工，虚堂香火，无替岁时。报施之道，不于其存而于其亡，身后之事，未定于天下而私于一方，吾是以知赣人之重义也。孔子曰："斯民也，三代之所以直道而行也。"兹非三代之遗民欤？

公继其父龙山公之学，且与孙忠烈同年同官，忠烈死逆藩之难，而公成靖难之功，浩然之气充塞两间，增光皇国，幸与不幸易地则皆然者。然则公之立功虽有先后大小，要皆以忠输君，以孝成亲，以信许友者欤、公讳守仁，字伯安，别号阳明。龙山公讳华，以大魁冢宰。孙忠烈讳燧，以中丞赠宗伯。皆吾乡先达也。

呜呼。望雷阳而思新竹。按营垒而叹奇才，高山仰止，景行行止，谨纪其实，以备野史之拾遗云。

田石平记

费　宏

田江之滨有怪石焉，状若一龟，卧于衍石之上。长倍寻，厚广可寻之半。境土宁静则偃卧维平，有眚则倾欹潜浮以离故处。故俗传有平宁倾兵之谶。岁乙酉，岑氏猛食采日殷，恣横构兵。守臣方上疏议讨，一夕石忽浮去数百武。猛惧，乃使力士复之，向夕殷祀之，以潜弭其变。明年大兵至，猛竟失利以灭，人益异焉。

猛党卢、王二酋胁众连兵据思、田，以重烦我师，朝议特起今新建伯阳明王公来平。比至，集众告："蠢兹二酋，岂惮一擒，维疮痍未瘳而重罹锋刃，为可哀也。"即日下令解十万之甲，掣四省之兵，推赤二酋，俾自善计。二酋惮公威德，且知大信不杀，遂率众自缚泣降。公如初令谕而遣之。单车指田经画建制，以训奠有众。田父老望风观德如堵如墙，罗拜泣下曰："大兵不加，明公再生之赐也。田丑何以为报。"维田始祸，石实衅之，具以怪状闻，且曰："自王师未旋，石靡有宁，田人惴惴守之如婴，今则亡是恐矣。愿公毁此，以宁我田。"公曰："其然，与若等往观之。"既观曰："汝能怪乎？吾不汝毁而与决。"取笔大书其上曰："田石平，田州宁，千万世，巩皇明。"明年春，公使匠氏镌之，遂以为田镇。田人无远近老稚咸讴歌于道以相庆焉。

嗟夫。维石在阿，赋性不那，孰使之行，岂民之讹。维奴维祥，肇是兴亡，天实变幻，而莫知其方。维邪则泄，维正则灭，亦存乎其人而已矣。公忠诚纯正，其静一之学，浩然之气，见于勤王靖难者，可以格神明而贯金石。天下已信之，有弗灵于是石乎？田人宝兹石文，盖不啻交人之累铜柱也已。公车将旋，田人趋必东曰："兹不可无述以告于世世。"作《田石平记》。

阳明先生画像记

徐　阶

阳明先生像一幅，水墨写。嘉靖己亥，予督学江西，就士人家摹得先生燕居像二，朝衣冠像一。明年庚子夏，以燕居之一赠吕生舒，此幅是也。

先生在正德年间，以都御史巡抚南、赣，督兵败宸濠，平定大乱，拜南京兵部尚书，封新建伯。其后以论学为世所忌，竟夺爵。予往来吉、赣间，问其父老，云"濠之未叛也，先生奉命按视福州，乞归省其亲，乘单舸下南昌，至丰城闻变，将走还幕府为讨贼计，而吉安太守松月伍公议适合，郡又有积谷可养士，因留吉安，征诸郡兵与濠战湖中，败擒之。"其事皆有日月可按覆。而忌者谓先生始赴濠之约，后持两端遁归，为伍所强，会濠攻安庆不克，乘其沮丧，幸成功。夫人情苟有约，其败征未见，必不遁。凡攻讨之事，胜则侯，不胜则族，苟持两端，虽强之必不留。武皇帝之在御也，政由嬖幸。濠悉与结纳，至或许为内应。方其崛起，天下皆不敢意其遽亡。先生引兵而西，留其家吉安之公署，聚薪环之，戒夺者曰："兵败即纵火，毋为贼辱。"呜呼。此其功岂可谓幸成，而其心事岂不皓然如日月哉。忌者不与其功足矣，又举其心事诬之，甚矣小人之不乐成人善也。

自古君子为小人所诬者多矣，要其终必自暴白。乃予所深慨者，今世士大夫高者谈玄理，其次为柔愿，下者直以贪黜奔竞，谋自利其身。有一人焉，出死力为国家平定大乱，而以忌厚诬之，其势不尽驱士类入于三者之途不止。凡为治，不患无事功，患无赏罚。议论者，赏罚所从出也。今天下渐以多事，庶几得人焉驰驱其间，而平时所谓议论者如此，虽在上智，不以赏罚为劝惩，彼其激励中才之具不已疏乎？此予所深慨也。

濠之乱，孙、许二公死于前，先生平定之于后，其迹不同，同有功于名教。江西会城，孙、许皆庙食而先生死祠，予督学之二年，始祀先生于射圃。未几被召，因摹像以归，将示同志者，而首以赠吕生。予尝见人言此像于先生极似，以今观之，貌殊不武，然独以武功显于此，见儒者之作用矣。吕生诚有慕乎，尚于其学求之。

重修阳明王先生祠记

李春芳

阳明先生祠，少师存翁徐公督学江右时所创建也。

公二十及第，宏辞博学，烨然称首词林。一时词林宿学皆自以为不及。而公则曰："学岂文词已也。"日与文庄欧阳公穷究心学，闻阳明先生良知之说而深契焉。江右为阳明先生过化地，公既阐明其学以训诸生，而又谓崇祀无所，不足以系众志，乃于省城营建祠宇，肖先生像祀之。遴选诸生之俊茂者乐群其中，名曰龙沙会。公课艺暇，每以心得开示诸生，而一时诸生多所兴云。

既公召还，荐跻纶阁，为上所亲信，盖去江右几三十年矣。有告以祠宇倾圮者，公则愀然动心，捐赐金九十，属新建钱令修葺之。侍御甘斋成君闻之曰："此予责也。"遂身任其事，鸠工庀材，饰其所已敝，增其所未备，堂宇斋舍，焕然改观，不惟妥祀允称，而诸生之兴起者，益勃勃不可御矣。

噫。公当枢管之任，受心膂之寄，无论几务丛委，即宸翰咨答，日三四至，而犹惓惓于崇先哲、兴后学如此，诚以学之不可以已也。夫致知之学发自孔门，而孟子良知之说则又发所未发。阳明先生合而言之曰"致良知"，则好善恶恶之意诚，推其极，家国天下可坐而理矣。公笃信先生之学，而日似体之身心，施之政事。秉钧之初，即发私馈，屏贪墨，示以好恶，四海向风。不数年，而人心吏治翕然丕变。此岂有异术哉？好善恶恶之意诚于中也。故学非不明之患，患不诚耳。知善知恶，良知具存，譬之大明当天，无微不照，当好当恶，当赏当罚，当进当退，锱铢不爽，各当天则。循其则而应之，则平平荡荡，无有作好，无有作恶，而天下平矣。故诚而自慊，则好人所好，恶人所恶而为仁。不诚而自欺，则好人所恶，恶人所好而为不仁。苟为不仁，生于其心，害于其事，蠹治戕民，有不可胜言者矣。公为此惧，又举明道《定性》、《识仁》二书发明其义，以示海内学者，而致知之学益明以切。诸生能心推其义而体诸身，则于阳明先生之学几矣。业斯舍者，其尚体公之意而殚力于诚，以为他日致用之地哉。

成君守节，曹州人，癸丑进士，按治江右，饬纪布惠，卓有贤声，盖有志于学者。

平宁藩事略

蔡　文

阳明先生道德功业，冠绝古今，无容议矣。独宁藩一事，不理于谗口者有二：曰始与宁府交通，后知事不可成，因人之力，从而剪之，以成厥功；又曰宁府财宝山积，兵入其宫，悉取以归。此二者当时谗口嗷嗷，至形诸章奏，播诸远近。缙绅有识，皆知其为必无，而莫悉其无之故；皆知其绝无可疑，而无以破人之疑。余甚恨之。足迹半天下，访之莫有知者。迨移官入赣，赣故先生开府之地，当时故老尚有存者，咨访累月，乃得其详。于是跃然以喜，疾谗口之无根，且知先生计虑之深，规模之远，有非常情之所能测识也。

自古建非常之功，必待非常之人。逆藩之积虑，非一日矣，当时所惮，独先生在耳。杀之不得，必欲致之，事乃可成，故致惓惓于先生。而先生亦示不绝于彼者，力有所为，机有所待。

峒酋叶芳等有众万人，感不杀之恩，乐为我用；先生推诚抚之，间示以意。芳叩首踊跃，待报而发。逆藩招集无赖，亦属意于叶芳，尝以厚赀陷之。芳受不却。有以闻于先生者，先生怃然有失。久之，搏案起曰："吾今日视义当为，事之成败，身之祸福，不计也。"会逆藩起，遂部所属民卒，督知府邢珣、伍文定等以行。叶芳密使人告曰："吾以疑彼也。今日之事，生死惟命。"先生大喜，即携以往。鄱湖之战，逆藩觊望芳来。芳乘之，遂就擒。大难之平，芳与有力。不然，逆兵众且强，独以民卒之脆弱涣散，安能当其锋哉？兵入南昌，先生召芳语之曰："吾请于朝，以官偿若劳，如何？"芳叩首曰："芳土人，不乐拘束，愿得金帛作富家翁耳。"遂入宫，籍所有以献，余以予芳，满其欲焉。

由前观之，先生所以阳示不绝于彼者，阴欲有为于此。使当时积谷练兵，宁不启彼之疑而厚其毒。法曰："藏于九地之下，奋于九天之上"是也。其后以赀委叶芳者，则以夷治夷之法耳。先生心事如青天白日，用兵如风雨雷霆，本无可疑；何疑者之纷纷也。故表而出之。

荫子咨呈

蔡　文

正德十六年七月十八日，奉到兵部风字二千八百八十号勘合内开一件捷音事，准武选司付奉本部连送该本部题送，准浙江布政司咨呈，据绍兴府申据余姚县申蒙本府纸牌仰县速将都御史王承荫子侄应该之人取具无碍亲供，并官吏里邻人等不扶结状缴报等因，依蒙行据该隅里老吕时进等勘得右副都御史王，任江西南、赣等处剿贼成功，钦承荫子一人，世袭锦衣卫百户，行县取具里老并本族亲供。今据前因，合将缴到王冕等供状一纸，系本县东北隅五里民籍，有侄，王守仁任江西南、赣等处右副都御史为剿贼成功钦承荫子王正宪，世袭锦衣卫百户，行县取具里老并本族亲供呈缴到部。查得先该提督南、赣都御史王奉称征剿江西南、赣等处贼寇，驱卒不过万余，用费不满三万，两月之间，俘斩六千有奇，破巢八十有四，渠魁授首，噍类无遗。该本部查议得都御史王躬亲督战，获有军功，所当先录，伏望圣明俯照节年平寇，升荫有功官员事例，将王照例升职荫子以酬其功等因具题。正德十三年四月十八日，节该奉圣旨："是。各官既剿贼成功，地方有赖，升右副都御史，荫子侄一人做锦衣卫，世袭百户，钦此。"查无本官应袭子侄姓名，已经备行原籍官司查取去后。又该提督南、赣军务右副都御史王奏报广东韶州府乐昌等县平贼捷音，内开擒斩首从贼人首级共二千八百九名颗，俘获贼属，并夺回被掳男妇五百名口等因。该本部查议得本官分兵设策，一旦剿平，厥功非细。本部议将王量加升级，于先荫子百户上再加升荫，以酬其功。伏蒙钦依，王守仁已因功升职，还赏银四十两，纻丝二表里。臣等以为王守仁累建奇功，各不相掩，今止给赏，似不足酬其功。合无王守仁量升俸给，于先荫子百户上量加升荫等因。本年十二月初三日具题。本月二十六日奉圣旨："王守仁累有成功，他男先荫职事上还加升一级，钦此。"又经备行钦遵讫，今据前因，久查升级事例，实授百户上加一级，该副千户通查案呈到部，欲将都御史王应荫子王正宪查照先奉钦依，加荫子侄一人做锦衣卫，世袭百户，再加。续奉钦依，加升一级，与做副千户，填注锦衣卫左所支俸。缘系查录恩荫，节奉钦依，王守仁荫子侄一人做锦衣卫，世袭百户，及他男先荫职上还加升一级事理等因。正德十五年三月初四日，少师兼太子太师本部尚书王等具题。次年四月二十五日，奉圣旨："是，钦此。"钦遵，拟合通行，为此合行浙江布政司转行绍兴府余姚县，著落当该官吏照依本部题奉钦依内事理，即便查取王正宪作速起程，前来赴任。仍将本官起程日期，缴报施行。

处分家务题册

黄宗明

先师阳明先生夫人诸氏，诸无出，先生立从侄正宪为继。嘉靖丙戌，继室张氏生子名正聪，未及一岁，辄有两广之命，当将大小家务处分详明，托人经理。殁几一载，家众童僮不能遵守，在他日能保无悔乎？

宗明等因送先生葬回，太夫人及亲疏宗族子弟四方门人俱在，将先生一应所遗家务逐一禀请太夫人与众人从长计处，分析区画，以为闲家正始，防微杜渐之原。写立一样五本，请于按察司佥事王，绍兴府知府洪，用印钤记。一本留府，一本留太夫人，正宪、正聪各留一本，同志一本，永为照守。

先生功在社稷，泽被生民，道在宇宙，人所瞻仰。其遗孤嫠室，识与不识，无不哀痛，况骨肉亲戚，门生故旧，何忍弃之负之哉。凡我同事，自今处分之后，如有异议，人得与正，毋或轻贷。

同门轮年抚孤题单

薛　侃

先师阳明先生同祖兄弟五人：伯父之子曰守义、守智，叔父之子曰守礼、守信、守恭。同父兄弟四人：长为先师，次守俭、守文、守章。先师年逾四十，未有嗣子，择守信第五男正宪为嗣，抚育婚娶。嘉靖丙戌，生子正聪，明年奉命之广，身入瘴乡，削平反乱，遂婴奇疾，卒于江西之南安。凡百家务，维预处分，而家众欺正聪年幼，不知遵守。吾侪自千里会葬，痛思先师平生忧君体国，拳拳与人为善之心，今日之事，宜以保孤安寡为先，区区田业，非其所重。若后人不体，见小失大，甚非所以承先志也。

及禀太夫人及宗族同门戚里，佥事汪克章，太守朱衮，酌之情礼，参以律令，恤遗孤以弘本，严内外以别嫌，分爨食以防微，一应所有，会众分析，具有成议。日后倘复恩典承袭，亦有成法。正聪年幼，家事立亲人管理，每年轮取同志二人兼同扶助，诸叔侄不得参挠。为兄者务以总家爱弟为心，以副恩育付托之重；为弟者务以嗣宗爱兄为心，以尽继志述事之美；为旁亲者亦愿公心扶植孤寡，以为家门之光。前先师在天之灵，庶乎其少慰矣。倘有疏虞，执此闻官。轮年之友，亦具报四方同门，咸为转达。明年宪典，幽有师灵，尚冀不爽。所有条宜，开具于后。

请恤典赠谥疏

薛　侃

礼科等科都给事中等官辛自修等题，为开读事，伏睹诏书内一款："近年病故大臣有应得恤典而未得，亦有不应得而得者，科道官举奏定夺，钦此。"臣等公同面议，举得大学士杨廷和、蒋冕、石瑶，尚书王守仁、王廷相、毛澄、汪俊、乔宇、梁材、湛若水、喻茂坚、刘讱、聂豹，侍郎吕柟、周广、江晓、程文德，少詹事王伟，祭酒王云凤、魏校、邹守益二十一人，奇勋大节，茂著于生前，令望高风，愈隆于身后，俱应得恤典而未得者。中间如吕柟，有祭葬而无谥，石瑶有谥而不足以尽其平生，俱应改拟补赐。又访得文臣中如曾铣、杨守谦、商大节、程鹏、朱方、张汉、王杲、孙继鲁八人，或志在立功，身遭重辟，或事存体国，罪累流亡，至今无问知与不知，皆痛惜之。臣等仰惟恩诏既恤得罪之臣，复举原终之典，而诸臣独以一时负罪，遂不得沾被洪慈，人心咸为悯恻。似应查复原官，量加优恤，以示褒答等因。奉圣旨："礼部看议来说，钦此。"

浙江等道监察御史王等题为开读事，伏睹诏书内一款，"近年病故大臣有应得恤典而未得，亦有不应得而得者，科道官举奏定夺，钦此。"钦遵，臣等备行礼部祠祭司查取节年给过大臣恤典，并有请未给缘由，随行浙江等道，各公举所知，以奉明诏。续行祠祭司及各道手本开具各臣前来，臣等逐一会同详议。举得原任大学士杨廷和、蒋冕、石瑶，尚书王守仁、王廷相、湛若水、毛澄、汪俊、乔宇、梁材、喻茂坚、刘讱、聂豹，侍郎吕柟、周广、江晓、程文德，少詹事黄佐，祭酒魏校、王云凤、邹守益等，即其立朝则大节不亏，溯其居身则制行无议，公是在人，不容泯没，俱应得恤典而未得者也。中间如吕柟，虽有恤典而未得赠谥，石瑶已有赠谥而未尽其人，似应得补赐改拟者也。又查得节年给过恤典，如尚书邵元节、陶仲文、顾可学、徐可成、甘为霖，侍郎郭文英、张电、朱隆僖等，或秽迹昭彰，人所共指，或杂流冒滥，法所不容，俱不应得而得者也。伏望敕下该部再加详议，将杨廷和、王守仁等应复官荫者复其官荫，仍给祭葬赠谥；吕柟准赐赠谥，以成恩礼；石瑶如法改拟，以符名实；其滥叨恩典，如邵元节、陶仲文先经刑部议处外，其顾可学等均为冒滥，名器可惜，合当追夺以昭明法者也。再照录忠恤罪，圣朝厚下之典也。观过而知仁，明主鉴物之公也。

臣等又访得如文臣之中如曾铣、杨守谦、商大节、翟鹏、朱方、张汉、王杲、孙继鲁等，究其罹祸之迹，原其为国之忠，生则未雪，死而益明。武臣之中如周尚文者，出谋宣力，功在边疆，恤典未给，人心称屈。兹当圣仁湛濡之时，正烦冤洗濯之会，诸臣之恤典，似当应给以广殊恩者也。再乞敕下该部，一并酌议，请自上裁，仍通行各该抚按，遵照诏书广求博访，凡大臣恤典，果有应得而未得，及不应得者，各宜悉心甄别，以宣上德。亦不得曲意徇物，滥及庸劣。庶几恩之所敷，潜晦不遗，义之所抑，回慝莫逃，劝惩之典行而风世之道备矣，等因。奉圣旨："礼部看议来说，钦此。"

辨明功罚疏

薛　侃

南京户科给事中岑用宾一本开读事，臣惟国家之礼大臣，其生也固重其爵禄以宠异之，其殁也亦必优其恤典以施褒之，所以示君臣一体之义，终始存殁无间也。然是恩宠之泽，予夺出自朝廷之上，忠良之臣固在所必加，其匪人恶德，亦不使得以幸及焉。盖加于忠良则为公，及于匪人则为僭，公而不僭，则君子以劝，小人以惩。此固人君奉天而不私，而实默寓劝惩之机于其间也。臣伏读皇上登极之诏，内一款有曰："一近年病故大臣，有应得恤典而未得，亦有不应得而得者，科道官举奏定夺，钦此。"臣有以仰见皇上之新政，固将欲使朝廷恩宠之大典，昭大公于天下万世也。臣备员南垣，敢不祇承德意哉？臣谨之搢绅，参之闻见，查得：

已故原任刑部尚书林俊，福建兴化府莆田县人，举成化戊戌科进士。历官四十余年，屡陈谠言，忠诚剀切，抗犯颜敢谏之节，尚简素清约之风。迭仆迭起，朝野推重。在四川则抚剿蓝、鄢之剧寇，在江西则裁制宁藩之逆萌，功尤不泯。暮年遭际，保终完名。居家构疾，具疏预辞。身后恤典，竟为不合者所忌，乘机排阻，至今公论惜之。

已故原任南京兵部尚书新建伯王守仁，浙江绍兴府余姚县人，举弘治己未科进士。筮仕三十余年，歇历中外，所至有声。而讨江西宸濠之叛，平广西思恩、田州及断藤、八寨之贼，功烈尤著。且博极经史，究心理学，倡明良知之训，洞畅本源，至今为人士所宗。不幸其殁也遽为忌者疏论，遂削去伯爵并恤典赠谥，迄今人以为恨。

已故原任南京兵部尚书湛若水，广东广州府增城县人，举弘治乙丑科进士。历官三十余年，立朝正大重厚，有休休有容之风；治事经纬详明，有济世匡时之略。尤倡明正学以接引后进为己任，自始至终，孜孜忘倦，凡所造就，多为时名流。致仕家居逾二十载，寿考而终。其子孙曾陈乞恤典赠谥，未蒙先帝俞允，至今众论咸以为歉。

已故原任南京工部尚书吴廷举，广西横州府千户所人，举成化丁未科进士。历官四十余年，机略优长，节操素励，犯逆瑾之怒而刚正不回，谕桃源之寇而诚信久布。且始终一介不取，殁后殡殓无资，廉洁高风，古今鲜俪。访其赠谥，尚亦未与云。

已故原任户部侍郎唐胄，广东琼州府琼山县人，举弘治壬戌科进士。历官四十余年，始终正直，不少变易。迭任藩臬巡抚，劳代最多。在部建议陈言，忠谠更切。后以忤旨，被杖削籍，众皆韪之。昨吏部题请虽以复职赠官，而祭葬并谥未议，犹为缺典。

以上五臣，其任职先后虽稍不同，而负忠良重望则无二致。明诏所谓应得恤典而未得者，此其最也。

又查得已故原任礼部尚书顾可学，其先后居官，臣无暇论已。独其晚年挟持邪浮诞术，于求进用，因而滥叨恩赏，秽浊清曹，迄今舆论咸羞称之。其始而炼合秋石，继而练制红铅，妄行进御，至使方士人等踵迹效尤。皇上所谓王金、陶仿等妄进药物，致损圣躬。臣愚以为若诛求首恶，则顾可学尤不容逭矣。其存日既倖逃刑宪，不与方士人等同就诛夷，则其死也，宁可复使之冒滥朝廷恩赉于泉下也哉？明诏所谓有不应得而得者，此诚其最也。

夫表扬善类，则天下皆知为善之利，排斥奸谀，则天下皆知肆恶之非，乃治世所不容缓者。伏乞敕下该部查议，如果臣言不谬，即将林俊、王守仁、湛若水、吴廷举、唐胄五臣，查照旧例，一体追补赠谥、祭葬、荫子等项；顾可学前后所冒官职赠荫等项尽行削夺。其王守仁伯爵应否承袭，并行集议题请，取自上裁。如此，庶乎予夺明而恩威不忒，赏罚当而劝惩以昭矣。

再照臣子冤抑，久当获伸，殊恩滥窃，终宜厘正。如已故原任吏部尚书李默，生平博雅能文，清修鲠介，居官守职，茂著风猷。止缘人柄铨曹，不阿权势，遂致奸人乘望风旨，竟尔挤排，含冤囹圄，赍志而死。今际遇昌时，彼泉壤之下宁无昭雪之望乎？已故原任江西副使汪一中，在昔统兵征剿，始而无料敌之明，继而无御敌之策，坐使狂寇冲突，命殒兵歼。较之守备不设，诚为一律。倘若悯其死事，姑不追论，存其官职，犹或可也，故隆忠赠荫，崇之貌祀，其为冒滥不已甚乎？当时与一中同事者，佥事王应时也。应时被虏回赎，寻冒升秩，旋被参论落职。观应时不当冒升，则一中不应赠荫明矣。再乞敕下该部查议，将李默一臣比照遗诏恤录之典，复其官职，加入赠祭，少雪冤魂；将一中一臣遵照明诏不当得之旨，夺其赠荫祠祀，俾毋终辱明典。则予夺益彰，而淑慝益著，未必不为圣朝平明之治少裨也。奉圣旨："该部知道。"

请从祀疏

薛 侃

钦差提督学校巡按直隶监察御史臣耿定向谨题，为应明诏，乞褒殊勋，以光圣治事。恭惟皇上御极之初，诏下中外，搜剔幽滞，恤录往忠，鼓动寰宇。凡有血气者，靡不竞劝矣。伏思原封新建伯南京兵部尚书王守仁者，虽经科臣列举题请，顾其功在社稷，道启群蒙，是犹未可以概凡论也。臣敢特为陛下言之。

臣伏闻武宗初年，旧邸宦官有马永成、刘瑾等，时号"八虎"，置造淫巧，蛊惑上心；日进走马飞鹰，导为娱乐；不令亲近儒臣，讲学修德，耽废万几。时科道官谏不听，户部尚书韩文泣血苦谏不听，左右辅臣时时密谏不听，以致海内汹汹思乱，盗贼蜂起，天下骚动。江藩宸濠由此乘机窃发，谋危宗社，时非守仁在赣，倡义擒灭，今日之域中，殆有不忍言者矣。此其功在国论，章章较著，人所共明也。及宸濠既擒，太监张忠及许泰等复又诱惑武宗，以亲征为名，巡幸南都，其实阴怀异志，欲逞不轨。时宗社之危益如累卵矣。全赖守仁握兵上游，随机运变，各恶潜自震慑，武宗因得还京厚终，于以启先皇帝逮我皇上今日万世无疆之业。此其功甚钜，而为力尤难，其迹则甚隐矣。至其倡明道术，默赞化理，未易言述。即举所著拔本塞源一论，开示人心，犹为明切。如使中外大小臣工实是体究，则所以翊我皇上太平无疆之治者，尤非浅小。此其功则百千世可颂者也。在昔先皇帝入继大统，首议锡爵进秩，遣官存问，即欲召入密勿，以咨启沃。维时辅臣桂萼者妒其轧己，阴肆挤排，故荐令督师两广，竟使赍志以殁。寻复构煽，致削封爵。智士忠臣，至今扼腕悼叹而不置矣。

伏惟皇上俯垂轸念，敕下廷臣虚心集议，特赚复爵赠谥，从祀孔庙，万代瞻仰，甚盛举也。臣窃又伏思为此请，在国家诏功彝典，当如此耳。乃若笃忠效知之臣，其心惟愿国家永灵长之庆，而不愿有建功之赏；惟愿朝端协一德之交，而不乐有倡道之名。伏惟皇上省览及此，深惟往事之鉴，益弘保大之图。而左右臣工共明一体之学，顿消有我之私。则守仁之道即已表章于今日，而守仁之志即已获伸于九原矣。即今奕世阨穷，永言销灭，亦其所安。此守仁之心、亦微臣之心也。臣无任祝望激切陨越之至。为此专差舍人丁宪赍捧，谨题请旨。奉圣旨："礼部知道。"

题赠谥疏

薛　侃

吏部一本为开读等事，节该本部验封清吏司案呈奉本部送准礼部咨，该科道等官会举已故原任新建伯南京兵部尚书兼都察院左都御史王守仁等官各应得恤典等因。除祭葬照例给与外，据赠官备咨前来本部，俱经照例题奉钦依外，准吏部咨该翰林院接出揭帖某人等因，开送司案呈到部。查得赠谥官员例应给与诰命，本部欲行翰林院撰文中书舍人关轴书写，臣等未敢擅便开坐。谨题请旨。

计撰述官员。诰命轴。

原任新建伯南京兵部尚甫兼都察院左都御史王守仁，今赠新建侯。谥文成。

原任少师兼太子太师吏部尚书华盖殿大学士杨廷和，今赠太保，谥文忠。

原任少傅兼太子太傅户部尚书谨身殿大学士蒋冕，今赠少师。谥文定。

原任太子太保吏部尚书兼武英殿大学士石瑶，今赠少保。

原任少保兼太子太保吏部尚书乔宇，今赠少傅，谥庄简。

原任太子太保兵部尚书兼都察院左都御史王廷相，今赠少保，谥肃敏。

原任太子太保兵部尚书聂豹，今赠少保，谥贞襄。

原任太子太保兵部尚书彭泽，今赠少保，谥襄毅。

原任太子少保户部尚书王杲，今赠少保。

原任太子少保户部尚书梁材，今赠太子太保，谥端肃。

原任礼部尚书汪俊，今赠太子少保，谥文庄。

原任刑部尚书喻茂坚，今赠太子少保。

原任刑部尚书刘讱，今赠太子少保。

原任刑部尚书林俊，今赠太子少保，谥贞肃。

原任南京工部尚书吴廷举，今赠太子少保，谥清惠。

原任南京兵部尚书湛若水，今赠太子少保。

原任兵部左侍郎张汉，今赠兵部尚书。

原任南京工部左侍郎程文德，今赠礼部尚书。

原任南京工部左侍郎何孟春，今赠礼部尚书，谥文简。

原任南京礼部右侍郎吕柟，今赠礼部尚书，谥文简。

原任兵部右侍郎兼都察院左副都御史曾铣，今赠兵部尚书，谥襄愍。

原任兵部右侍郎兼都察院右副都御史杨守谦，今赠兵部尚书，谥恪愍。

原任兵部右侍郎兼都察院右佥都御史商大节，今赠兵部尚书，谥端愍。

原任南京刑部右侍郎江晓，今赠工部尚书。

原任都察院右副都御史孙继鲁，今赠兵部左侍郎，谥清愍。

原任詹事府少詹事兼翰林院侍读学士黄佐，今赠礼部右侍郎。

原任都察院右佥都御史朱方，今赠都察院右副都御史。

原任南京国子监祭酒邹守益，今赠礼部右侍郎，谥文庄。

原任刑部左侍郎刘玉，今赠刑部尚书，谥端毅。

原任太子太保吏部尚书熊浃，今赠少保，谥恭肃。

原任太仆寺卿杨勖，今赠右副都御史，谥忠节。

原任左春坊左赞善罗洪先，今赠光禄寺少卿，谥文恭。

原任兵部员外郎杨继盛，今赠太常寺少卿，谥忠愍。

题遣官造葬照会

薛　侃

工部为开读事，书填堂字一千八百二十号勘合照会浙江布政司，仰比号相同，照依后开事件，作速完报施行，须至照会者。

计开一件开读事，屯田清吏司奉本部连送该本部题本本司案，呈奉本部送准礼部咨，该礼科等科都给事中等官辛自修等题前事，该本部看得大学士蒋冕性行朴忠，学识雅正。当武朝南巡之日，而协谋靖乱，其成康定之功；遇先皇继统之初，而秉正立朝，克效赞襄之职。乞身远引，似得进退之宜；洁己令终，无损平生之誉。新建伯兵部尚书王守仁，具文武全才，阐圣贤之绝学。筮官郎署，而抗疏以犯中珰，甘受炎荒之谪；建台江右，而提兵以平巨逆，亲收社稷之功。伟节奇勋，久已见推于舆论；封盟恤典，岂宜遽夺于身终。尚书汪俊，秉刚介之性，持廉慎之操。筮仕词林而再蹶复起，生平之制行可知；继司邦礼，而百折不回，立朝之节概具见。洁己无惭于古道；归田见重于乡评。尚书乔宇，才猷博达，德量宏深。预计伐叛濠之谋，而留都赖之以不耸；持法落逆彬之胆，而奸萌藉此以潜消。入掌铨衡，公明懋著；晚归田里，誉望弥隆。左都督周尚文，志本忠勤，才尤清耿。深谋秘略，克成保障于云中；锐于强才，久震威名于阃外。近年良将，在所首称；身后恤典，委难报罢。以上诸臣，论其职任才猷，不无差等之别；要其官常人品，均为贤硕之俦：所当厚加恤典以优异者也。尚书喻茂坚，历官中外，积有年劳；守己始终，并无訾论。尚书王杲，持身清慎，任事刚方。谪死本无非罪，大节委有可加。以上二臣，所当照例给与祭葬者也。相应题请，合无将大学士蒋冕，尚书乔宇，左都督周尚文，各照例与祭九坛；新建伯王守仁与祭七坛；尚书汪俊与祭二坛；尚书喻茂坚与祭二坛；尚书王杲与祭四坛。移咨工部照依品级造坟安葬，及行各该布政使备办祭物香烛纸，就遣本司堂上官致祭等因。题奉圣旨：“蒋冕、乔宇、周尚文、王守仁、汪俊各照例与祭葬，还同吕柟，俱与他谥；石瑶准改谥；其余都依拟行，钦此。”钦遵，咨部送司，查得先该本部为审时省礼，以宽民力事，议得病故大臣，照依今定后开价值，转行有司措办，给付丧家自行造葬，不必差官。中间果有功德昭彰，闻望素著，公私无过，或曾历边务，建立奇功，及经帷纂修，效劳年久，此等官员，合照旧例差官造葬。俱听本部临时斟酌，奏请定夺等因。题奉武宗皇帝圣旨："是，造坟开圹工料价银则例准拟，钦此。"已经通行钦遵去后，今该前因通查案呈到部，看得大学士蒋冕，尚书乔宇、王守仁、汪俊、喻茂坚、王杲，都督周尚文，俱功德昭彰，闻望素著，及效劳经帷修纂，并建立边功，俱应差官造葬。查得本部司属官员，各有差占，及查见今行人司并中书等衙门俱缺官，不敷委用。合候命下之日，容职等查顺便省分，行移事简衙门，查有应差官员或一人兼差二三省，本部照例各给批文定限。仍行兵部应付各官前去。各该布政司比号相同，著落当该官吏照依后开拟定价值派办。各该布政司仍委堂上官一员，会同本部委官，前去造坟处依式造葬。各毕日，备将夫匠价银数目，各该布政司类造黄册奏缴，青册送部查考等因。隆庆元年六月初八日，少傅本部尚书雷等具题。本月初十日。奉圣旨："是，钦此。"钦遵，拟合通行，为此合连送司仰类行各该布政司，著落当该官吏照依本部题奉钦依内事例，钦遵造葬，施行等因。连送到司，各付前去类填施行。

计开浙江布政司派办已故原任新建伯兼南京兵部尚书王守仁，系京二品文官，造坟工料价银二百五十两，夫匠一百五十名，每名出银一两，通共该银四百两正。右照会浙江等处承宣布政使司准此。隆庆元年六月十七日，对同都吏王宜开读事。右照会浙江布政司当堂开拆。

祭葬扎付

薛 侃

浙江等处承宣布政使司为开读事，礼房准户部勘合科付承准礼部以字四千二百五十二号勘合照会，前事准祠祭清吏司付奉本部连送该本部题本司案呈奉本部送礼科都给事中等官辛自修等题，钦奉诏书内一款："近年病故大臣有应得恤典而未得，亦有不应得而得者，科道官举奏定夺，钦此。"臣等会同科道官复加询访，公同面议，举得尚书王守仁奇勋大节，茂著于生前；令望高风，愈隆于身后。应得恤典而未得者。伏乞敕下该部再加查议。如果恤典未给，将王守仁应复官荫者先复其官荫，仍给以祭葬赠谥等因。奉圣旨："礼部看议来说，钦此。"钦遵钞出，送司行，准吏部文选清吏司回称王守仁原任新建伯，兼南京兵部尚书；及准考功清吏司手本回称王守仁病故。各回报到司。

查得《大明会典》并见行事例，文官见任并致仕者，二品病故祭二坛。又查得凡伯爵管事有军功者，祭七坛，工部造坟安葬。又查得先为比例，乞恩赠谥事，节奉孝宗皇帝圣旨："今后有乞恩赠的。恁部里还要斟酌可否来说，务合公论，不许一概徇情，比例滥请，该科记著，钦此。"今该前因案呈到部，看得恤典一节，朝是所以崇奖贤哲，褒答忠劳，表章于既往，激劝于将来，其典至重，其法至严者也。若使有当得而不得，有不应得而滥得者，又何以示教戒于天下，而公是非于后世耶？

兹者躬遇我皇上嗣承大统，典礼鼎新，正人心争自濯磨之始。而明诏所及，特开厘正恤典一款。言官奉诏咨询，陈列上请，无非只承明命，以公劝惩之意。相应议拟，为照新建伯兵部尚书王守仁具文武之全才，阐圣贤之绝学。策官郎署，而抗疏以犯中珰，甘受炎荒之谪；建台江右，而提兵以平巨逆，亲收社稷之功。伟节奇勋，久已见推于舆论；封盟恤典，岂宜遽夺于身终。所当厚加恤典，以示优异者也。臣等参稽公论，查照事例明白，相应题请，合无将新建伯王守仁与祭七坛，照依品级造葬，仍乞赐谥易名，以表潜懿，其爵荫移咨吏部查议外，合候命下行翰林院撰祭并拟谥号，工部差官造坟安葬，及行该布政司买办祭物、香、烛、纸。就遣本布政司堂上官致祭。恩典出自朝廷，臣等不敢定拟，伏乞圣裁等因。隆庆元年四月二十七日，本部尚书兼翰林院学士高等具题。二十九日，节奉圣旨："王守仁照例与祭葬，还与他谥。钦此。"钦遵，拟合就行，为此合就连送，仰付该司类行浙江布政司转属支给官钱，买办祭物、香、烛、纸，就遣本布政司堂上官致祭。仍将用过官钱，开报户部知数。毋得因而科扰，不便。连送别司，合付前去，烦为类填施行等因。到司案呈到部，拟合就行浙江布政司照依勘合内事理一体遵奉施行等因。备承移付，准此。拟合就行为此除外扎付，本官照扎备承，照会内事理，即便转行该县支给官钱，买办祭物、香、烛、纸完备，择日申请本司分守该道亲指致祭。施行毕日，将用过官钱，行过日期，明开动支何项银数，备造青黄文册三本申报，以凭转缴施行，毋得违错不便。须至扎付者。

计开：

一、祭文

谕祭文

维隆庆年月日皇帝遣本布政司堂上某官某谕祭原任新建伯兼兵

部尚书赠新建侯王守仁，文曰：惟卿学达天人，才兼文武。拜官郎署，抗疏以斥权奸；拥节江西，仗义而讨凶逆。芟夷大难，茂著奇勋。又能倡绝学于将湮，振斯文于不坠。岂独先朝之名佐，实为当代之真儒。顾公评未定于生前，致恤典尚缺于身后。朕兹嗣统。特用颁恩，爵陟侯封，申锡酬功之命；谥加美号，庸彰节惠之公。冥漠有知，英灵斯烈。

首七等文

曰：惟卿学探洙、泗之奥，才为管、葛之俦。直节著于立朝，奇功收于定难。德既茂矣，勋莫尚焉。方膺显命以貤荣，遽罹谗言而褫爵。公评殊快，恩宠特加。首七莫追，载颂谕祭，服兹明渥，用慰幽灵。

终七、百日文同，但改“首七”为“终七”，又改“终七”为“百日”。

下葬等文

曰：惟卿学问闳渊，谋猷敏练。接千载圣贤之正脉，建万年社稷之奇功。久被浮言，莫伸国是。虽爵随身废，而名与道存。兹当窀穸之期，用贲幽泉之宠。歆兹彝典，奖尔忠魂。

期年、除服文同，但改“窀穸”为“周期”，又改为“禫除”。

一、祭品

猪一品。羊一腔。馒头五分、粉汤五分、果子五色。每色五斤。按酒五盘。凤鸡一只。碟骨一块。碟鱼一尾。酥饼酥饤。各四个。汤鸡一分。汤鱼一分。降真香一炷。烛一对。重一斤。焚祝纸。一百张。酒二瓶。

右扎付绍兴府准此。入递不差人。

隆庆二年二月十三日对同通吏朱椿。开读事。十四日申时发行绍兴府、扎付押。十六日到府。

江西奏复封爵咨

任士凭

钦差巡抚江西等处地方、兼理军务、兵部右侍郎兼都察院右佥都御史任，为开读事，据江西布政司呈奉职按验准吏部咨前事，内开会同巡按御史，即查新建伯王守仁当宸濠倡乱之时，仗义勤王，奋身率众，中间分兵遣将，料敌设谋，斩获功次，擒缚渠魁等项，是否的有实迹可据；地方荡平之后，群情果否诵功；爵荫削除以来，群情果否称枉；即今应否准其子孙世袭。逐一备查明白，作速会奏施行等因。备咨前来，案行本司，会同司道查议详报。并蒙巡按江西监察御史苏案验奉都察院勘扎同前事依奉行。

据南昌府呈，据南昌县申称，故牒府县儒师生，及唤通县耆民坊里陈一鸣等，并质之乡宦原任侍郎等官曾钧、丁以忠、刘伯跃、胡植等，逐一查结，得宸濠阴谋不轨，已将十年。蓄养死士，招集盗贼，一旦举事，势焰熏灼。于时本爵方任南赣都御史，往闽勘事。正德十四年六月十五日，行至丰城，闻变，即旋吉安。督率知府伍文定等调集军民兵快，约会该府乡官王懋中等，相与激发忠义，移檄远近，暴扬逆濠罪恶。于是豪杰响应，人始思奋，士民知有所恃而壮胆，逆党知有所畏而落魂。夫本爵官非守土，而讨逆之命之未下，一旦举大事，定大谋，此非忠愤激切，克惇大义者，不能也。

至七月初二日，逆濠留兵万余守江西省城，而自引兵向阙。本爵昼夜促兵，十五日会临江之樟树。十八日分布督遣知府伍文定等攻广润七门。二十二日破贼，尽擒逆恶。二十四日遇黄家渡。二十六日，逆濠就擒。不延时日，江省底定。此非谋略素定，料敌若神者，不能也。

夫逆濠，一大变也，以六月十四日起事，以七月二十六日荡平，兵不血刃，民不易市，即本爵之勋烈，诚与开国同称。迨先帝登极，大定公典，论江西首功，封本爵为新建伯，给券世袭。此固报功之盛典，而江右咸称快焉。继因平蛮病故，朝议南宁之事，霍韬、黄绾诸臣奏疏甚明。竟扼于众忌，而天下咸称枉焉。迩者为开读事，科道等官疏欲复其世袭，此公道之在人心，不容泯也。昔开国文臣刘基以武功封诚意伯，停袭百余年。嘉靖初，特取其的裔世袭。夫本爵学贯天人，才兼文武，忠揭日月，功维社稷，恩庇生民，拟之刘诚意，不相伯仲。傥蒙覆奏，准其世袭，扶植崇德报功之公道，兴起忠臣义士之世教等因。并据本县儒学生员王缉等结报相同，备申本府，转申到司。

据此，随该本司左布政使曹三阳，右布政使程瑶，会同按察使张柱，都司署都指挥佥事耿文光，分守南昌道左参政方弘静，分巡南昌道佥事严大纪，会看得原封新建伯王守仁，正德十四年督抚南赣之时，于六月初九日，自赣起行，往福建勘事。

时宸濠谋为不轨，欲图社稷。本月十四日擅杀都御史孙燧，副使许逵，并执缚都、布、按三司官及府县等衙门大小官员，俱囚之，尽收在城各衙门印信，及搬抢各库藏一空，释放在城各司府县见监重囚，舟楫蔽江而下，声言直取南京。

次日，本爵在于丰城舟中闻变，疾趋吉安，集兵勤王。行至中途，尤恐兵力未集，若宸濠速出，难以遽支，乃间谍扬言朝廷先知宁府将叛，行令两广、湖、襄都御史杨旦、秦金准兵部咨调遣各处兵马，暗伏要害地方，以伺宁府兵出袭杀；复取优人数辈，将公文各缝衣袽中，各与数百金以全其家，令其至伏兵处所，飞报窃发日期；将发间，又捕捉伪太师李士实家属至舟尾，令其觇知，本爵佯怒，令牵之上岸处斩，已而故纵之，令其奔报；宸濠逻获优人，果于衣袽中搜得公文，宸濠遂疑惧不敢即发。

十八日至吉安，督率本府知府伍文定，临江知府戴德孺，赣州知府邢珣，袁州知府徐琏等，调集军民，召募义勇，会计一应解留钱粮，支给粮饷，造作战船；奏留公差回任御史谢源、伍希儒，分职任事；约会致仕、养病、丁忧、闲住及赴部调用等项一应乡官，相与激劝忠义，晓谕祸福。又恐宸濠知其调度，觉其间谍，发兵速出，乃密使伪国师刘养正家属及平日与宸濠往来乡官阴致归附之意，以缓其出。直伺调度已定，乃移檄远近，宣布朝廷威惠，暴露宸濠罪恶。又度兵家决胜之机，不宜急冲其锋，须先复省城，捣其巢穴，贼闻必回兵来援，则出兵邀而击之，此全胜之策。于是佯示以自守不出之计。

七月初二日，宸濠兵万余，使守江西省城，乃自引兵向安庆。本爵探知其出，遂星驰促各府兵，期以本月十五日会于临江之樟树镇。身督知府伍文定等兵径下，戴德孺等兵各依期奔集。十八日遂至丰城，分布哨道，约会齐攻省城广润七门。是日又探得宸濠伏兵于新旧坟厂，以备省城之援，乃密遣兵从间道袭破之，以摇城中。

十九日发市汊，二十日各兵俱至信地，我师鼓噪并进，缔绠而登，一时七门齐入，城遂破。擒其居守宜春王拱樤及伪太监万锐等千余人。宸濠宫中眷属纵火自焚。遂封府库，搜出原收大小衙门印信九十六颗。先上江西捷音疏。仍分兵四路追蹑。

宸濠攻围安庆未下，至是果解围归援省城，卒如本爵所料。于是议御寇之策，本爵断以宜先出锐卒乘其惰归，邀击以挫其锋，众将不战而自溃。遂遣知府伍文定等分道并进，击其不意，奋死殊战。贼大溃。因傍谕城中军民，虽尝受贼官爵，能逃归者，皆免死；能斩贼徒归降者，皆给赏。使内外居民及向导人四路传布，以解散其党。

二十三日，宸濠先锋至樵舍，风帆蔽江。本爵亲督伍文定等四面分布，以张其势。

二十四日，贼逼黄家渡。乃合兵交击，噪呼并进，贼大溃而奔。擒斩二千余级，落水死者以万数。贼气大沮，退保八字脑。

二十五日，伍文定等奋督各兵并进，炮及宸濠舟。贼又大溃。擒斩二千余级，落水死者莫计其数。乃夜督伍文定等为火攻之具。邢珣等分兵四伏，期火发而合。

二十六日，宸濠方召群臣责其间不致死力者，将引出斩之，争论未决；我兵已四面云集，火及宸濠副舟，众遂奔散。宸濠与妃泣别，宫人皆赴水死。宸濠并其母子、郡王、将军、仪宾及伪太师、国师、元帅、参赞、尚书、都督、指挥、千百户等官数百人皆就擒矣。擒斩贼党凡三千余级，落水死者约三万余，所弃衣甲器仗财物与浮尸积聚横亘若洲。余贼数百艘四散逃溃。

二十七日，复遣官分兵，追剿殆尽。计先后擒斩首从贼人贼级并获宫人贼属、夺回被胁被掳、招抚畏服官民男妇等项共一万一千五百九十六名、颗、口。功成而事定矣。

先是本爵起兵吉安时，两上疏乞命将出师。蒙朝廷差安远伯朱泰即许泰，平虏伯朱彬即江彬，左都督朱翚即刘翚，太监张忠、张永等为总督、军务、赞画、机密等官，体勘宸濠叛逆事情，前往江西。至中途，闻宸濠受擒，报捷至京。计欲夺功，乃密请驾亲征。江彬、许泰等乃倡言本爵始同宸濠谋叛，因见天兵亲讨，始擒宸濠，以功脱罪，欲并擒本爵以为己功。又谕本爵欲将宸濠放至城中，待驾至，列阵重擒。本爵不可，遂各引兵至南京候驾。本爵乃力疏请止亲征。

九月十一日，亲自谅带官军将宸濠并宫眷逆情重犯督解赴阙，扶病前进。行止浙江杭州府，又遇奏差太监张永赍驾贴，开称宸濠等待亲临地方覆审明白，具奏定夺。本爵遂按行浙江按察司转呈太监张永会同监军御史公同该省都、布、按三司等官，将见解逆首宸濠并宫眷等项，逐一交付明白转解。于是江彬等日夕谋欲夺功，欲反坐本爵，并擒为功，赖张永极力辩获得免。

时本爵功高望重，颇为当路所忌。正德十六年十二月内，该部题为捷音事，议封公伯爵，给与诰券，子孙世世承袭，赐敕遣官奖劳，锡以银币，犒以羊酒，封新建伯奉天翊卫推诚宣力守正文臣，特进光禄大夫柱国，兼南京兵部尚书参赞机务，岁支禄米一千石，三代并妻一体追封。本爵累疏辞免。

明年，嘉靖改元，本爵丁父忧，四方来游其门，讲学益众。科道官迎当路意，劾公伪学。服阕，例该起复；六年不召。江西辅臣有私憾本爵者，密为进谗以阻其进。嘉靖六年，广西岑猛倡乱，兵部论荐本爵总督四省军务，前去荡平，又成大功。时本部力参其擅离职役，及参其处置广西思、田、八寨事恩威倒置，又诋其擒宸濠时军功冒滥，乞命多官会议。明年，江西辅臣复进密揭，命多官会议。

遂削世袭伯爵，并当行恤典，皆不沾被矣。

等因到职，据此卷查先准吏部咨前事，已经案行该司，会同查议去后，今据前因，该职会同巡按江西监察御史苏朝宗参看得原任新建伯王守仁当宸濠叛逆之日，正督抚南赣之时。宸濠之未发也，若非剿平浰头等巢，则勇智绝伦之徒皆为贼所用，必大肆蔓延之祸。及宸濠之既发也，若非行间以缓其出，则四方大兵之众，非朝夕可集，必难为扑灭之功。督伍文定，督载德孺，督邢珣等饱歌协力，足见分兵遣将之能。系省城，系黄家渡，系樵舍，决胜若神，信有料敌设谋之智。斩获功次，具载于纪功之册，而擒缚渠魁，甚明于交割之文。且奋身率众之劳，皆历历可据，仗义勤王之举，尚昭昭在人。先与后擒，乃豪党利己之诬，本不足辩。而其中原以北，终不能攻陷金陵以据者，要皆本爵至微之谋。论之今日，江西死节皆蒙赠恤，生存皆获抚安，孰非本爵勤劳之举。地方荡平之后，诵功者载在口碑；爵荫削除以来，称枉者孚于士论。盖较之开国元勋，若非同事，而拟其奠安社稷，则与同功。但世袭之典事体重大，出自朝廷，非臣下所敢轻议。为此除具题外，今备前由，理合移咨贵部，烦请查照施行。须至咨者。

右咨吏部，隆庆元年十月十一日行说堂。十一月十三日到。

浙江巡抚奏复封爵疏

王得春

巡按浙江监察御史王题，为恳乞鉴忠义复袭爵，以光圣政事。

臣惟人臣报国之忠，致身之义，虽得之天性，然其所以鼓舞而激励之者，实赖君父在上有以握其机也。

臣会同提督军门赵。窃见原任新建伯王守仁，为浙江余姚人。方正德己卯宁庶人宸濠谋反时，守仁以南赣巡抚提督军务，奉旨前往福建勘处叛军，道经丰城，闻变乃潜回吉安，遂与知府伍文定等，誓死讨贼。

当是时也，宸濠以数十年逆谋，发之一旦，远迩骇震，内而武宗皇帝左右近习，多昏酣宸濠赂遗，甚有与之交通者。外而孙燧、许逵同时被害，三司而下，多就拘囚。又遣其党，分收诸郡邑印信，逆焰所熏，视湖、湘、闽、浙不复在目中。帆墙东下，日蔽江塞，遂破南康、九江如摧枯拉朽。急攻安庆，直瞰留都。东南事势，亦孔棘矣。

守仁以书生，民非素属，地非统辖，兵非素练，饷非素具，徒以区区忠义，号召豪杰，仓卒调度，誓死讨贼。其报宸濠谋反疏曰："臣以区区之处诚，为讨贼之举，务使牵其举动，而使进不得前；捣其巢穴，而使退无所据。"夫观守仁血诚之言，其忠根诸天性者，固将昭日月而贯金石矣。而其牵举动、捣巢穴之见，智勇殊绝，视宸濠真为囊中物耳。宸濠固凶狡，竟莫能逃。继之南昌破，而巢穴平矣。宸濠返而渠魁执矣。不两月间，地方底宁，朝廷无征兵遣将之烦，地方臻反乱为治之效。此功在社稷，甚为奇伟。乃天祐国家，生此伟人，而其诚与才合，盖有追踪乎百代之上者矣。

使是时而非遇守仁，使守仁以南昌非故属，不以讨贼为己任；即使讨贼，张虚声，待奏报，而不速为扑灭之计。臣等知东南安危，未可必也。即使朝廷之上，闻变急图，遣将得人，供饷得人，调度得人，未免延缓日时。及其戡定，又不知所伤人命几何，所费粮饷几何，所费爵赏几何，所损国家之气几何，此守仁之功所以为大也。

奈何功虽成矣，而奸党忌嫉，不惟爵赏不及，抑且媒孽多方。又赖天祐我国家，不使忠义抱屈终身。幸遇世宗皇帝，入继大统，即位未几，首录守仁之功，封新建伯，世袭。部下伍文定等，升赏有差。当是之时，海内之人，又莫不以世宗皇帝，能赏忠义之勋，亦莫不以守仁之功，为足以当封爵而不愧也。

是时守仁虽膺封爵，徒淹家居。未尝一日柄用。嘉靖六年间，始起奉敕讨两广叛目。卢苏、王受等既平，以冲冒炎瘴病笃，具疏辞官，不待报而归，至江西南康地方病故。

夫以守仁江西之功论之，诚已竭夫报国之忠，以两广之还迹之，又未失夫致身之义，俱无可以议焉者。只以当时大臣，有忌其两广功成，疏中未叙己者，乃从中主议，谓其不俟命而行，非大臣体，遂有旨削袭爵。臣等尝为守仁冤之。何则？假使守仁诈病而归，与地方未平，而急身谋，诚为可罪。然地方已平矣，即不病，亦当听其辞归，以彰朝廷均劳大臣之义。矧地方已平，而又病，病又笃，卒死于道路，而人犹执其迹以罪之，冤亦甚矣。

兹幸我皇上御极，即位一诏，将使天下无一物不得其所。故凡平日内外大小臣工，或一言有益于国家，一行有益于生民者，无不恤录。若守仁者，其伯爵之袭，臣等固谓其为皇上新政第一事也。况经言官疏请，往复行勘，海内臣工，万口一词，咸以守仁伯爵当袭。臣等谬膺抚按浙江为守仁桑梓地，其得之公论，稽之群情，揆之国典，察诸守仁讨贼之心之功，其伯爵诚宜使袭，而不可泯者。且方今南北多事，北虏尤甚，皇上宵旰九重，内外大小臣工，非不兢兢图谋，思以陈见伐虏悃诚，而犁廷扫穴之绩，尚未有能奏者。

臣等诚谓皇上宜籍守仁报国之忠，致身之义，皇上俯采公议，复其袭爵，将见内外大小臣工，莫不以守仁忠义不白于正德之季，我世宗皇帝能白之。又稍抑于嘉靖六七年间，我皇上今日又独能察而伸之。莫不相率激励于守仁之忠义，以报皇上矣。其为圣政之光，岂小哉。伏乞敕下吏部，再加查议节次，言官奏疏，亟为上请，守仁幸甚，天下幸甚。

缘系恳乞鉴忠义，复袭爵，以光圣政事理，为此具题。奉圣旨：“吏部知道。”

题请会议复爵疏

王得春

吏部题为开读事，验封清吏司案呈，奉本部送吏科钞出巡抚江西等处地方兼理军务兵部右侍郎兼都察院右佥都御史任题云云等因，又该巡按江西监察御史苏等题同前事，俱奉圣旨：“该部知道，钦此。”钦遵，按查先奉本部送准礼部咨，内开原任新建伯兼南京兵部尚书王守仁，具文武之全才，阐圣贤之绝学。筮官郎署，而抗疏以犯中珰，甘受炎荒之谪；建台江右，而提兵以平巨逆，亲收社稷之功。伟节奇勋，久已见推于舆论；封盟恤典，岂宜遽夺于身终。爵荫仍咨吏部查议施行等因到部，除新建伯王守仁照例追赠新建侯，已该本部具题，奉有谕旨外。所据世袭一节，当武庙之末造，江西宸濠突然称变，事关社稷。本爵亲调官兵，一鼓擒之，不动声色，措天下于太山之安，较之靖远，咸宁之功，良亦伟矣。但因南宁之事，停袭岁久。一旦议复，事体重大，相应就彼再行查勘，以昭公论。已经备行移咨去后，今该前因续该奉本部送吏科钞出提督军务巡抚浙江等处地方都察院右佥都御史赵题云云等因。又该巡按浙江监察御史王题同前事。俱奉圣旨："吏部知道，钦此。"钦遵，钞送到司通查，按呈到部，查得王守仁以正德十四年讨平逆藩宸濠之乱，该本部题奉世宗皇帝圣旨："王守仁封新建伯，奉天翊卫推诚宣力守正文臣，特进光禄大夫柱国，还兼南京兵部尚书，照旧参赞机务，岁支禄米一千石，三代并妻一体追封，钦此。"嘉靖八年正月，内为推举才望大臣以安地方事，该本部会题，节奉钦依，王守仁伯爵姑终其本身，除通行钦遵外，今该前因案呈到部。看得爵人于朝，赏延于世，昔圣王所不能废。即如王守仁削平宸濠之变，功在社稷，岂有仅封伯爵，止终其身之理。所据南、北两京科道官，江、浙两省抚按官，交章论荐于四十年之后，实惟天下人心之公是。但事体重大，必须广延众论，本部难以独拟。合候命下，容臣等会同五府九卿科道等官从公详议，如果新建伯应该世袭，具实奏请，恭候宸断。缘系开读事理，谨题请旨。奉圣旨："是。"

会议复爵疏

杨　博

少傅兼太子太傅吏部尚书杨博题为开读事，验封清吏司案呈，奉本部送吏科钞出，巡抚江西等处都察院右佥都御史任题为开读事，据江西布政司呈奉职案验准吏部咨前事，内开会同巡按御史即查新建伯王守仁云云。臣等会同太师兼太子太师后军都督府掌府事成国公臣朱等、户部等衙门、尚书等官马等，议得戡乱讨逆者，固人臣效忠之常，崇功懋赏者，实国家激劝之典。已故新建伯王守仁本以豪杰命世之才，雅负文武济时之略。方逆濠称兵南下也，正值武宗巡幸之时，虐焰薰灼，所至瓦解。天下之事，盖已岌岌矣。本爵闻变丰城，不以非其职守，急还吉安，倡义勤王。用敌间，张疑兵，得跋胡疐尾之算；攻南昌，击樵舍，中批亢捣虚之机。未逾旬朔而元凶授首，立消东南尾大之忧；不动声色而奸宄荡平，坐贻宗社磐石之固。较之开国佐命，时虽不同；拟之靖远、咸宁，其功尤伟。仰蒙先帝知眷，圭符剖锡之赏，已荣于生前；不幸后被中伤，山河带砺之盟，尚靳于身后。此诚四十年未备之缺典，海内人心，兴灭继绝，所望于皇上者，诚不浅也。先该南北科道官交章腾荐，公论益明；近该江、浙抚按官勘报相符，功次甚确。所据新建伯爵，臣等稽之令典，质之舆情，委应补给诰券，容其子孙承袭，以彰与国咸休，永世无穷之报。但爵封重大，系干特恩，臣等擅难定拟，伏乞圣裁。奉圣旨："你每既说王守仁有擒逆之功，著遵先帝原封伯爵与世袭，钦此。"钦遵，已经查取应袭儿男去后，今据浙江布政使司咨呈据绍兴府申据余姚县申，内开勘据该图里邻吕本隆等结，称王正亿见年四十三岁，原系南京兵部尚书都察院左都御史新建伯王守仁继妻张氏于嘉靖五年十二月十二日所生嫡长亲男，向因伊父先年节次剿平南、赣、乐昌等处山贼，恩荫一子，世袭锦衣卫副千户本官，见任前职，并非旁枝过继，亦无别项违碍，相应承袭伯爵等因。给文起送到司，拟合起送。为此除给批付本官亲赍赴部告投外，今将前项缘由同原来结状理合备送咨呈施行等因，到部送司。案呈到部，看得浙江布政使司查勘过见在锦衣卫副千户王正亿委系新建伯王守仁嫡长亲男，并无违碍，相应承袭一节，既经奉有前项明旨，合无将王正亿准其承袭新建伯伯爵，以后子孙世袭。但恩典出自朝廷，未敢擅便等因。隆庆二年十月二十五日，少傅兼太子太傅吏部尚书杨博等具题，本月二十七日奉圣旨："是，王正亿准袭伯爵，钦此。"

再议世袭大典

杨　博

吏部等衙门少傅兼太子太傅尚书等官杨博等题为恳乞圣明再议世袭大典，以服人心，以重名器等因。奉圣旨："该部知道，钦此。"钦遵，钞出到部，送司案查。先为开读事，该科道等官都给事中辛自修等及南京户科给事中岑用宾等各奏荐原任新建伯王守仁应复爵荫等因，该本部题奉钦依，备行江西抚按衙门查勘去后，续该江西抚按官任士凭等查勘得原任新建伯王守仁应复伯爵等因。又该浙江抚按官赵孔昭等会荐前来，随该本部题奉钦依，会同太师兼太子太师后军都督府掌府事成国公朱希忠等，户部等衙门、尚书等官马森等，议得本爵一闻逆濠之变，不以非其职守，急还吉安，倡义勤王。未逾旬朔而元凶授首，立消东南尾大之忧；不动声色而奸宄荡平，坐贻宗社磐石之固。较之开国佐命，时虽不同；拟之靖远、咸宁，其功尤伟。委应补给诰券，容其子孙承袭，以彰与国咸休，永世无穷之报等因。奉圣旨："你每既说王守仁有擒逆之功，遵著先帝原封伯爵与世袭，钦此。"钦遵，案呈到部，看得新建伯王守仁一事，始而江西抚按勘议，继而府部科道会议，揆之公论，似亦允协。乃今南京十三道官复有此奏，系干赏重典，臣等难以独拟，合候命下，容本部仍照例会同在京应议各官覆议明白，具奏定夺，未敢擅便，伏乞圣裁等因。五月十五日，奏奉圣旨："是，钦此。"钦遵，查得诚意伯刘基食粮七百石，乃太祖钦定；靖远伯王骥一千石，新建伯王守仁一千石，系累朝钦定，多寡不同。今该前因，臣等会同太师兼太子太师后军都督府掌府事成国公朱希忠等，户部尚书刘体乾等，议得国家封爵之典，论功有六：曰开国，曰靖难，曰御胡，曰平番，曰征蛮，曰擒反。而守臣死绥，兵枢宣猷，督府剿寇，咸不与焉。盖六功者，关社稷之重轻，系四方之安危，自非茅土之封，不足报之。至于死绥宣猷剿寇，则皆一身一时之事，锡以锦衣之荫则可，概欲剖符，则未可也。窃照新建伯王守仁乃正德十四年亲捕反贼宸濠之功，南昌、南赣等府虽同邦域，分土分民，各有专责，提募兵而平邻贼，不可不谓之倡义。南康、九江等处首罹荼毒，且进且攻，人尽摇动，以藩府而叛朝廷，不可不谓之劲敌。出其不意，故俘献于旬月之间，若称怀迟疑，则贼谋益审，将不知其所终。攻其必救，故绩收乎万全之略，若少有疏虞，则贼党益繁，自难保其必济。肤功本自无前，奇计可以范后。靖远、咸宁，姑置不论，即如宁夏、安化之变，比之宸濠，难易迥绝。游击仇钺，于时得封咸宁伯，人无间言。同一藩服捕反，何独于新建伯而疑之乎？所据南京各道御史欲要改荫锦衣卫，于报功之典未尽，激劝攸关，难以轻拟。合无将王守仁男袭新建伯王正亿不必改议。以后子孙仍照臣等先次会题，明旨许其世袭。但予夺出自朝廷，臣等未敢定拟，伏乞圣裁。奉圣旨："王守仁封爵，你每既再议明白，准照旧世袭。"

卷十　附录

门生及历代评鉴者评述

诰命　祭文　其他

门生及历代评鉴者名录

传习录序

徐　爱

门人有私录阳明先生之言者。先生闻之，谓之曰："圣贤教人如医用药，皆因病立方，酌其虚实温凉阴阳内外而时时加减之，要在去病，初无定说。若拘执一方，鲜不杀人矣。今某与诸君不过各就偏蔽箴切砥砺，但能改化，即吾言已为赘疣。若遂守为成训，他日误己误人，某之罪过可复追赎乎？"爱既备录先生之教，同门之友有以是相规者。爱因谓之曰："如子之言，即又拘执一方，复失先生之意矣。孔子谓子贡，尝曰'予欲无言'，他日则曰'吾与回言终日'，又何言之不一邪？盖子贡专求圣人于言语之间，故孔子以无言警之，使之实体诸心，以求自得；颜子于孔子之言，默识心通无不在己，故与之言终日，若决江河而之海也。故孔子于子贡之无言不为少，于颜子之终日言不为多，各当其可而已。今备录先生之语，固非先生之所欲，使吾侪常在先生之门，亦何事于此，惟或有时而去侧，同门之友又皆离群索居。当是之时，仪刑既远而规切无闻，如爱之驽劣，非得先生之言时时对越警发之，其不摧堕靡废者几希矣。吾侪于先生之言，苟徒入耳出口，不体诸身，则爱之录此，实先生之罪人矣；使能得之言意之表，而诚诸践履之实，则斯录也，固先生终日言之之心也，可少乎哉？"录成，因复识此于首篇以告同志。门人徐爱序。

续刻传习录序

钱德洪

古人立教，皆为未悟者设法，故其言简易明白，人人可以与知而与能。而究极所止，虽圣人终身用之，有所未尽。盖其见道明彻，先知进学之难易，故其为教也循循善诱，使人悦其近而不觉其入，喜其易而各极所趋。

夫人之良知一也，而领悟不能以皆齐。有言下即能了悟者矣；有良知虽明，不能无间，必有待于修治之功者矣；有修治之功百倍于人，而后其知始彻者矣。善教者不语之以其所悟，而惟视其所入，如大匠之作室然，规矩虽一，而因物曲成，故中材上下，皆可与入道。若不顾其所安，而概欲强之以其所未及教者，曰："斯道之妙也如是。"学者亦曰："斯道之妙也如是。"彼以言授，此以言接；融释于声闻，悬解于测意，而遂谓道固如是矣，宁不几于狂且惑乎？

吾师阳明先生，平时论学，未尝立一言，惟揭《大学》宗旨，以指示人心。谓大学之教，自帝尧明德睦族以降，至孔门而复明。其为道也，由一身以至家国天下，由初学以至圣人；彻上彻下，通物通我，无不具足。此性命之真，几圣学之规矩也。然规矩陈矣，而运用之妙，则由乎人。故及门之士，各得所趋，而莫知其所由入，吾师既没，不肖如洪，领悟未彻，又不肯加百倍之功。同志归散四方，各以所得引接来学，而四方学者渐觉头绪太多。执规矩者，滞于形器，而无言外之得；语妙悟者，又超于规矩之外，而不切事理之实；愿学者病焉。年来同志亟图为会，互相劘切，各极所诣，渐有合异同归之机。始思师门立教，良工苦心。盖其见道明彻之后，能不以其所悟示人，而为未悟者设法，故其高不至于凌虚，卑不至于执有，而人人善入。此师门之宗旨，所以未易与绎也。

洪在吴时，为先师裒刻《文录》。《传习录》所载下卷，皆先师书也。既以次入《文录》书类矣，乃摘录中问答语，仍书南大吉所录以补下卷。复采陈惟浚诸同志所录，得二卷焉，附为续录，以合成书。适遭内艰，不克终事。去年秋，会同志于南畿，吉阳何子迁、初泉刘子起宗，相与商订旧学，谓师门之教，使学者趋专归一，莫善于《传习录》。于是刘子归宁国，谋诸泾尹丘时庸，相与捐俸，刻诸水西精舍。使学者各得所入，庶不疑其所行云。时嘉靖甲寅夏六月，门人钱德洪序。

重刻传习录序

聂　豹

《传习录》者，门人录阳明先生之所传者而习之，盖取孔门“传不习乎”之义也。匪师弗传，匪传弗觉，先生之所以觉天下者，其于孔门何以异哉？夫传不习，孔犹弗传也。

孔门之传，求仁而已矣。孟子曰：“仁，人心也。”孟子之求心，即孔门之求心也。然心无形而有知也。知外无心，惟知为心；物外无知，何知非物？

予尝闻先生之教矣。学本良知，致知为学。格物者，致知之功也。学致良知，万物皆备，神而明之，广矣，大矣。故曰：“知皆扩而充之，足以保四海，无他，达之天下也。”孟子之学孔子者，其在兹乎？

祖述孔、孟，宪章周、程，先生之所得亦深矣。而或者犹异之，云其殆于仁，心、知、物之义有未达欤。

盖仁即心也，心即知也，知即物也。外物以求知者，为虚寂；外知以求心者，为枯槁；外心以求仁者，为袭取；外仁以求学者，为泛滥灭裂，此二氏、五伯、百家之学所以毒天下。如以文辞而已者，今之陋也，去益远矣，毒滋甚焉。

良知者，通天地万物为一体也。忍其毒而弗之觉，犹弗知也。此先生之传，殆有不容已焉者耳。

是录也，答述异时，杂记于门人之手，故亦有屡见而复出者。间尝与陈友惟浚，重加校正，删复纂要，总为六卷，刻之于闽，以广先生之觉焉。

刻阳明先生传习录序

孙应奎

学以尽性也。性者存发而无内外，故博文约礼，集义养气之训，孔、孟之所以教万世学之者。而或少异焉，是外性也，斯异端矣。应奎不敏，弱冠如知有所谓圣贤之学。时先生倡道东南，因获师事焉。忆是时先生独引之天泉楼口，授大学首章，至“致知格物”曰：“知者，良知也，天然自有即至善也。物者，良知所知之事也。格者，格其不正以归于正也。格之，斯实致之矣。”及再见，又手授二书。其一《传习录》。且曰：“是《录》吾之所为学者，尔勿徒深藏之可也。”应奎请事于斯几三十年，每思讲授至意，恐卒为先生罪人，故有独苦心而莫敢以语人者。然间尝以其所见一斑参之孔、孟。夫心之纯粹以精森然而条理者，非礼乎？即此礼之见于日用而有度数之可纪，谓之“文”，然以其体事而无不在，故曰“博”。心之刚大，配天地而不御者，非“气”乎？即此气之流行当其可，谓之“义”，然以其无时无处而可失，故曰“集”。心之虚明灵觉洞然而不昧者，非“知”乎？即此知之应感而该乎人伦事变，谓之“物”，然以其有物有则而不可有过不及之差，故曰“格”。故致其知于格物也。养其气于集义也，约其礼于博文也，皆理其性之发者，而非外也。博文以约此礼也，集义以养此气也，格物以致此知也，皆体其性之存者，而非内也。盖自其敛于无，似存而常体未常息；自其章于有，似发而常体未常易。存发无先后，体用无内外，斯性之妙也。故先生之所自得，虽未敢辄拟其所至，而先生之学则断然信其为上接孔、孟，而以俟后圣于不惑者也。

兹应奎较艺衡水，涉洞庭，登祝融，访石鼓，跂乎濂溪之上，有余慨焉。道不加闻而年则逮矣，固愿窃有豪杰者出，以翼吾之往也。同志蔡子子木守衡，则已群多士，而摩之以性命之学，亦浸浸乎有兴矣。应奎因乐与成之，乃出先生旧所手授《传习录》，俾刻置石鼓书院。

噫。性灵在人，得无有默契斯旨而成之德行者乎。则于先生之道亦庶几焉，又何憾矣。嘉靖三十年夏五月壬寅，同邑门人孙应奎谨序。

叙传习录后

蔡汝楠

《传习录》者，阳明先生之门人录师传之指，图相与习之者也。先生曾以是录手授今文宗蒙泉孙公，公按部至衡，令汝楠刻置石鼓书院，而公为之序，概括学以尽性之一言。盖先生之学，致知而已矣。今发明之曰“学以尽性”，何也？曰：人之有心，性即吾心之体也；心之有性，知即吾性之灵也。自此知杂揉，或虑真妄决择之难，不知本然之体昭明灵觉，本无所昧，动于意而知能杂揉，亦即此体足以自知而决择之，著诚去伪，不容不力至于无有乎弗良，则无有乎弗诚。故知也者，诚之源也。自此知渺微，或虑酬酢变化之难，不知本然之体圆莹洞彻，本无所遗，交乎物而客形变化，亦即此体足以尽物而精察之，博学切问，不容不至，至于无有乎弗格，则无有乎弗良。故知也者，物之则也。同此知谓之性，致此知谓之学。周旋物则，充积诚意，发之肫肫然不可已，极于高高乎不可尚。合内外，一寂感，是谓天性之尽而至善之止也。以此而质于往圣：其曰：“道心之微”，即良知之发也；其曰“惟精惟一”，一此道心，即致知而诚也。“博文”，则知贯乎物而无有不格；“约礼”，则知皆天理而无有不诚。固质之而不谬。以此而证之前贤，“未发之中”，此知之中涵；“即发之和”，此知之贯彻。义而曰“集”，即物无不正；配义与道，即意无不诚。亦参之而不惑。故致知尽性之说，传而习之，及门之徒不能不录。而蒙泉孙公广先生手授之泽，亦自恶可已也。惟《录》名“传习”，则传习之指非曾子独得孔氏之宗者乎？尝观圣门之宗独归曾氏，而曾子称服吾友则惟颜子。二贤之在当时，颜子尝识圣道之高深变化矣，曾子尝亲受大学、孝经之指矣，然所谓传习者，岂在是哉？颜子之学，博我之文，约我之礼，竭吾之才，然后卓见圣道至，虽欲从圣人而求之亦自无由。曾子之学，自察自欺，自求自慊，必慎独知，然后竟以鲁得之至，虽欲媲有若之似圣人，亦不可得传而习之，斯其至矣。然则斯录盛传海内，君子以能演先生良知之训为传习乎？抑自信自知，何者为良，先明乎善，益进于诚，凡功利之溺此良知，夸门之障此良知，意见之害此良知，皆如自治痛养，自致其力，以自有之知，尽自有之性，以此尊其所闻为传习矣乎？呜呼。先生之学，真孔氏秘传，而以先生之道，反身而自得之，如颜、曾之善习者谁也？敢告同志相最善习，庶无负先生传教之意云尔。时嘉靖辛亥夏日，门下后学德清蔡汝楠谨书。

刻传习录序

焦　竑

国朝理学，开于阳明先生。当时法席盛行海内，谈学者无不禀为模楷，至今称有闻者，皆其支裔也。然先生既没，传者浸失其真，或以知解自多而实际未诣，或以放旷自恣而检柙不修，或以良知为未尽而言寂言修，画蛇添足。呜呼，未实致其力而藉为争名挟胜之资者，比比皆是。今《传习录》具在，学者试虚心读之，于今之学者为异为同，居可见矣。此不独征之庶民难于信从，而反于良知必有不自安者。杨侯为翼州夺，修政之暇，思进厥士民于学，而刻是编，以嘉惠之。语云："君子学道则爱人，小人学道则易使也。"自是四方之观者，以爱人验侯，而又以易使验州人，令先生之道大光于信都，而一洗承学者之谬，余之愿也。乃不揆而序以贻之。

重刻王阳明先生传习录序

刘宗周

良知之教，如日中天。昔人谓："天不生仲尼，万古如长夜。"然使三千年而后，不复生先生，又谁与取日虞渊，洗光咸池乎？

盖人皆有是心也，天之所以与我者，本如是。其虚灵不昧，以具众理而应万事，而不能不蔽于物欲之私，学则所以去蔽而已矣。故《大学》首揭"明明德"为复性之本，而其功要之"知止"。又曰："致知在格物。"致知之知，不离本明；格物之至，祗是知止。即本体即工夫。故孟子遂言"良知"云。

孔、孟既殁，心学不传，浸淫而为佛、老、荀、杨之说；虽经程、朱诸大儒讲明教正，不遗余力，而其后复束于训诂，转入支离，往往析心与理而二之；求道愈难，而去道愈远，圣学遂为绝德。于是先生特本程、朱之说，而求之以直接孔、孟之传，曰"致良知"，可谓良工苦心。自此人皆知吾之心即圣人之心，吾心之知则圣人之无不知，而作圣之功初非有加于此心、此知之毫末也。则先生恢复本心之功，岂在孟子道性善后欤？

《传习录》一书，得于门人之所睹记语。语三字，符也。学者亦既家传而户诵之。以迄于今，百有余年，宗风渐替。宗周妄不自揣，窃尝掇拾绪言，日与乡之学先生之道者，群居而讲求之，亦既有年所矣。

裔孙士美，锐志绳武，爰取旧本，稍为订正，而以亲经先生裁定者四卷为《正录》。先生没后，钱洪甫增入一卷为《附录》，重梓之，以惠吾党，且以请于余曰："良知之说，以救宋人之训诂，亦因病立方耳。及其弊也，往往看良知太见成，用良知太活变；高者玄虚，卑者诞妄。其病反甚于训诂，则前辈已开此逗漏。《附录》一卷，僭有删削，如苏、张得良知妙用等语，讵可重令后人见乎？总之，不执方而善用药，期于中病而止，惟吾子有赐言。"余闻其说而韪之，果若所云，即请药之以先生之教。

盖先生所病于宋人者，以其求理于心之外也。故先生言理曰天理，一则曰天理，再则曰存天理而遏人欲，且累言之而不足，实为此篇真骨脉。而后之言良知者，或指理为障，几欲求心于理之外矣。夫既求心于理之外，则见成活变之弊，亦将何所不至乎。夫良知本是见成，而先生自谓"从万死中得来"，何也？亦本是变动不居，而先生云"能戒慎恐惧者"，是又何也？先生盖曰"吾学以存天理而遏人欲"云尔，故又曰"良知即天理"。其于学者直下顶门处，可为深切著明。程伯子曰："吾学虽有所受，然天理二字却是自家体认出来。"至朱子解"至善"，亦云："尽乎天理之极，而无一毫人欲之私者。"先生于此亟首肯。则先生之言，固孔、孟之言，程、朱之言也。而一时株守旧闻者，骤诋之曰"禅"。后人因其禅也，而禅之转借先生立帜。自此大道中分门别户，反成燕越。而至于人禽之几，辄喜混作一团，不容分疏，以为良知中本无一切对待。由其说，将不率天下而禽兽，食人不已。甚矣。先生之不幸也。

斯编出，而吾党之学先生者，当不难晓然自得其心，以求进于圣人之道。果非异端曲学之可几，则道术亦终归于一，而先生之教所谓亘万古而尝新也。遂书之简末，并以告之同志。愧斤斤不脱训诂之见，有负先生苦心，姑藉手为就正有道地云。

重刻传习录序

朱　衡

昔濂溪周子倡独悟之学于天下，当其时乃有疑其所自出者，至于久而后定。宋儒既远，经生牵制文义久矣。阳明先生揭良知之旨，力拯群迷，而四方之人始而骇，继而疑，至呶呶以相訾，先生处群猜众咻之中而不自恤，于是疑信者相半之。夫周子之学，后世所宗，奚独疑于当时之人哉？彼人之情，胶于故而又伐乎异也。无极之极自柳子言之，以其出自柳子而疑之也，固宜。乃若良知之学，根诸孟氏，而《大学》以致知为教，此不可以信哉？先生之学，简易直截，然非径造者所能至。其为教也，神机无方，然要其宗旨，则一言之垂于世者伙矣。而其剖析精明，读之而易入，触之而易从，自谓无意中得此一助者，即今所传传习录是已。晚年揭良知二字，直指本体，使学者自察自融，一切翳蔽之私，莫可遁焉，则《大学问》致知之说悉之。今去先生之世余二纪，读其书者，靡不悦而宗之，私淑之士多于及门之徒，则先生之学，人固翕然信矣。虽然，微言日湮，中行复鲜，士往往以资之所近，见之所及以为学。故有厌物情之纷挠，惩训述之支离，而遗境言心，任识作悟，恣意为率性者。而又或求先生于无不知不能之中，揣靡凑合，自以为道在是矣。嗟乎。心之本体，虚灵变化，至神至易，而范围曲成，通知之道寓乎其中。戒慎恐惧，全此本体，三千三百，悉自此而出之，初无寂感内外可言，而可歧而二之，袭而取之也乎。故昔之学者，古训是式，择准绳而蹈之，然犹有执古而行，行不越轨之士，其究也迂曲而不遁，方今也或是之亡也。昔之人，其学未必是，而其人则可信；今之人，其学未必非，而问其人则不然矣。故曰贤不肖者，道不明之端也。子夏□圣人之一体，乃流之为□□□师□而□□老佛者，非程氏之门人□圣贤之学，何尝弊哉？不由心得其流则然。□□□□有作圣之志，从心悟入，既□□□□□天则，取先生之言而显证焉，可□□□□□言而爽焉。失其故，毅然自任，行著习察，则不失为缘，闻入悟之士，是之曰“躬行心得之学”；而合异坚离，相应相求，使风俗莫不一于正，以助国家元气，则先生之学大明于世，其谁不信之哉？

侍御古林沈君，学先生之学者也。按闽之暇，取《传习录》、《大学问》、《朱子晚年定论》，手订付梓，播诸学宫弟子员。噫。君之嘉惠多士至矣哉。濂溪之学，扩大于程氏，乃有载之而南者，遂开八闽道学之盛，至方以邹、鲁。先生之学，今既南矣，古林□□明而振道之，豪杰林立，夫非昔之闽与。笃信力行，自成自道，引先生之绪，而遂濂洛之源，俾邹、鲁之盛复见于今日，兹非所望于多士者乎？某不敏，媿无以光之，敬书简末，用申告焉。

刻传习全录序

查　铎

昔阳明先生倡明绝学，单提致良知以立教，一时学者狃于旧说，且信且疑，自《传习录》一出，信从者始众。先生自谓无意中得此一助。

今读其书，因病用药，虽人人殊，然简易平寔，直指人心之同然。如布帛粟菽，不离日用，众人皆可以与能而求其至，虽圣人有不能尽者，真圣学正脉也。但世之学者多未知,“知”字下落,又未知“致”字工夫。故以闻见求知者失则浅，以了悟求知者失则难，随事照管者失则离根，缶内寻求者失则厌动。至其学之而不得力，遂疑其说之为虚，而先生之传始失其真矣。铎习闻师友之教有年矣，支离影响，竟无所得，仕楚以来，稍稍收敛精神，默识而体验之，始知所谓良知即此心之觉，所谓致知即此心之常觉也。随人各足，原无欠缺，有感即通，原无等待，虽当昏迷之时，此知自不能息，忽焉有觉，则本体洞然。故此一觉真如大梦之得醒也，如太阳一出魍魉潜消也，如出诸罟获陷阱而登之中庸之坦途也。此人心本然之良，天之所以与我者，本如是也。但不能常觉，则旋入于迷耳。迷觉之间虽微，而圣狂之分，生死之几，寔系于此不可以不慎也。苟能自此一觉而继续之，时时见得有过可改，有善可迁，彻底扫荡以收廓清之功，不徒旋觉而旋迷，是谓缉熙□□，是谓致知之实功也。间以是语诸同志，无不跃然而兴起者，以是益信良知之同然，而圣学之正脉在是也。醴陵曾学博，盖尝实致其知而有得者，余奉委过星沙，得与尽论，又见一时从者，皆知所向□，盖真处感人自不同也。因共议□赀，刻《传习全录》于学，以为致知之一助。刻既成，索余言以叙诸首。

读传习录有言

唐尧臣

阳明先生之学，得徐曰仁而后同志之习始专，得钱洪甫、王汝中而后先生之传愈益不匮，格物致知之论，百世以俟圣人而不惑者也。补亡于误本，胶固于成心，功利于科目之资，门墙之内，且有疑而未信者，况其他乎？曰仁首编是录，开厥来人，于是朋至斯孚，而良知之说达之天下无间也。不然，管斑改睫，瓦缶盈聪，入闻而乐，出见而悦者，世岂无人哉？故曰:“得徐曰仁而后同志之习始专。”先生没，距今三十年，有志之士闻风而兴起焉者相踵也。然岂无因歧泣路，舍辙寻途，索肖于言行气象之似者乎？而良知宗旨几谢前人矣。洪甫、汝中力赞而允，终之归守天真，瞻依俎豆，于是后进之士，日信日真，而贞明不眩。不然，河上谈玄，漆园说梦，起斯作用，陆、郑名家，不必求之异代也。故曰：“得钱洪甫、王汝中而后先生之传愈益不匮。”虽然，先生之教，录可得而载也，其所以为教，录不可得而载也。信以不言，成之默契，传必求其可习，习不失其所传，存乎人焉耳。噫。微斯人，吾谁与归？嘉靖三十有七年戊午人日，门人南昌唐尧臣顿首百拜，谨书于天真书院之云泉楼。

王阳明先生传习录集评序

孙　锵

古之立德、立功、立言于天下者，是谓三不朽，然求其能兼是三者，其惟我姚江王先生乎。先生经济文章，震铄今古，无不本学问而出，故其言学之书，莫粹于《传习录》。是录刻于其门人徐爱、钱德洪、南大吉辈，今皆无传本单行。近世湖南有《全集》本，浙江有《全书》本，若江南制造局本，则由黔本翻出，而上海明明学社、成都文伦书局，又从制造局本翻印，皆所谓《集要三种》本也。顾《集要》本，选自余姚施忠愍公邦曜，其中王嘉秀、梁日孚、冀惟乾三条，皆错简相沿，久未更正。成都国学研究会刻有单行《传习录》，虽前三条不误，而讹别尚多。近于申江购得江汉书院旧刻本，尚称完善。鄞县张咏霓君，以《集要》本可以此正误也，遂怂恿付印。余又将余姚施公邦曜、山阴刘公宗周、容城孙公奇逢、余姚黄公宗羲、浏阳陶公浔霍，以及近人新会梁启超君等各家总评散评，汇录书内，虽详略不同，其足为是书启发一也。

昔孟子有曰："上无礼，下无学；贼民兴，丧无日矣。"夫礼乐由政府出，非人民所敢议；若学也者，固古之人所谓化民成俗，其必由是焉者也。然以下之无学，故而即有贼民之兴，即有丧亡之惨，则可见救亡之必以学也明矣。窃维古来言学之书，其为深切著明、易知易从者，循其本，惟《大学》、《中庸》；救其末，则王子《传习录》其尤要也。《录》之言"致良知"也，言"知行合一"也，言"必有事而勿忘勿助"也，亦惟曰"慎独"，曰"戒慎恐惧"而已矣。自维桑海余生，分当蜷伏牖下，独念顾亭林氏有"天下兴亡，匹夫与责"之语，用是昕夕冰兢，不自暇逸，亲与抄纂，校付手民，亦欲俾天下学子，分科学之力，致力于此，他日处为纯儒，出为循吏，其于世人所希冀愿望于国利民福者，不将有大慰之一日矣乎。中华民国三年甲寅夏至日，后学奉化孙锵玉叟甫识于甬上君子营之旅遁轩。

再版传习录集评序

孙 锵

去年余校印王阳明先生《传习录集评》，其本文惟据武昌江汉书院藏版，刷印未久，颇已风行海内矣。旋由日本留学界寄来云井龙雄氏之《传习录》手抄本，观所采用，有井上氏、吉村氏、三轮氏、高濑氏诸说，始知日本王学之盛胜我中华远甚。至今年岁初，有事东渡，得游其京都图书馆，检阅存目，有《日本阳明学派之哲学》，则井上哲次郎著也；《阳明学真髓》，则春日升一郎也；《王阳明人物养成谈》，则木村鹰次郎也；《精神教育阳明学阶梯》，则高濑武次郎也；《阳明学一种》，则吉本襄也；《王学提纲》，则吉村晋也；《传习录写本》，则三轮执斋也。余于是就图书馆之目，求之其书肆，除井上、春日、高濑诸书各有购获外，又购有三轮希贤之《传习录标注》、佐藤坦之《传习录栏外书》、东敬治之《传习录讲义》与《阳明学要义》，又有三宅雄二郎与亘理章三郎之《王阳明书》，又宫内默藏之《王学指南》、高濑武次郎之《阳明学新论》与《日本之阳明学》，凡一十二种，其所谓《养成谈》、《王学阶梯》及《王阳明活眼》等目，则未见者尚多也。六月暑假，余第三子河环归自神户商校，又购有高濑氏新著之《王阳明详传》。呜呼美哉。何日本王学之盛有如此欤。人徒见海东三岛数十年来，骤跻于欧美诸大国之列，以为其富且强焉若是，而不知其得力于阳明学者，乃直认而不讳，且《祥传》初版在今岁大正四年六月，则日本之王学固方兴而未艾也。

夫阳明先生，吾浙之先儒也，其所提倡学说，吾国孔孟以来相传之学说也，非如各种新科学，必移译东西洋各国新书，始能输进文明者。比而中国顾积弱不振，况而愈下，未见有崇拜阳明，如日本西乡隆盛者，抑又何也？盖自有明亡国，归狱东林，清初诸儒兢以排斥王学为正派，遂使通国举子讳言王学，甚可惜也。中国通使日本已四五十年，唐宋古本多所采辑，加古逸丛书诸刻，而于日本之王学，未见有归饷国人，以为国家根本之计者，则爱国心之薄弱亦可见矣。虽新会梁氏著有《节本明儒学案》及《德育鉴》一书，亦日因其为国事逋亡，而惧购其书，则清国之亡也忽焉，亦固其宜耳。吾观日本所出之《传习录》，前后卷帙，大都循用旧本次第，且多所考证以征其实。故今亦不用江汉书院之本，仍分上中下三卷，而末卷之附录亦各择要采辑年谱，今并补入，则《明儒学案》之略传亦不复赘焉。世有维持国运、保存国粹之君子，将无于此而加之意耶？中华民国四年腊八前五日，后学奉化孙锵书于杭垣南屏重建两浙节孝总祠事务所中。

怀玉书院重刻朱子晚年定论引

钱德洪

嘉靖戊午冬，怀玉书院工告成。广信知府鉴塘周君俶建议饬工，延师瞻士，百虑同集故土，乐有宁宇，以安其学。既将入观，以其事属其僚黄君纹。已而考绩以最闻，擢云南按察副使。鉴塘寓书黄君曰："吾将远别，不得视诸生成，所贻俸余若干，为我置书于局，使院生日亲先哲，犹吾教也。"时中庵读《朱子晚年定论》有感，谋诸斤石吕子曰："书院复朱子草堂之旧，书生登朱子堂，瞻朱子稟饩，进之以朱子之学，可乎？”夫诸生所诵读朱子者，中年未定之说也，生登朱子堂，瞻朱子稟饩，进之以朱子之学，可乎？”夫诸生所诵读朱子者，中年未定之说也，而不知其晚年之悟之精且彻也。予昔闻知行之说，自谓入道次第，进无疑矣。今读《定论》，宁知致知者，致吾心本然之知。其与守书册、泥言语、讨论制度、较计权术，意趣工夫迥然不同也。昔闻存省之说，自谓动静交修，功无间矣。今读《定论》，宁知本然之知，随触发，无少停息，即寂之中感在寂，即感之中寂在感耶。夫学莫先于识性之真，而功莫切于顺性之动。知不求于口耳影响，而求诸吾心之本然，是得性之真矣。静而常觉，动而常止，譬之四时，日月流而不息，不见造化声臭之形，是显微无间，顺性之动而无违也。斯朱子《定论》发吾道之微几，楬造圣之规范也。以是而进诸生，亦足以慰鉴塘之教乎。斤石子曰：富哉。善推鉴塘公之心也。朱子晚年病目静坐，洞悟性真，昔其门人无有受其意而昌其说者。今得阳明先生，而朱子之学复显明于天下。以是而授诸生，则鉴塘之心匪徒足以淑院生，将达之天下后世无穷矣，不亦善乎。于是黄君命上饶丞章子经，纠工锓梓，置板院局，以惠诸士，乞洪书其事。洪尝增刻《定论》于南畿，因兹请，乃复为引其端云。嘉靖己未夏仲端阳日，后学余姚钱德洪书。

增刻朱子晚年定论序

钱德洪

适道者如京师然。所入之路虽不能无迟速之殊，然能终期于必到者，定志于先也。苟无定志，中道气衰，怠且止矣，乌能望其必至耶？洪业举子时，从事晦翁先生之学，自谓入圣涂彻，必在是矣。及叩师门，恍若有悟，始知圣人之道，坦夷直截，人人易由。乃疑朱子之说契悟未尽，辄生忽易之心焉。二十余年，岁月既去，毛发更矣，而故吾如昨，始歉然知惧。遭历罪狱，动忍忧惕，始于师门指受，日见亲切。复取晦翁之书读之，乃知其平时所入不无意见之偏，但其心以必造圣人为志，虽千回百折，不敢怠止。稽其实，其立朝也，以开悟君心为切；其莅政也，以民受实惠为功；其接引后学也，惟恐不得同跻圣域为惧。及其晚年病目，静坐有得，则尽悔平时注述，误己误人，与其门人，务求勇革，勿避讥笑，且使遍告同志，其胸中磊荦，真如日月之丽天，其过其更，人人得而仰睹。噫，若是而可以忽易观之哉。宜其推重于当时，传信于后世。是信之者，非徒信其言也，信其人之有徵也。但世之信先生者，皆有求为圣人之志矣乎？其格物穷理之说，似有近吾词章记诵之习，而注疏章句之便，又足以安其进取利禄之心。遂执其中年未定之说，号于人曰：吾能忠于朱门也云云。若是而欲立朱子之门墙，麾斥且不暇矣，而况欲为其效忠耶？苟有出是者，亦不过孰其持敬力行之说，以为矜名竞节之规，亦未闻有终疑其所入而得其悔者，是亦未有必为圣人之志，安于一善止也，又乌足以为深信朱子耶？《朱子晚年定论》，吾师当有手录，传刻于世久矣。史生致詹读之，若有契焉，欲翻刻以广惠同学。洪为增刻，得二卷焉。盖吾师取其晚年之悔，以自徵其学不畔于朱说。洪则取其悟后之言，徵朱子之学不畔于圣人也。使吾党之疑朱子者，勿以意见所得，辄怀忽易之心；信朱子者，毋安于其所悔，以必求其所情，庶不畔于圣人，是谓真信朱子也已。嘉靖壬子夏五月。后学余姚钱德洪撰。

阳明先生文录序

邹守益

钱子德洪刻先师《文录》于姑苏，自述其裒次之意：以纯于讲学明道者为《正录》，曰明其志也；以诗赋及酬应者为《外集》，曰尽其全也；以奏疏及文移为《别录》，曰究其施也。于是先师之言灿然聚矣。以守益与闻绪言之教也，寓简使序之。守益拜手而言曰：

知言诚未易哉。昔者孔夫子之在春秋也，从游者三千，速肖者七十矣，而犹有莫我知之叹，叹夫以言语求之而眩其真也。夫子既没，门弟子欲以所事夫子者事有子。夷考其取于有子，亦曰甚矣，其言之似夫子也。则下学上达之功，其著且察者鲜矣。推尊之词，要亦足以及之。贤于尧、舜。尧、舜未易贤也。走兽之于麟，飞鸟之于凤，虽勉而企之，其道无繇。不几于绝德乎？礼乐之等，最为近之。然犹自闻见而求，终不若秋阳江、汉，直悟本体，为简易而切实也。盖在圣门，惟不迁怒不贰过之颜，语之而不惰；其次则忠恕之曾，足以任重而道远。故再传而以祖述宪章。譬诸天地四时三传，而以仕止久速之时比诸大成，比诸巧力，宛然江汉秋阳家法也。秦、汉以来，专以训诂，杂以佛、老，侈以词章，而皜皜肫肫之学，淆杂偏陂而莫或救之。逮于濂、洛，始粹然克续其传。论圣之可学，则以一者无欲为要，答定性之功，则以大公顺应，学天地圣人之常。嗟乎。是岂尝试而悬断之者乎？其后剖析愈精，考拟愈繁，著述愈富，而支离愈甚，间有觉其非而欲挽焉，则又未能尽追窠臼而洗濯之。至我阳明先生慨然深探其统，历艰履险，磨瑕去垢，独揭良知。力拯群迷，犯天下之谤而不自恤也。有志之士，稍稍如梦而觉，溯濂、洛以达洙、泗，非先师之功乎？以益之不类，再见于虔，再别于南昌，三至于会稽，窃窥先师之道愈简易，愈广大，愈切实，愈高明，望望然而莫知其所止也。当时有称先师者曰："古之名世，或以文章，或以政事，或以气节，或以勋烈，而公克兼之。独除却讲学一节，即全人矣。"先师笑曰："某愿从事讲学一节，尽除却四者，亦无愧全人。"又有訾讪之者。先师曰："古之狂者，嘐嘐圣人而行不掩，世所谓败阙也，而圣门以列中行之次。忠信廉洁，刺之无可刺，世所谓完全也，而圣门以为德之贼。某愿为狂以进取，不愿为愿以媚世。"呜呼。今之不知公者，果疑其为狂乎？其知公者，果能尽除四者而信其为全人乎？良知之明，烝民所同，本自皜皜，本自肫肫，常寂，常感，常神，常化，常虚，常直，常大公，常顺应，患在自私用智之欲所障，始有所尚，始有所倚；不倚不尚，本体呈露，宣之为文章，措之为政事，犯颜敢谏为气节，诛乱讨贼为勋烈：是四者皆一之流行也。学出于一，则以言求心矣；学出于二，则以言求言矣。守益方病于二之而未瘳也，故反覆以质于吾党。吾党欲求知言之要，其惟自致其良知乎？

嘉靖丙申春三月。

阳明先生文录序

钱德洪

古之立教有三：有意教，有政教，有言教。太上之世，民涵真性，嗜欲未涉，圣人者特相示以意已矣，若伏羲陈奇偶以指象是也。而民遂各以意会，不逆于心，群物以游，熙如也：是之谓意教。中古之民，风气渐开，示之以意若病不足矣。圣人者出，则为之经制立法，使之自厚其生，自利其用，自正其德，而民亦相忘于政化之中，各足其愿，日入于善，而不知谁之所使：是以政教之也。自后圣王不作，皇度不张，民失所趋，俗非其习，而圣人之意日湮以晦，怀世道者忧之，而处非其任，则哓哓以空言觉天下：是故始有以言教也。

噫。立敬而至于以言则难矣。昔者孔子之在春秋也，其所与世谆谆者皆性所同也。然于习俗所趋无征焉，乃哄起而异之曰："是将夺吾之所习，而蹶吾之所趋也。"或有非笑而诋訾之者。三千之徒，其庶几能自拔于流俗，不与众非笑诋訾之者乎？然而天下之大也，其能自拔于俗，不与众非笑诋訾者，仅三千人焉，岂非空言动众，终不若躬见于政事之为易也？夫三千之中称好学者，颜氏之外又无多闻焉。岂速肖之士知自拔于俗矣，尚未能尽脱乎俗习耶？一洗俗习之陋，直超自性之真，而尽得圣人千古不尽之意者，岂颜氏之所独耶？然而三千之徒，其于夫子之言也，犹面授也。秦火而后，掇拾于汉儒者多似是而失真矣。后之儒者复以己见臆说，尽取其言而支离决裂之。噫。诚面授也，尚未免于俗习焉，并取其言而乱之，则后之怀世道者，复将何恃以自植于世耶？

吾师阳明先生蚤有志于圣人之道，求之俗习而无取也，求之世儒之学而无得也，乃一洗俗习之陋、世儒之说，而自证以吾之心焉，殚思力践，竭精瘁志，卒乃豁然有见于良知，而千古圣人不尽之意复得以大明于世。噫。亦难矣。世之闻吾先生之言者，其皆肯自拔于流俗，不与众非笑诋訾之乎？其皆肯一洗俗习之陋、世儒之说，而独证以吾之心乎？夫非笑诋訾，在孔子犹不免焉，于当世乎奚病？

特病其未之或闻焉耳。如其有闻也，则知先生之所言者非先生之言也，吾之心也。吾心之知不以太上而古，不以当世而今，不待示而得，不依政而行，俗习所不能湮，异说所不能淆：特在乎有超世特立之志，自证而自得之耳。有超世特立之志者而一触其知，真如去目之尘沙以还光也，拔耳之木楔以还聪也，解支体之束缚以自舒也，去污秽而就高明，撤蔽障而合大同，以复中古之政，超太上之意，亦已矣，又奚以俗习之陋、世儒之说为哉？

先生之言，世之信从者日众矣。特其文字之行于世者，或杂夫少年未定之论。愚惧后之乱先生之学者，即自先生之言始也，乃取其少年未定之论，尽删而去之；详披缔阅，参酌众见，得至一之言五卷焉。其余或发之题咏，或见之政事者，则厘为《外集》、《别录》；复以日月前后顺而次之，庶几知道者读之，其知有所取乎？虽然，是录先生之言也，特入珍藏之扃钥也。珍藏不守，乃屑屑焉扃钥之是竞，岂非舍其所重而自任其所轻耶？兹不能无愧于是录之成云尔。

重刻阳明先生文录后语

王　畿

道必待言而传，夫子尝以无言为警矣。言者，所由以入于道之诠，凡待言而传者，皆下学也。学者之于言也，犹之暗者之于烛，跛者之于杖也。有触发之义焉，有栽培之义焉，而其机则存乎心悟。不得于心而泥于言，非善于学者也。我阳明先师倡明圣学，以良知之说觉天下，天下靡然从之：是虽入道之玄诠，亦下学事，载诸录者详矣。吾党之从事于师说也，其未得之，果能有所触发否乎？其得之也，果能有所栽培否乎？其得而玩之也，果能有所印正否乎？得也者，非得之于言，得之于心也；契之于心，忘乎言者也，犹之烛之资乎明，杖之辅乎行，其机则存乎目与足，非外物所得而与也。若夫玩而忘之，从容默识无所待而自中乎道。斯则无言之旨，上达之机，固吾梅林公重刻是录，相与嘉惠而申警之意也。不然，则圣学亡而先师之意荒矣。吾党勗诸。

阳明先生文录续编序

徐　阶

余姚钱子洪甫既刻《阳明先生文录》以传，又求诸四方，得先生所著《大学或问》、《五经臆说》、序、记、书、疏等若干卷，题曰《文录续编》，而属嘉兴守六安徐侯以正刻之。刻成，侯谋于洪甫及王子汝中，遣郡博张编、海宁诸生董启予问序于阶。阶曰：

先生之文，非浅薄所敢序也。虽然，阶尝从洪甫、汝中窃闻先生之学矣。夫学，非独倡始难也，其传而不失其宗，盖亦不易焉。自孔子没，《大学》格致之旨晦。其在俗儒，率外心以求知，终其身汩溺于见闻记诵；而高明之士，又率慕径约，贵自然，沦入于二氏而不自觉。先生崛起千载之后，毅然以谓致知者致吾心之良知也。吾心之良知，不待虑而知，不待学而能，是乃天命之性，吾心灵昭明觉之本体也。惟不自欺其良知，斯知致而意可诚矣。格者，正也。正其不正以归于正也。物者，事也。事各归于正，而吾良知之所知始无亏缺障蔽，得以极其致矣。举知而归诸良，举致知而归诸正物，盖先生之学不汩于俗，亦不入于空如此。于时闻者幸知口耳之可耻，然其辟之或激于太过，幸有见夫心体之当求，然其拟之或涉于太轻：于是超顿之说兴，至举践履之实，积累之功，尽诋以为不足务。脱于俗，顾转而趋于空，则先生之学有不待夫传之既久，乃始失其宗者，兹岂非学先生者之所忧乎？洪甫辑为是编，其志固将以救之。其自序曰："言近而旨远，此吾师中行之证也。"又曰："吾师之教平易切实，而圣智神化之机，固已跃然，不必更为别说。"洪甫之于师传，其阐明翼卫，视先生之于孔氏，有功等矣。夫三代以前，学与政合而出于一，虞廷之命官，与其所陈之《谟》，皆"精一执中"之运用也。故曰三代之治本于道，三代之道本于心。而后世论学，既指夫俗与空者当之，其论政又指夫期会簿书当之，谬迷日甚而未已也。徐侯方从事于政，独能聚诸生以讲先生之学，汲汲焉刻是编以诏之，其异于世之为者欤？使凡领郡者皆徐侯其人，先生之学明而洪甫之忧可释也。阶生晚，不及登先生之门。然昔孟子自谓于孔子为私淑，至其自任闲先王之道以承孔子，则虽见目为好辩而不辞。故辄以侯请，僭为之序。呜呼。观者其尚亮阶之志也夫。

刻文录叙说

钱德洪

德洪曰：嘉靖丁亥四月，时邹谦之谪广德，以所录先生文稿请刻。先生止之曰："不可。吾党学问，幸得头脑，须鞭辟近里，务求实得，一切繁文靡好。传之恐眩人耳目，不录可也。"谦之复请不已。先生乃取近稿三之一，标揭年月，命德洪编次；复遗书曰："所录以年月为次，不复分别体类者，盖专以讲学明道为事，不在文辞体制间也。”明日，德洪掇拾所遗复请刻。先生曰：“此爱惜文辞之心也。昔者孔子删述《六经》，若以文辞为心，如唐、虞、三代，自《典》、《谟》而下，岂止数篇？正惟一以明道为志，故所述可以垂教万世。吾党志在明道，复以爱惜文字为心，便不可入尧、舜之道矣。”德洪复请不已。乃许数篇，次为《附录》，以遗谦之，今之广德板是也。

先生读《文录》，谓学者曰：“此编以年月为次，使后世学者，知吾所学前后进诣不同。”又曰：“某此意思赖诸贤信而不疑，须口口相传，广布同志，庶几不坠。若笔之于书，乃是异日事，必不得已，然后为此耳。”又曰：“讲学须得与人人面授，然后得其所疑，时其浅深而语之。才涉纸笔，便十不能尽一二。”戊子年冬，先生时在两广谢病归，将下庾岭。德洪与王汝中闻之，乃自钱塘趋迎。至龙游闻讣，遂趋广信，讣告同门，约每越三年遣人裒录遗言。明日又进贵溪，扶丧还玉山。至草萍驿，戒记书箧，故诸稿幸免散逸。自后同门各以所录见遗，既七年，壬辰，德洪居吴，始较定篇类。复为《购遗文》一疏，遣安成王生自闽、粤由洪都入岭表，抵苍梧，取道荆、湘，还自金陵，又获所未备；然后谋诸提学侍御闻人邦正，入梓以行。文录之有《外集》、《别录》，遵《附录》例也。

先生之学凡三变，其为教也亦三变：少之时，驰骋于辞章；已而出入二氏；继乃居夷处困，豁然有得于圣贤之旨：是三变而至道也。居贵阳时，首与学者为“知行合一”之说；自滁阳后，多教学者静坐；江右以来，始单提“致良知”三字，直指本体，令学者言下有悟：是教亦三变也。读文录者当自知之。先生尝曰：“吾始居龙场，乡民言语不通，所可与言者乃中土亡命之流耳；与之言知行之说，莫不忻忻有人。久之，并夷人亦翕然相向。及出与士夫言，则纷纷同异，反多扞格不入，何也？意见先人也。”德洪自辛巳冬始见先生于姚，再见于越，于先生教若恍恍可即，然未得入头处。同门先辈有指以静坐者。遂觅光相僧房，闭门凝神净虑。倏见此心真体，如出蔀屋而睹天日，始知平时一切作用，皆非天则自然。习心浮思，炯炯自照，毫发不容住著。喜驰以告。先生曰：“吾昔居滁时，见学者徒为口耳同异之辩，无益于得，且教之静坐。一时学者亦若有悟；但久之渐有喜静厌动流入枯槁之病。故迩来只指破致良知工夫。学者真见得良知本体昭明洞彻，是是非非莫非天则，不论有事无事，精察克治，俱归一路，方是格致实功，不落却一边。故较来无出致良知话头，无病何也？良知原无间动静也。”德洪既自喜学得所入，又承点破病痛，退自省究，渐觉得力。“良知”之说发于正德辛巳年。盖先生再罹宁藩之变，张、许之难，而学又一番证透，故正录书凡三卷，第二卷断自辛巳者，志始也。“格致”之辩莫详于《答顾华玉》一书，而“拔本塞源”之论，写出千古同体万物之旨，与末世俗习相沿之弊。百世以俟，读之当为一快。

先生尝曰：“吾‘良知’二字，自龙场已后，便已不出此意，只是点此二字不出，于学者言，费却多少辞说。今幸见出此意，一语之下，洞见全体，真是痛快，不觉手舞足蹈。学者闻之，亦省却多少寻讨功夫。学问头脑，至此已是说得十分下落，但恐学者不肯真下承当耳。”又曰：“某于‘良知’之说，从百死千难中得来，非是容易见得到此。此本是学者究竟话头，可惜此体沦埋已久。学者苦于闻见障蔽，无入头处。不得已与人一口说尽。但恐学者得之容易，只把作一种光景玩弄，孤负此知耳。”

甲申年，先生居越。中秋月白如洗，乃燕集群弟子于天泉桥上。

时在侍者百十人。酒半行，先生命歌诗。诸弟子比音而作，翕然如协金石。少间，能琴者理丝，善箫者吹竹，或投壶聚算，或鼓棹而歌，远近相答。先生顾而乐之，遂即席赋诗，有曰“铿然舍瑟春风里，点也虽狂得我情”之句。既而曰：“昔孔门求中行之士不可得，苟求其次，其惟狂者乎？狂者志存古人，一切声利纷华之染，无所累其衷，真有凤皇翔依千仞气象。得是人而裁之，使之克念日就平易切实，则去道不远矣。予自鸿胪以前，学者用功尚多拘局；自吾揭示良知头脑，渐觉见得此意者多，可与裁矣。”

先生自辛巳年初归越，明年居考丧，德洪辈侍者踪迹尚寥落。既后，四方来者日众，癸未已后，环先生之室而居，如天妃、光相、能仁诸僧舍，每一室常合食者数十人，夜无卧所，更番就席，歌声彻昏旦。南镇、禹穴、阳明洞诸山远近古刹，徒足所到，无非同志游寓之地。先生每临席，诸生前后左右环坐而听，常不下数百人；送往迎来，月无虚日，至有在侍更岁，不能遍记其姓字者。诸生每听讲，出门未尝不踊跃称快，以昧入者以明出，以疑入者以悟出，以忧愤愊忆入者以融释脱落出，呜呼休哉。不图讲学之至于斯也。尝闻之同门，南都以前，从游者虽众，未有如在越之盛者。虽讲学日久，孚信渐博，要亦先生之学益进，感召之机亦自不同也。今观《文录》前后论议，大略亦可想见。

先生尝语学者曰：“作文字亦无妨工夫。如诗言志，只看尔意向如何，意得处自不能不发之于言，但不必在词语上驰骋，言不可以伪为。且如不见道之人，一片粗鄙心，安能说出和平话？总然都做得，后一两句露出病痛，便觉破此文原非充养得来。若养得此心中和，则其言自别。”

门人有欲汲汲立言者。先生闻之叹曰：“此弊溺人，其来非一日矣。不求自信而急于人知，正所谓以己昏昏，使人昭昭也。耻其名之无闻于世，而不知知道者视之，反自贻笑耳。宋之儒者，其制行磊荦，本足以取信于人，故其言虽未尽，人亦崇信之，非专以空言动人也。但一言之误，至于误人无穷，不可胜救，亦岂非汲汲于立言者之过耶？”

或问先生所答示门人书稿，删取归并，作数篇训语以示将来，如何？先生曰：“有此意。但今学问自觉所进未止，且终日应酬无暇。他日结庐山中，得如诸贤有笔力者，聚会一处商议，将圣人至紧要之语发挥作一书，然后取零碎文字都烧了，免致累人。”德洪事先生，在越七年，自归省外，无日不侍左右。有所省豁，每得于语默作止之间。或闻时讪议，有动于衷，则益自奋励以自植，有疑义即进见请质。故乐于面炙，一切文辞，俱不收录。每见文稿出示，比之侍坐时精神鼓舞，歉然常见不足。以是知古人“书不尽言，言不尽意”，非欺我也。不幸先生既没，謦欬无闻，仪刑日远，每思印证，茫无可即。然后取遗稿次第读之，凡所欲言而不能者，先生皆为我先发之矣。虽其言之不能尽意，引而不发，跃如也。由是自滁以后文字，虽片纸只字不敢遗弃。四海之远，百世之下，有同此怀者乎？苟取正录，顺其日月以读之，不以言求，而惟以神会，必有沛然江河之决，莫之能御者矣。

《别录》成，同门有病其太繁者。德洪曰：“若以文字之心观之，其所取不过数篇。若以先生之学见诸行事之实，则虽琐屑细务，皆精神心术所寓，经时赞化以成天下之事业。千百年来儒者有用之学，于此亦可见其梗概，又何病其太繁乎？”

昔门人有读《安边八策》者。先生曰："是疏所陈亦有可用。但当时学问未透，中心激忿抗厉之气。若此气未除，欲与天下共事，恐事未必有济。"

陈惟浚曰："昔武宗南巡，先生在虔，奸贼在君侧，间有以疑谤危先生者，声息日至，诸司文帖，络绎不绝，请先生即下洪，勿处用兵之地，以坚奸人之疑。先生闻之，泰然不动。门人乘间言之，先生姑应之曰：'吾将往矣。'一日，惟浚亦以问。先生曰：'吾在省时，权竖如许势焰疑谤，祸在目前，吾亦帖然处之。此何足忧？吾已解兵谢事乞去，只与朋友讲学论道，教童生习礼歌诗，乌足为疑。纵有祸患，亦畏避不得。雷要打，便随他打来，何故忧惧？吾所以不轻动，亦有深虑焉尔。'又一人使一友亦告急。先生曰：'此人惜哉不知学，公辈曷不与之讲学乎？'是友亦释然，谓人曰：'明翁真有赤舄几几气象。'愚谓《别录》所载，不过先生政事之迹耳。其遭时危谤，祸患莫测，先生处之泰然，不动声色，而又能出危去险，坐收成功。其致知格物之学至是，岂意见拟议所能及。"是皆《别录》所未及详者。洪感惟浚之言，故表出之，以为读《别录》者相发。

《复闻人邦正书》，裒刊《文教》，诸同门聚议不同久矣。有曰："先生之道无精粗，随所发言，莫非至教，故集文不必择其可否，概以年月体类为次，使观者随其所取而获焉。"此久庵诸公之言也。又以"先生言虽无间于精粗，而终身命意，惟以提揭人心为要，故凡不切讲学明道者，不录可也"。此东廓诸公之言也。二说相持，罔知裁定。去年广回舟中，反覆思惟，不肖鄙意窃若有附于东廓子者。夫传言者不贵乎尽其博，而贵乎得其意。得其意，虽一言之约，足以入道；不得其意，而徒示其博，则泛滥失真，匪徒无益，是眩之也。且文别体类，非古也，其后世侈词章之心乎？当今天下士方驰骛于辞章，先生少年亦尝没溺于是矣，卒乃自悔，惕然有志于身心之学；学未归一，出入于二氏者又几年矣，卒乃自悔，省然独得于圣贤之旨；反覆世故，更历险阻，百炼千磨，斑瑕尽去，而辉光焕发，超然有悟于良知之说。自辛巳年已后，而先生教益归于约矣。故凡在门墙者，不烦辞说而指见本体，真如日月之丽天，大地山河，万象森列，阴崖鬼魅，皆化而为精光；断蹊曲径，皆坦而为大道。虽至愚不肖，一触此体真知，皆可为尧、舜，考三王，建天地，质鬼神，俟百世，断断乎知其不可易也。有所不行者，特患不加致之之功耳。今传言者不揭其独得之旨，而尚吝情于悔前之遗，未透之说，而混焉以夸博，是爱其毛而不属其里也，不既多乎？既又思之：凡物之珍赏于时者，久而不废，况文章乎？先生之文，既以传诵于时，欲不尽录，不可得也。自今尚能次其月日，善读者犹可以验其悔悟之渐。后恐迷其岁月，而概以文字取之混入焉，则并今日之意失之矣。久庵之虑，殆或以是与？不得已，乃两是而俱存之。故以文之纯于讲学明道者裒为《正录》，余则别为《外集》，而总题曰《文录》。疏奏批驳之文，则又厘为一书，名曰《别录》。夫始之以《正录》，明其志也；继之以《外集》，尽其博也；终之以《别录》，究其施也：而文稽其类以从，时也。识道者读之，庶几知所取乎？此又不肖者之意也。问难辩诘，莫详于书，故《正录》首书，次记，次序，次说，而以杂著终焉。讽咏规切，莫善于诗赋，故《外集》首赋，次诗，次记，次序，次说，次杂著，而传志终焉。《别录》则卷以事类，篇以题别，先奏疏而后公移。刻既成，惧读者之病于未察也，敢敬述以求正。

乙未年正月。

阳明文录跋

程文德

阳明先生文录，旧尝梓行，然多为缪，间编帙有错置者。欧阳子崇一厘正之，大学生兴与吴子堂盖慕先生而私淑焉者，欣然请复梓焉。既事，同志者以告某："其识末简。"某作而叹曰：夫世之读斯录者，以文焉而已乎？先生之不可传者，文弗与也。弗以文焉而已乎？先生之文也，以载道也，夫可载者存乎言，而不可传者存乎意，故曰"言不尽意"也。玩其辞、通其意焉，斯可矣。嗟乎。圣学久湮，良知不泯，支离蔽撤，易简功成，是先生之意也，而世以为疑于禅。明德亲民，无外无内，皇皇乎与人为善，忘毁誉齐得丧者，是先生之意也。而或以为诡于俗世未平治时，予之辜惟此学之故。将以上沃圣明，而登之熙皞皞焉，是先生之意也，而天弗假之以年。嗟乎。嗟乎。斯道之不明不行也，岂细故哉？先生往矣，道无存亡，吾党其共勖焉。若曰曹鼎而足，望洋而惧，矫俗以相矜，剽端而殖誉，殆非先生意矣。殆非先生意矣。虽然，先生之意，先生不能尽之，而吾能言之耶？故曰：读斯录者，通其意焉而已矣。

王文成公集序

黄道周

有圣人之才者，未必当圣人之任；当圣人之任者，未必成圣人之功。伊尹殁而知觉之任衰；逃清者入和，逃和者入愿，至于愿而荒矣。周公救之以才，仲尼救之以学。其时犹未有佛、老禅悟之事，辞章训诂之习，推源致澜，实易为功。而二圣人者竭力为之，或与鸟兽争胜于一时，或与乱贼明辟于百世。其为之若是其难也。

明兴而有王文成者出。文成出而明绝学，排俗说，平乱贼，驱鸟兽；大者岁月，小者顷刻，笔致手脱，天地廓然。若仁者之无敌，自伊尹以来，乘昌运，奏显绩，未有盛于文成者也。

孟轲崎岖战国之间，祖述周、孔，旁及夷、惠，至于伊尹。祇诵其言曰："天之生斯民也，使先知觉后知，使先觉觉后觉也。予，天民之先觉者也，予将以斯道觉斯民也。"变学为觉，实从此始，而元圣之称，亦当世烂焉。仲尼独且退然，让不敢居。一则曰："先觉者，是贤乎？"再则曰："我非生而知之也。"夫使仲尼以觉知自任，辙弊途穷，亦不能辍弦歌，蹑赤舄，以成纳沟之务，必不得已，自附于斯文，仰托于后死。曰："吾之志事，在斯而已。"今其文章俱在，性道已著，删定大业，无所复施；虽以孟轲之才，不过推明其说，稍为宣畅，无复发挥，裨益其下，则天下古今著述之故，概可知也。

孟轲而后可二千年，有陆文安。文安原本孟子，别白义利，震悚一时。其立教以易简觉悟为主，亦有耕莘遗意。然当其时，南宗盛行，单传直授，遍于严谷；当世所藉，意非为此也。

善哉。施四明先生之言曰:“天下病虚,救之以实;天下病实,救之以虚。”晦庵当五季之后,禅喜繁兴,豪杰皆溺于异说,故宗程氏之学,穷理居敬,以使人知所持循。文成当宋人之后,辞章训诂,汨没人心,虽贤者犹安于帖括,故明陆氏之学,易简觉悟,以使人知所返本。虽然,晦庵学孔,才不及孔,以止于程;故其文章经济,亦不能逾程,以至于孔。文成学孟,才与孟等,而进于伊;故其德业事功,皆近于伊,而进于孟。

夫自孔、颜授受,至宋明道之间,主臣明圣,人才辈生,盖二千年矣。又五百年而文成始出。陆文安不值其时,虽修伊尹之志,负孟氏之学,而树建邈然,无复足称。今读四明先生所为《集要》三部,反覆于理学经济文章之际,喟然兴叹于伊、孟、朱、陆相距之远也。子曰才难,不其然乎?

崇祯乙亥岁秋七月,漳海治民黄道周书。

四库全书王文成全书总目提要

纪 昀

臣等谨案:《王文成全书》三十八卷,明兵部尚书、新建伯余姚王守仁撰。守仁事迹具《明史》本传。其书首编《语录》三卷,为《传习录》,附以《朱子晚年定论》,乃守仁在时,其门人徐爱所辑而钱德洪删订之者;次《文录》五卷,皆杂文;《别录》十卷,为奏疏、公移之类;《外集》七卷,为诗及杂文;《续编》六卷,则《文录》所遗,搜辑续刊者:皆守仁殁后德洪所编辑。后附以《年谱》五卷、《世德纪》二卷,亦德洪与王畿等所纂集也。其初本各自为书，单行于世。隆庆壬申，御史新建谢廷杰巡按浙江，始合梓以传。仿《朱子全书》之例以名之。盖当时以学术宗守仁，故其推尊之如此。

守仁勋业气节，卓然见诸施行，而为文博大昌达，诗亦秀逸有致，不独事功可称，其文章自足传世也。

此书明末版佚，多有选辑别本以行者，然皆缺略，不及是编之详备云。

乾隆四十三年五月恭校上。

总纂官臣纪昀　臣陆锡熊　臣孙士毅

王文成公全书题辞

章炳麟

至人无常教，故孔子为大方之家。心斋克己，诲颜氏也，则能使坐忘不改其乐。次如冉、闵，视颜氏稍逡巡矣。及夫由、赐、商、偃，才虽不逮，亦以其所闻自厉，内可以修身，外则足以经国。故所教不同，而各以其才有所至，如河海之水然，随所挹饮，皆以满其腹也。宋世道学诸子，刻意欲上希孔、颜，弗能至。及明姚江王文成出，以豪杰抗志为学。初在京师，尝与湛原明游，以得江门陈文恭之绪言。文恭犹以心理为二，欲其泯合，而文成言心即理，由是徽国格物之论瓦解无余，举世震而愕之。

余观其学，欲人勇改过而促为善，犹自孔门大儒出也。昔者子路人告之以有过则喜，闻斯行之，终身无宿诺，其奋厉兼人如此。文成以内过非人所证，故付之于良知，以发于事业者或为时位阻，故言“行之明觉精察处即知，知之真切笃实处即行”，于是有知行合一之说。此乃以子路之术转进者，要其恶文过，戒转念，则二家如合符。是故行己则无忮求，用世则使民有勇，可以行三军。盖自子路奋乎百世之上，体兼儒侠，为曾参所畏。自颜、闵、二冉以外，未有过子路者。晚世顾以喭蔑之，至文成然后能兴其界，邈若山河，金镜坠而复悬。

余论文成之徒，以罗达夫、王子植、万思默、邹汝海为其师。达夫言：“当极静时，觉此心中虚无物，旁通无穷，如长空云气，流行无所止极；如大海鱼龙，变化无有间隔，无内外可指，无动静可分，所谓无在无不在，吾之一身乃其发窍，固非形质所能限也。”子植言：“澄然无念，是谓一念，非无念也，乃念之至微；至微者，此所谓生生之真机，所谓动之微，吉之先见者也。”二公所见，则释氏所谓“藏识恒转如暴流”者。宋、明诸儒，独二公洞然烛察焉，然不知“藏识”当舍，而反以为当知我在，以为生生非幻妄。思默言易之坤者意也：“乾贵无首，而坤恶坚冰，资生之后，不能顺乾为用，而以坤之意凝之，是为坚冰，是为有首，所谓先迷失道者也。”此更知“藏识”非我，由意根执之以为我。然又言“夭寿不贰，修身以俟，命自我立，自为主宰”，是固未能断意根者。所谓儒、释疆界邈若山河者，亦唯此三家为较然，顾适以见儒之不如释尔。孔子绝四，无意、无必、无固、无我，教颜渊克己，称“生生之谓易”，而又言“易无体”，易尝以我为当在，生为真体耶？自宋儒已旁皇于是，文成之徒三高材，欲从之末由，以是言优入圣域，岂容易哉？岂容易哉？唯汝海谓：“天理不容思想，颜渊称‘如有所立，卓尔’，言‘如有’，非真有一物在前，本无方体，何可以方体求得？

今不读书人止有欲障，而读书更增理障，一心念天理，便受缠缚。尔祇静坐放下念头，如青天然，无点云作障，方有会悟。”又言：“仁者人也，识仁者识吾本有之仁，不假想像而自见，毋求其有相，唯求其无相。”此与孔子无知，文王望道而未之见，老子“上德不德，是以有德；下德不失德，是以无德”，及释氏所谓“智无所得，为住唯识”者，义皆相应。然汝海本由自悟，不尽依文成师法，今谓文成优入圣域，则亦过矣。

降及清世，诋文成之学者，谓之昌狂妄行，不悟文成远于孔、颜，其去子路无几也。小人有勇而无义，为盗。自文成三传至何心隐，以劫质略财自枭，藉令子路生于后代，为之师长，焉知其末流之不为盗也？凤之力不与雕鹗殊，以不击杀谓之德，不幸而失德，则变与雕鹗等，要之不肯为鸡鹜，审矣。且夫儒行十五家者，皆倜傥有志之士也。孔子之道至大，其对哀公，则独取十五儒为主。汉世奇材卓行若卢子干、王彦方、管幼安者，未尝谈道，而岸然与十五儒方，盖子路之风犹有存者。宋以降，儒者或不屑是，道学虽修，降臣贱士亦相属，此与为盗者奚若？不有文成起而振之，儒者之不与倡优为伍亦幸矣。当今之士，所谓捐廉耻负然诺以求苟得者也。辨儒释之同异，与夫优入圣域以否，于今为不亟，亟者乃使人远于禽兽，必求孔、颜以为之师，固不得。或欲拯以佛法，则又多义解，少行证，与清谈无异。且佛法不与儒附，以为百姓居士于野则安，以从政处都市涉患难则志节堕。彼王维之不自振，而杨亿、赵抃之能确然，弃儒法与循儒法异也。徒佛也，曷足以起废哉？径行而易入，使人勇改过促为善者，则远莫如子路，近莫如文成之言，非以其术为上方孔、颜，下拟程伯淳、杨敬仲，又非谓儒术之局于是也。起贱儒为志士，屏唇舌之论以归躬行，斯于今日为当务矣。

虽然，宋儒程、杨诸师，其言行或超过文成，末流卒无以昌狂败者，则宋儒视礼教重，而明儒视礼教轻，是文成之阙也。文成诸弟子，以江西为得其宗，泰州末流亦极昌狂，以犯有司之禁令耳。然大礼议起，文成未殁也，门下唯邹谦之以抵论下诏狱谪官，而下材如席书、方献夫、霍韬、黄绾争以其术为佞，其是非勿论，要之谗谄面谀，导其君以专，快意刑诛，肆为契薄。且制礼之化，流为斋醮，糜财于营造，决策于鬼神，而国威愈挫。明之亡，世宗兆之，而议礼诸臣导之，则比于昌狂者愈下，学术虽美，不能无为佞臣资，此亦文成之蔽也。文成《传习录》称仲尼之门无道桓、文事者，世儒只讲伯学，求知阴谋，与圣人作经意相反。今勿论文成行事视伯者何若，其遣冀元亨为间谍，以知宸濠反状，安在其不尚阴谋也？及平田州，土酋欲诣车门降，窃议曰："王公素多诈，恐绐我。"正使子路要之，将无盟而自至，何窃议之有？以知子路可以责人阴谋，文成犹不任是也。夫善学者，当取其至醇，弃其小漓，必若黄太冲之持门户，与东人之不稽史事者，唯欲为一先生卫，惧后人之苛责于文成者，甚乎畴昔之苛责于宋贤矣。中华民国十三年孟秋，余杭章炳麟。

重刻王阳明先生全集序

郭申甫

前明《王阳明先生全集》行世已久，盖以其发明性命之理，实为有功世教之书也。自异端者流妄斥其学术不端，而先生之心迹几不尽白于天下。后世浏邑陶春田孝廉名浔霍者，笃志力行，品端学粹，读先生集，想见先生之为人，细加批注，手录成书，未及刊刻而殁。乡名宿柳坦田名廷方者，余庚申同年友也，性耽经史，学究天人，教学三十年，不厌不倦，晚年旁搜博采，尤无虚日。见春田是书，谓先生当日所为，主良知、敦气节者，春田独有以探其微、抉其蕴也。爰属及门，醵金付梓，工未竣而坦田亦殁。时余以读礼家居，其门人萧子明哲、汪子芾、文子德厚，出其书请序于余。余维先生学术，粹然一出于正。数百年后，得春田之识解独超，坦田之笃信不已，使妄事诋诽者，无从置喙，而先生扶世翼教之深心，后世犹如见之。若萧子诸人，踵承师志，俾读先生集者，豁然以解，得所从入，厥功亦伟矣哉。爰缀数语于简端云。道光六年仲秋既望，星沙郭辉翰申甫氏谨序。

阳明别录选序

魏　禧

门人庠复请序《阳明别录》，禧告之曰："吾所以序《四此堂》尽矣，然犹可为子言者。文成公之成功也，虚己以集众人之议，谋之也豫以密，而发之曲以断，此人之所知也。其曲调人情之至，若惟恐有伤夫一人之私者，此则人之所难知也。夫文成位尊权重，其才智足以笼罩天下，天下事宜断然为之，无所瞻顾，迺其于君相，于僚友，下至属吏部民，莫不委曲周至，务有以先得其心，若退然不敢自行夫一事者。吾生平主断，朋友姻党之间，往往忠而获罪，而乃发愤无聊，慨然于世不我知。及读公《别录》，然后自悔其学之不足也。”庠曰："可得闻乎？”曰："吾试与子举其一二：崇义新立，公请授县丞，舒富知县，既历序其行谊与功，然犹曰或于例碍，则量授府州佐贰，令署新县事，数年之后，别行改选。公辞巡抚兼任，举能自代，意实主伍文定矣，复以梁材、汪鋐并进，盖公既不敢主断，而专举一人，朝廷或疑有所私属，又此一人，苟不合当轴意，则一请不遂，势将用其私人，今得其再其次者而用之，犹不失贤者也。桶冈之役，贼已荡灭，湖广兵尚在郴州，公欲止其来，则犒赐其统兵官曰：桶冈天险，一鼓而破，固将士用命，亦湖广兵威有以摄服其心，故巢破之日不敢四出。夫用兵之道，实有不战而功多者，不显其功，则摧锋夺级而外，谁复宣力。且兵非贼境，则无所掠，吾拒之而不赏，后有调发，孰肯用命哉？今二省夹剿，吾独成功，即湖广之督抚岂能无忌？尤不可不平其心也。”呜呼。此皆公所为曲调人情者，其所以成功不易知者也。若夫告论公移虽寻常事，必有深思切论为他人所不能言，则别录与四此堂稿皆有之。禧故当谓二书当全读为有益，选而去存之，非予志也。乙卯七月朔，魏禧敬序。

予作《别录序》之三月，彭躬庵示以丁明登所辑《古今长者录》，内载文成公初第时上安边八策，世称为迂谟，晚自省曰："语中多抗厉气，此气未除而欲任天下事，其何能济？”筮仕刑曹，言于大司寇，禁狱吏取饭囚之余豢豕，或以为美谈，晚自悔曰："当时善则归己，不识置堂官同僚于何地？此不学之过。”或问宁藩事，曰："当时只合如此，觉来尚有挥霍，微动于气者，使今日处之更别。”躬庵曰："公语诚然，观《处两广事宜疏》，便自不同矣。”予论公三事与此意合，而序已成，不复可引证，附记于此。自记。

平寇录序

湛若水

都宪阳明王公莅赣，越明年丁丑，命部辖咸造于庭曰："惟兹横水、桶冈并寇，称窃名号，毒痛三省。惟予守仁，恭承天威，夹攻之命，实责在予，予敢弗虔（处）。惟兹横水、桶冈，实惟羽翼，势在腹背。先剪横水，乃可即戎。"遂会诸抚按备守，咸谓曰："然。"乃命都指挥许清，赣州知府邢珣，宁都知县王天与曰："尔其各以兵千余，分道入会于横水。"命守备指挥郏文、汀州知府唐淳、南安知府李敩、赣州指挥余思、南康县丞舒富曰："尔其各以兵千余分道入会于左溪。"命吉安知府伍文定、程乡知县张戬曰："尔其各以兵千余分道入，遏奔冲。十月十二日，予其亲率推官危寿、指挥谢超，兵如诸道之数，直捣横水，为诸军先。"乃缘崖而上，举炮火，如迅雷猋至。贼愕溃，遂夺其险，入破横水诸巢二十有三。王公曰："尔其少息，以养厥锐。"因得余贼遁穴，又以湖广夹攻之期，且逼督捕益严益力。守备副使杨君、分守参议黄君，且饷且击，各益急攻，连破旱坑诸巢二十有三，横水、左溪平。王公誓于众曰："惟尔多士，尔毋骄。惟兹桶冈天险，蓄积可守，徂兹夹攻，坐困而罢。尔慎之哉。"乃谕之降，乘其狐疑，珣、文定、淳、戬兵冒雨登锁匙龙，贼遁，据绝壁以拒。珣兵渡水前击，戬兵冲其右，文定兵自戬右绕出贼旁，诸兵乘之，贼奔十八磊。淳兵迎击败之。翌日，诸兵复合击，大败之。遂破桶冈、十八磊诸巢十有五。王公曰："尔其各以部兵，亟合湖兵悉追。尔毋有逸贼，国则有常刑。"于是诸兵益奋速，破新地诸巢一十有一，犹出其余力，急趋鸡湖诸路之险，截鱼王之奔，以应湖兵之冲突，贼乃尽平。斩俘魁从谢志山、蓝天凤等凡五千。初，王公始至，令于众曰："军毋哗，勿或不用予命，尔其毋窃人盗人。其有窃人盗人，哗不用命，其执以来，其实于杀。"于是得窃者，杖杀之，军之不用命而哗者斩之，父通于贼者斩之，军乃肃。人曰："可以用矣。"公曰："未也。"乃亲教习，衣食其饥寒，士皆乐死。公曰："可以用矣。"至是遂以成功。或曰："阳明子于兵也，其学而然与？"甘泉子曰："非然也。古之学者本乎一，今之学者出乎二。文武之道，一而已矣。故有苗之师，本乎精一，升陑之师，本乎一德。夫阳明子之兵，亦若是矣。否则为贪功、为黩武、为杀降、为用智，岂仁义之兵哉。"既凯还，王君天与曰："不可不传也。"遂来请序，甘泉子曰："虽然，不可不传也。而阳明子勿欲也。阳明子，精一之学也。虽然，予将俾天下之诮夫腐儒者，知圣学之无二，而文武一道也，乌能勿言？"

贺大中丞阳明王公讨逆成功序

费 宏

古之君子，能为国家弭非常之变，立非常之功。勒之鼎彝，著之竹帛，垂之百世而不朽者，岂特其才智大过于人而不可及哉？惟其天资高明，器局宏远，而学术之正又超出乎流俗，以故向往图回，卓有定见，虽当事变劻勷、众志惶惑之际，忠义奋发，弗以成败利钝芥蒂于其中。而天之所佑，人之所助，固于是乎在。宜其所立之奇伟卓绝，非常人所能及，兹所谓杰出之材，而世不可多得也。

大中丞阳明王公，学究太原，体兼众器，早以忠直负天下之望。

方逆瑾之擅权也，疏陈时弊，言极剀切，甘受摈斥，处远恶而不辞。赖天子圣明，旋复召用。惟其所在，必竭诚图报，而委任亦日益以隆。宏尝谓其操存正大，可拟诸葛亮、范仲淹；言议鬯达，可拟贾谊、陆贽。盖古之君子，可当大事而不负其所学者。至于公阃授钺，运筹制胜，则又赵充国、裴度之流，而吾侪咸自叹以为弗及也。顷缘闽卒弗靖，特命公往正厥罪。公自南赣而东，六月既望至丰城，闻逆藩之变作矣。时江右抚巡、方岳诸官，或戕或执，列郡无所禀承。贼众号数十万，舟楫蔽江，声言欲犯留都。且分兵北上，而万里告急又不可遽达于九重。公慨然叹曰："事有急于君父之难者乎？贼顺流东下，我苟不为牵制之图，沿江诸郡万有一失焉，旬月之间必且动摇京辅。如此则胜负之算未有所归，此诚天下安危之大机，义不可舍之而去也。"遂徇太守伍君文定之请，暂驻吉安，以镇抚其军民。且礼至乡宦王公与时、刘公时让、邹公谦之、王君宜学、张君汝立、李君子庸辈，与之筹画机宜，待衅而动。会侍御谢君士吉、伍君汝珎，以使归自两广，皆锐意勤王，乃相与移檄远近，号召义勇，期必成讨贼之绩。旬浃赣守邢君珣、袁守徐君琏、临江守戴君德孺、瑞州通守胡君尧元，率僚属各以其兵至矣。又旬浃，则抚州守陈君槐、信州守周君朝佐、饶州守林君城、建昌守曾君玙，率僚属又各以其兵至矣。时贼已破南康，陷九江，方围安庆，其东侵之焰甚炽。公议先取其巢，然后引兵追蹑，使之退无所据，而进不得前。庶几其气自沮，而殄灭为易。七月望日，集旁郡先至之兵会于樟树。越五日辛亥，进克省城，贼遂解安庆之围，率兵归援。公曰："吾固料贼且归，归则成擒必矣。"众方汹惧，公设方略，督伍守等严兵待之。又分遣抚、建、饶、信之兵往复南康、九江，以成犄角之势。乙卯，败之于樵舍。丙辰，与战，复大败之。丁巳，用火攻之策，遂擒首恶。逆党若干，前后俘斩无算，其纪诸功载者，实一万一千有奇。首恶累击入城，军民聚观，感泣叹声动地，皆曰："天赐公活吾一方万姓命，微公，吾其如何？"其君子则曰："惟天纯佑我国家，实生公以拨其变，兹惟宗社之庆，独一方云乎哉？"盖此贼之恶，百倍淮南。其睥睨神器已非一日，中外之人皆劫于积威，恐其阴中，而莫之敢发。其称兵而起也，吾党之庸懦，类佐吾朱，骄如者犹以为十事九成。四方智勇，即有功名之念，欲与一决，而窃计利害，迟回观望者，又十人而九也。公出于危途，首倡义旅，知道义之当狥，而不知功利之可图；知乱贼之当诛，而不知身家之可虑。师以顺动，豪杰响应，甫旬月而大难遂平，不啻如摧枯振落。非忠诚一念，上下孚格，其成功能如是之神速耶？传曰："为人臣而不通春秋之义君，遭变事而不知权。"则以今日之所处观之，语分地则无专责，语奉使则有成命。而忘身赴义，不恤其他，虽其资禀器局向与人殊，然非学有定力，达于权变者，亦未必能如此其勇也。

宏昔忝词林，尝从公之尊翁、太宰龙山先生后，因辱公知最深。自愧局量未弘，动与时忤，逆贼再请护卫，尝却其赂遗而力沮之。或以为贱兄弟之归，及归而屡受群凶之侮，皆出于其阴中也。勤王之举，未及荷戈前驱，有遗恨焉。故公之英声茂实，震耀铿轰，虽无俟于区区之赞颂，然不世之仇，赖公一旦除之，则其欣幸宜百倍于他人，乌能已于言耶？故具论公之树立，可方驾古之君子者，以为天下贺，而亦因以致吾私焉。

贺总制军务新建伯南京兵部尚书兼都察院左都御史阳明王公平寇序

蒋　冕

皇上嗣大历服之初，吾二广搢绅士之仕于朝者，旅谈旅议，以二广寇乱相仍，近数年尤甚，非得奇特环伟不群之才、忠诚体国而不苟目前之安者拯之，莫克有济。若新建伯南京兵部尚书阳明，□□□人也，联名具疏，恳乞起公于家。疏将上，念于内阁□部，诸执政大臣佥谓：公纯孝人也。两三年前公之太母夫人没，公尚连章求归卒丧事。今公之父太宰实菴先生年垂八袠，方以疾卧家，公跬步未肯离膝下也，顾肯远去数千里以莅尔二广乎？莫若待公终养后起之未晚。疏遂不果上。未数月，先生捐馆舍，公既免丧，吾二广寇乱相仍，尤有甚于前日。中外臣工疏请起公者，踵相接于廷。皇上俯从佥议，命公兼都察院左都御史，总制两广、江西、湖广等处军务，暂兼巡抚，以平田州、思恩寇乱。敕旨再三，丁宁郑重，公辞不获命，兼程西迈，节钺驻苍梧，未数日，即躬至古邕以临思田边境。散冗兵数千人，各还本土；省冗费冗食，无虑万计。又创立敷文书院，日与诸生讲明义理，以示闲暇，将无事于用武。书院名敷文，盖取《虞廷》“诞敷文德，舞干而苗格”之意，人皆知公意向所在。无机何，两府之民相率求归，公乃亲诣其地，抚绥辑定，为之改建官属，易置公署。民之归耕趋市者滋众，而两府以次渐平。又以獞贼之在两江者，恃其险阻，不时出没，公肆劫掠，莫如之何，乃檄汪参议必东、吴佥事天廷、湖广汪佥事凑、张参将□□水顺□□□□六□人往莅断藤峡之仙台、花相、古陶、龙尾诸巢峒。未几，斩首数百级。寻檄林布政富、翁副使素、张副总兵祐，帅思、田二府兵八千人往莅八寨。未几，斩首级百级，而两江以次渐平。寇之在两府者因其可抚而抚之；寇之在两江者，因其可击而击之；或张或弛，不泥故常，而惟主于弭祸乱以安生灵也。若公者，所谓奇特环伟不群之才非邪？不然，何足以办此？布政既陟，都宪抚治于郧阳滨行，谓公抚定削平之功，在吾广右者，不可无纪述，以为圣天子简任得人贺也。廼偕两江藩宪及副总兵、参将、知府诸君，以书备述其事，遣学正石尚实持来征予序。

昔公以都宪巡抚南、赣、汀、漳，尝躬冒矢石，破桶冈诸嵒险剧贼于大帽山，其功甚伟。后值宁庶人之变，遂倡义募兵擒庶人于鄱阳湖，以成奠安宗社之大功。此伯爵所由以锡子孙继承，山河带砺，初不可以世论，而先声所加，则实由于桶冈诸嵒险之破也。公既有功宗社，其名籍籍在天下，虽儿童女妇亦孰不知，有不待予置喙于其间，而芜陋之辞，亦不足为公重也。特以公所抚定削平之地，于予所居，相去仅千里，而近藉公疪荫多矣，况重以诸君之托，故不辞而序其事。因举公平生孝义勋烈之大，士大夫素所饫闻者以复之，且念于公曰：吾二广要害之地，寇之滋蔓于西者，莫若府江及洛容、荔浦诸处；寇之滋蔓于东者，莫若罗滂、绿水及后山、新宁诸处。今既剿削断藤、八寨，以遏府江上游，而府江实贼所径路，洛容、荔浦又贼所巢穴，其东寇之所径路与其所巢穴，如罗滂、绿水、后山、新宁诸要害地，兵威未加，文德皆犹未洽，公能无意乎？以公竑谟伟略，出奇无穷，傥稍稍迟之以岁月，出其绪余，如昔年处大帽山故事，则吾二广之地，寇盗悉殄而民生其永宁也，可指日竣矣。所谓忠诚体国而不苟目前之安，亦固公平生之素心也，尚何待乎予言之赘哉？公果不鄙予，因予之所已言，而推予之所未及言，触类而长之，以为吾二广生灵立命，则勋烈之在吾二广者，当与前日在江西者等矣。予昔待罪内阁，尝随诸老以公江西勋烈大书之，藏于金匮。今虽老病，顾不能以公勋烈之在吾二广者偕搢绅士歌颂于道路哉？公其念之，勿谓予耄荒烦聒而莫之省也。

阳明先生存稿序

黄　绾

古人之文，实理而已。理散两间，韫诸人心，无迹可见，必俟言行而彰。言行，人之枢机，君子慎之，而实理形焉。

古者左史记言，右史记事，此其载籍之初，文之权舆乎？故文之为用，以之撰天地而天地为昭，以之体万物而万物为备，以之明人纪而人纪为明，以之阐鬼神而鬼神为显，以之理庶民而庶民为从，以之考三王而三王为归，以之俟后圣而后圣为存；所以经纬天地，肇率人纪，纲维万物，探索阴阳，统贯古今，变通幽明，而不可废者也。

阳明先生夙负豪杰之资，始随世俗学文，出入儒、老、释之间，中更窜谪流离之变，乃笃志为学，久之深有省于孟子“良知”之说，《大学》“亲民”之旨，反身而求于道，充乎其自得也。故其发于言行也，日见其宏廓深潜，中和信直，无少偏戾。故其见于文也，亦日见其浩博渊邃，清明精切，皆足以达其志而无遗。或告之君父，或质之朋友，或迪之门生，或施之政事，或试之军旅，以至登临之地、燕处之时，虽一声一欬之微，亦无往而非实理之形。由此不息，造其精以极于诚，是故其用之也，天地可以经纬，人纪可以肇率，万物可以纲维，阴阳可以探索，古今可以统贯，幽明可以变通。

惜乎。天不慭，遗不获，尽见行事，大被斯世，其仅存者唯《文录》、《传习录》、《居夷集》而已，其余或散亡及传写讹错。抚卷泣然，岂胜斯文之慨？及与欧阳崇一、钱洪甫、黄正之率一二子侄，检粹而编订之，曰《阳明先生存稿》。洪甫携之吴中，与黄勉之重为厘类，曰《文录》、曰《别录》，刻梓以行，庶传之四方，垂之来世，使有志之士知所用心，则先生之学之道为不亡矣。

王阳明先生全集序

徐元文

苏子瞻作《韩文公庙碑》，谓其气浩然独存。朱子叙《王梅溪集》，亦谓其得阳德刚明之气。余尝推论其说，以为天地所以运化无穷者，阴阳二气而已。人生而禀乎阳者，为刚健，为光明，为君子；禀乎阴者，为柔暗，为邪僻，为小人。此固若黑白之不容混，柄凿之不相入，体之为学术，发之为文章，措之为事功，亦各异趋，不可同也。孔子尝致慨于刚之未见矣。又孟子曰："吾善养我浩然之气。"盖刚者浩然之正气也。既有是气，又必养以充之。非是，则入于欲，入于欲，则学术、文章、事功之际虽或各有成就，然所谓客气而非正气也。考诸近代，若前明北地李献吉之才，始忤刘瑾，其后不能不屈于欲，与宁庶人交通，几陷大逆，其文章亦自崛强而不能进于古，殆亦客气使然也。是时姚江王文成公亦忤刘瑾，投荒万里之外，卒不自摧，挫后累任督抚，削平大寇。宁庶人之变，内通嬖幸，外结守臣，声生势张，动摇社稷。公经略措置，亲冒失石，不逾时而芟夷底定。由是嫉娼横兴，谗口噂沓。又能屏营惕息，深自敛退；处九三惕若之时，而不失乎刚健中正之体，惟其养之有素，故能措之皆得当。或乃谓其权诡纵横，抑何诬也。公少好读书，沉酣泛滥，穿穴百家，其文章汪洋浑灏，与唐宋八家抗行，归安茅顺甫定为有明第一，宋金华而下不论也。与北地同时者，茶陵李文正、新安程文敏，倡明古学，招致海内人士翕然归之。公屹起东南，以学术事功显而文章稍为所掩。顺甫出而公之文始有定论，几几乎轶茶陵、新安而上之，虽北地余焰未息，而学者知所向往。韩子云："其皆醇也，而后肆焉。"公之文可谓醇而肆者矣。先在南荒时，究心《理窟》，一日忽省于格物致知之旨，此又孟子知言之学也，故能吐其所得，作为文辞。论者虽谓其杂于佛氏，然要不可谓尤其本者也。公五世孙天钧重辑而刻之，属序于余，故谨论其大略如此。康熙乙丑春三月昆山徐元文谨撰。

王文成公文集原序

马士琼

古今称绝业者曰"三不朽"，谓能阐性命之精微，焕天下之大文，成天下之大功。举内圣外王之学，环而萃诸一身，匪异人任也。唐、宋以前无论已，明兴三百年，名公钜卿间代迭出，或以文德显，或以武功著，名勒旗常，固不乏人，然而经纬殊途，事功异用，俯仰上下，每多偏而不全之感。求其文起八代之衰，道济天下之溺，忠犯人主之怒，勇夺三军之气，所云参天地，关盛衰，浩然而独存者，惟我文成夫子一人而已。夫子上承世德家学渊源，少而慧齐，长而敦敏，诸如子史百家、《阴符》韬略，年甫弱冠，博览无遗。又能兼总条贯，置身于金声玉振之林。自释褐成进士，即以讲学为己任，日与甘泉、龙溪诸公反复究论，苦心提撕，如《传习录》、《大学或问》诸篇，惟以正心诚意立其纲，知行合一明其旨，一时执经问业者几遍天下。虽在迁谪流离、决胜樽俎之际，依然坐拥皋比，讲学不辍，俾理学一灯，灿然复明，上接尧、舜、周、孔之心传，近续濂、洛、关、闽之道统，继往开来，直欲起一世之聋聩而知觉之。迄今读夫子《语录》，有云“破山中贼易，破心中贼难”，其望道未见之心，振箨发蒙之念，虽历千古而如见也，非天下之至德，其孰能与于此？武宗嗣统，年在冲龄，貂珰擅柄，流毒缙绅。端揆如刘、谢二公，及费、傅、方、胡诸君子，或罢归，或远戍，正气销沮，实繁有徒。而公以新进儒生，不避斧钺，申救言官，批鳞极谏。伊时逆阉丧志，誓不甘心，纵为鬼为蜮，一任鸱张；朝餐九子之烟霞，夕泛钱塘之雪棹，优游自得，何坦如也。即至播迁绝域，无不履险如夷，殆曰天意，夫岂人谋。未几，安化狂逞于始，宸濠继叛于后；破南康，陷九江，围皖城，欲顺流而捣金陵；江之西，江之南，裂焰横飞，人心风鹤，此乾坤何等时也。响非夫子捧抚闽之命，便宜行事，驻节吉安，勤王首倡，则宗社颠危，总不可问。卒赖以牵制之机，行间谍之计，进攻南昌，狐兔失穴，鄱湖一战，鲸鲵授首；早已握胜算于一心，真足砥中流而击楫者矣。后此南赣之役，顽民向化；两粤之役，苗峒格心；所与运筹调度者，不过文士属吏。初不专恃兵威，总以昭宣德化，金戈所指，告厥成功，非天下之神武，其孰能与于此？

至若措辞运藻，含英咀华，固曰抒写性情，亦以阐扬义蕴。夫子笔具扛鼎，闳中肆外，诸如牌文符檄类，皆以至诚之念发为文章。置腹推心，贤愚洞见；中孚所格，信及豚鱼；即尾大如安宣慰，桀骜如卢受诸人，莫不回心革面伏款军门。语云:“文之不宣，行之不远。”益于此而征之。区区登高作赋，遇物能鸣，又属公之绪余所不屑与春华秋实逐艳争绮者也，非天下之至文，其孰能与于此？虽然，琼窃因之而有感矣。言夫子之功，功在社稷；言夫子之德，德在觉民。即锡以茅土，隆以师保，谁曰不宜。然能褫逆瑾之奸魂，而不能销比匪之猜忌；能宣力于屏翰之中，而不能立身于庙堂之上；终使鞠躬尽瘁，殁而后已，此忠臣志士之所以兴悲而后之凭吊者，不能无遗憾焉。卒之穆庙登极，进谥复爵，神宗继统，配享庙廷，正气以伸，公论以定。彼若彬若宁及新都、永嘉辈，久矣与草木同朽腐耳。视夫子之屈在一时，伸在万世者，其得失又当何如也。小子琼六世祖大宗伯紫岩公与太夫子大冢宰龙山公共直讲幄，同官南都，节义文章，谊存胶漆，家传九老一图，手泽依然，音容宛在，而先高祖越藩汝砺公、大参汝翼公，又与文成夫子同举制科，两世年谱，一时称盛。琼不肖，不能仰承先志，滥竽滕邑，败绩辕下。庚申岁，而公五世嫡孙天翁，继琼来宰是邦，云雷奕叶，斂合延津，回忆先宗伯图卷后序有云：“同僚之谊，交承之雅，有兄弟之情焉。”不图巧合百八十年以后，符契若此，亦足异也。所有夫子《集要三编》一书，先君子丹铅点阅，垂为世宝，而天翁亦以兵燹后旧板残缺，遍购不得，琼即以原本应之，并取卓吾先生年谱，合为全书，缺者补之，讹者正之，校对载余，始登剞劂。是役也，琳琅钟簴，仍复故观，云汉日星，载瞻遗范，不特天翁继述之孝思得以展尽，即小子琼私淑先型，益切羹墙之愿。从此正心诚意之学，良知良能之念，施于一家，扩之四海，则大地皆红炉，而人心无歧路，谓为王氏之球图也，可谓为天下万世之振铎也。可敢备述渊源而并及之，谨序。时康熙乙丑岁蜀果晋城后学马士琼敬书。

阳明先生集要序

林 钎

性命者，务华之所逃，胆壮于摽玄，而气怯于担荷，将但使劳士鼓行，偾辕败辙，则又数数也。正心诚意之谈，未即便与宋祚，然濂、洛、关、闽，后世宗之勿替，岂非根本之地不宜少主人翁哉。夫孟子所谓尽心，知性，知天，立命，实与《中庸》之“至诚尽人物性”，“参赞化育”之语互相发明，则又何疑？王文成先生之直指良知，不可以印合圣真，开引来学乎？是镜是灯，即光即照，拭之燃之，完其固有，得一万毕，信非虚也。而先生以是出之经济，其所条画区处，种种合宜，节节奏效，人视以为震世奇勋。若以灵光一点，澹然周应，左右逢源，则固寻常穿衣喫饭事耳。更何需播弄其精魂，雕琢其章句，以吾心之日星江河，役之于涓流爝焰也者。余幸得先生全编焚香山寺中，敬阅返照，恍见先生之所以示人，即人人所自有而知，何以非良，良知何以不致？孟子不言失其本心耶？《中庸》不言不诚无物耶？诚之至，心之尽，人世应为之事业，不可从穿衣吃饭做耶？因书数言，以质之四明施公祖。盖四明公莅闽漳八年，其冰心石书，福庇于兹土者，意学问渊源有所从出宛肖，而是编即四明公转别时取以示余者，乃今知之矣。性无歧分，身有前后，且得不重美姚江哉。

闽九皋居士后学林钎盥书于退思精舍。

阳明先生文集跋

俞　嶙

开辟以来，有物孳乳，字之曰道。道之自传者曰大极，四圣人奉为易祖以志不祧。道之以人传者曰心性、曰仁义、曰礼乐、曰文章，建杓不一，总为定世符焉。人之以道传者曰见知、曰闻知，其正统闰位，如帝王师相之叶，应有主有辅，顾知从何来，又从何往。司兵刑者可进，司礼教者可疑，非廓目缒心，光射蝨轮，勇贯石羽，谁与卜千秋之定案哉？自玄鳦发祥，而帝命敬敷，天锡桓栊，发乡虞廷下，而兴日跻恭默，金声玉振，相应教铎，总萃一门，天纵大成，如太极之不可祧，非二氏所得劓。窃困源，固亶厚，已迨尼山，高弟三千七十，而后世明君察相，乃能跻子与氏于端木、颛孙之上，配之为四。若奠方，若定时，仰钻不拔，嗣是而五之六之，岂遂无人从祀两庑足矣。左持圣灯，右操王铁，严统以杜竄，其在斯欤。吾姚阳明先生出，而高弟若龙溪先生独昌言曰："颜渊死而圣人之道亡。"是果亡欤？否欤？端木氏以天不可阶赞先圣，岂曾孟有阶？颜虽瞠乎后于绝尘，而实无阶欤。阳明先生直提孩始，禀承子与，昌明良知，是镜是灯，即光即照，扫尽阶梯，得一万、毕乃世，卒未闻以位置子与氏者位置吾阳明子，烟海悠悠，将谁与正之？且功在社稷，震主惊人，智侔阴符，出天入地，而皆出自触之不动之中，不难其唾手以奏肤功，而难其弱龄之时，出居庸以商备御，聚果核以列阵图，功成之后，忠、泰无所用其口罗，续纶无所施其附会，灵光一点，固不待龙场石槨时，豁然而终身用之不穷，虽欲指为伪为异，而无声无臭，天良具足，四海晏如，彼凫短鹤长，何足以云。先儒有言，后人当志颜子之志，学伊尹之学。尹于绝无师承时，而卓然有任，曰予天民之先觉，提先觉后人自知觉，但一觉之惟从觉来，故却幣受幣，放桀放储，如龙蛇五化，不可方物。然则志颜学伊，惟阳明先生足兼之。世人不知体用合一之学，而曰世尚虚玄，考亭救之以实，世矜帖括，先生救之以虚，夫良知而恶得云救哉？良知而云救，则曰太极、曰心性，皆不足以生两仪，而悬日月矣。余谓考亭学曾，其格物自省也，其定论一贯也。世无孔子，而止以程先生学颜其致知卓尔也，其易地禹、稷也，宛然一伊而进于孟。然则道以知传，知以道印胎于良，孩于觉，壮于见孳子闻，虽子与氏一则曰无有，再则曰无有，正闰之绪，概可观已。今天下南面称师，自名理学者，如适沧漭而不望斗杓与。波上下东西，易而曾不知返，能无生心害政之忧。余姪仲高与余蠡测圣谛嚅呓义蕴者，盖自其童试以至今，簉仕百粤垂二十余稔，无不时出所得，抵掌快心，每能以身著理，以理著才，其于先生直见为性无歧。分身有先复，故甫莅政而即有兹集之刻，问序于余。余何能知阳明先生，而纵心活泼泼之地，仰面斯昭昭之天，稍有称说，总不敢启榛途而投锦阱，因以告千百世之知阳明先生者，庶几于雍容樽俎之间，庚桑檀社之会，更思所以位置之，或于余姪是编有厚望焉。姚江后学俞长民谨跋。

王文成公文集序

潘之彪

自古贤人君子，秉川疑岳峙之资，以其文章事业，卓然树重立于当时者，代不数人，顾其人既往，而其精神历久而长存者，惟恃此简编，以附不朽，而莫为之后，虽美弗章，则甚矣作者难，述者亦不易也。吾于王天钧年兄之重修《阳明先生集》，不能无感焉。夫余姚名胜甲两浙，于山有秘图、四明之巃嵸，于水有舜江之潏荡，故其人物多淳泓卓荦，如严子陵、嵇叔夜、虞仲翔诸君子，后先相望，或以节气，或以博赡，显名当代，求其以文章而归之理学，事功而出之性天者，惟阳明先生一人而已。先生天资绝伦，弱冠谒娄一齐，知圣学宗旨。其立朝也，以刑部主政，历官都御史，累建奇勋，如平茶寮，征岑猛党，夷其八寨，后录平宸濠功，袭封伯爵，载在青史，斑斑可考已。先生少喜任侠，工词章，中年体验圣学，卓然以斯道为己任。其教人也，以致良知为主。平生著述甚富，如《传习录》及《文录》，皆盛行于世。万历十二年与陈白沙先生同从祀孔庙，岂非一代伟人哉。顾久而弥光者，人也；远而易湮者，言也。先生文集流传将二百年，非有贤后人以似续其间，焉知其不流于漫灭？天钧为先生五代孙，任胜县，恺悌有声，于退食之暇，亟亟蒐先生《文集》，考订而重梓之。夫滕以冲疲之地，簿书鞅掌，方补苴罅漏之不暇，而天钧独留心斯事，先德之弗坠，表章之力也。方今圣天子购求遗书，博徵海内先贤名迹。斯编成，上之中秘，颁之天下，天下学士大夫读先生书，想见先生之为人，藏之名山，传诸其人，此物此志也夫。云阳后学潘之彪撰。

阳明文集纪略

王贻乐

先文成阳明公《全集》，旧有《传习录》、《文录》、《别录》、《外集》、《续编》、《附录》、《世德纪》，共三十八卷，嗣值兵燹之余，原板散轶，仅存李卓吾先生手评《道学钞》，及大司马峨云先伯续刻论学诸篇而已。迨历年既久，藏板又失其半。嗟嗟。先人之事功理学文章著述岂可使之日沦湮没乎。乐志切缵承，亟欲购辑其全，其如闻见未广，蒐罗未获，何及？庚申岁，乐来牧滕阳，得晤旧尹书湖马君，历叙世谊，追念先徽，每以是集未全为憾，书湖遂出所藏一集以示。乐乘政余，即互为参考，正讹补阙，分别类序，合成一部，共计一十六卷，付之剞劂，载余告竣。虽论诸《全书》尚多阙略，而较诸所存，稍称褒益，倘后之人更能采辑而补全之，是又乐之所深望也。五世孙贻乐敬识。

王文成公文钞序

朱彝尊

由孔子而前为之君师者，圣人继起，由孔子而后逾千载，无有焉，岂千载之人无一可入圣人之域者哉？则儒者之遇也。夫伯夷之隘，柳下惠之不恭，孟氏以为君子不由，至论圣人，则以百之师归之。盖生民以来未有盛于孔子，其余为清、为任、为和，道之至者，统谓之圣。后世儒者之论，务求其全。世无孔子，千载无一圣人焉，宜也。荀卿、扬雄，吾无论矣。唐之韩愈，明圣人之学于举世不讲之时，儒者犹訾之不已，以为守道不笃，致有大颠往来之书。自昔言虚无清净者，宗老氏，言神仙者，首苌弘。而孔子或问以礼，或问以乐，彼潮州之书果足为韩子玷与？呜呼。大道之不明，释、老之言充塞乎天下。幸而有讲圣贤之学者，其门人弟子同异之辨，复纷呶不置，举同室之人，日事争斗，我道无全人，无惑乎异学之日盛矣。文成王先生揭良知之学，投荒裔，御大敝，平大难，文章卓然成一家之言，传所称三不朽者，盖兼有之。世儒讲学率寓之空言，先生则见诸行事者也。议者或肆诋諆，谓近于禅学。夫弃去人伦事物之常而谓之学者，禅也，使禅之学能发于事业，又何病乎禅也邪？因辑其文之尤者若干篇，以示同好。

阳明先生传及阳明先生弟子录序

梁启超

阳明先生，百世之师，去今未远，而谱传存世者，殊不足以餍吾侪望。集中所附《年谱》，诸本虽有异同，率皆以李卓吾所编次为蓝本。卓吾之杂驳诞诡，天下共见。故谱中神话盈幅，尊先生而适以诬之。若乃事为之荦荦大者，则泰半以为粗迹而不厝意也。梨洲《明儒学案》，千古绝作。其书固以发明王学为职志，然详于言论，略于行事，盖体例然也。其王门著籍弟子，搜采虽勤，湮没者亦且不少。余姚邵念鲁廷采，尝作《阳明王子传》、《王门弟子传》，号称《博洽》，未得见，不识视梨洲何如？且不知其书今尚存焉否也？

居恒服膺孟子知人论世之义，以谓欲治一家之学，必先审知其人身世之所经历，盖百家皆然，况于阳明先生者，以知行合一为教，其表见于事为者，正其学术精诣所醇化也。综其出处进退之节，观其临大事所以因应者之条理本末，然后其人格之全部，乃跃如与吾侪相接，此必非徒记载语录之所能尽也。

铁山斯传，网罗至博，而别裁至严。其最难能者，于赣、闽治盗及宸濠、思、田诸役。情节至繁赜纷乱者，一一钩稽爬梳，而行以极廉锐术飞荡之文，使读者如与先生相对，释然见大儒之精义入神以致用者如是也。其弟子传，则掇拾丛残于佚集方志。用力之艰，什伯梨洲，而发潜之效过之。盖二书成，而姚江坠绪复续于今日矣。

抑吾尤有望于铁山者。吾生平最喜王白田《朱子年谱》，以谓欲治朱学，此其梯航。彼盖于言论及行事两致重焉。铁山斯传，正史中传体也，不得不务谨严，于先生之问学与年俱进者，虽见其概而未之尽也。更依白田例重定一《年谱》，以论学语之精要者入焉。弟子著籍、岁月有可考者，皆从而次之，得彼与斯传并行，则诵法姚江者，执卷以求，如历阶而升也。铁山倘有意乎？民国十二年三月新会梁启超。

阳明先生全录引

王春复

阳明先生承绝学之后，慨然发明良知之旨，以风示学者，四方从游之士所至以百数。其时武宗之末，开府赣州，狡兔跳梁，经营荡涤，师旅之兴，无日休息，然百姓按堵无患，士之相继行其发明者，于兹为独盛。今上方三十年，春复受命来守是邦，南野欧阳公受以全书，曰：“赣无先生文集，缺非细故也。”且有意于愚之一言，而命胡生直、俞生献可来校，愚亦谋所以为梓木之费，董生聪者承而独任焉。未几，愚以尤去。又及而服除，再补董生之梓，然后告成，南野公又奄然没矣。嗟乎。先生之后，主盟斯文者公也，而尚加意于春复之不肖，既心许之矣。为之引曰：天下之言学者，知与理而已矣。知本乎心，理散于物，二者判然而内外不相干涉，学者之大患也。昔者孟子著“皆备”之训，程氏明“一体”之义，其言要约而易从，然学者尚不能反观而内省，学之难明也久矣。夫颜子叹高坚，子贡饮江河，使无夫子善诱之教，其亦终于高坚、江河焉已也。然则，学者之于高坚江河焉，无足怪也。先生良知之言，开示祥明，独立标准，所谓“皆备”与“一体”之意了然于其中，而无待于勉强附会，使天下学者皆在知而不在物，在内而不在外，在本而不在末，在致一而不在万殊，以入无纪。盖尝论之：乾道正性命，而物则之义著焉；蒸民立尔极，而秉彝之道昭焉。秉之为言，孰也。言心为天地万物之主，皆能孰之而不乱，此物则之大者也。故顺天地万物之理则心安，不顺天地万物之理则心有不安，安与不安之际，其名曰“知”，出之可以酬酢万变，与乾道同其变化而不穷，知其小乎哉？人之患在乎心役于物而非役乎物者也，故常谓物为大而心为小，故常有不安之心。夫以其常役于物，而致其常有不安之心，不能反其不安之故，而求诸物以自济，此知之所以常困，而用之所以有穷。愚则曰：心以主宰为则，能自为主而已矣。能自为主者不役于物者也，不役于物故能理万物，如君者不役于民故能理万民，此理之自然，无足多者。孟子所以先立乎其大，程氏所以独戒用智而自私也。不明乎此，愈劳愈远，故曰学者之于高坚江河焉，无足怪也。先生立言立功，皆得于凝定致一之余，况乎赣之人思其业而家祀之，书又可以无传也。信乎。然董生欲梓是书，初不量其有余力，可谓好者。呜呼。好如董生者少矣。嘉靖三十五年正月朔，赣州府知府，晋江后学王春复书。

阳明先生全录序

谈　恺

予筮仕即知有阳明先生，同年戚南玄数过予，述先生之言所谓致良知者，予闻而疑之；复言其徒相与立会讲学，促予同事。予谓先生之学具在圣经，今之学者不患不能言，患不能行尔。予不敏，请以先生之言见之于行，因谢不往。既而得先生文录读之，有曰:“为名与为利虽清浊不同，然其利心则一。”又曰：“心体本自弘毅，不弘者蔽之也，不毅者累之也，故烛理明则私欲自不能蔽累，私欲不能蔽累则自无不弘毅矣。”至哉斯言。真可师法。于是私淑之心油然而生。时在民曹有为先生之言者，议论高明，多自文录中来，夷考其行，则先生之所不齿者，予固而益疑。先生有言：“世之讲学有二，有讲之以口耳者，有讲之以身心者。”噫。此所谓讲之以口耳者非耶？予仕至虔台，瞻先生遗像肃然起敬，检诸故牍，得乡约诸法，下有司行之，岁余四境宁谧，翕然向风，真先生之遗教也。既迁两广，亦先生旧游之地，素称弗靖，予师先生之意，以文告晓之，以恩德怀之，不得已而加之以兵。功甫成，得致仕归养。过虔州，董生聪梓先生全集成，请予为序，予虽未及先生之门，知先生久矣，能无言乎？夫人之当大任者，蕴之为道德，笔之为文章，措之为事业，人皆能言之，而全者寡矣，先生真践实履，循道据德，其发于文章，如《安边务疏》，如《与安宣慰书》，如江西、两广诸疏，经济之略于是乎见，岂特文词艺焉而已哉？其举业之学，如《山东甲子试录》，宇宙间可多得耶？其在虔州，有闽广之捷，有横水、桶冈之捷，有浰头之捷，其大者擒宸濠、定江西；其在两广，平田州，平思恩，征断藤峡，征八寨，经行之地，家祀而人祝之，先生事业旷世所希见者。世之为先生之言者，徒以口耳相高，道德何如，文章何如，事业何如，甚有假此以务名利者。昔子夏之学流为庄周，程氏之学流为异端，吾懼其言之不止，为先生之罪人者众也。先大父中丞公与文僖公为同年，董生聪文僖公之曾孙也，于予有通家之谊，覲其梓先生全集，是知所向方者。其曰《正录》、曰《外录》、曰《别录》，钱子德洪所订正，盖专以讲学知先生者。以予鄙见，当如先生之言，但以年月为先后可也，海内同志或有知予言者。嘉靖丁巳六月庚子，锡山谈恺书于白沙舟中。

阳明先生集略序

陈九川

圣人之学，尽性而已矣。性也，孝道心也。其本体寂然而无倚也，谓之中；粹然而不二也，谓之一；炯然而不昧也，谓之知。故虞廷之执中，孔门之致知，一也。本体无纤毫之翳，则知几其神，知之至也，是谓允执厥中，是谓一以贯之。夫子自谓无不知而作，又非多学而识之，则致知之教，跃如也。颜氏有不善未尝不知，知之未尝复行。复其性也，此致知之传也。曾、思慎独知微之显其源，一也，而时固有倚闻见以为知者，孟子始发良知之训，指其发见于孩提者，为天下之达道，而曰大人者，不失其赤子之心者也。孔门之统，其不在兹乎？及其没，而斯学不传，道术遂为天下裂。千有余年，濂溪、明道始明无欲大公之学，庶几致中之绪矣。象山、慈湖寻继其微而未粹，其后日以支离横溃，以义外之裔，篡一贯之宗，遂涂天下之耳目而人丧其心矣。间有稍觉其非者，而力莫之能挽也。垂四百年，而先师阳明先生出，始慨然有兴起之志。披群言，历二氏，炼于艰险，而后反之洞然，直悟致知之宗，乃表章之而不作。天下之毒于积习，盖已沦肌肤而洽骨髓。方群怪而力攻之，而先生开物善世之诚，谆谆不容已者，固忘其身之危而莫之救也。于是浸以党蒸，鼓动有志之士，稍稍云集而河饮，若鼓镛钟于百仞之阁，而群悟方警也，若脱其桁杨接槢，而得周还揖让于其庭也。其于诐邪之习，盖未尝深辟而自不能为祟。圣门良知之学，久而灿然复著于天下，而人始知有其心若长风卷阴曀而共睹天日也。昔人推尊孟子，以为功不在禹下，若先生汛扫廓清之功，岂直不下于孟子哉？非夫精神气魄迥盖千古，其孰能至于此。其文章勋业，皆从此出，辟之风雨霜露庶物露生，无非教也。全集近已行矣，学者从其所爱慕感触，皆可因而入焉。故先生虽往矣，闻而兴者未艾也，固益可念良知之玄同施诸后世而无朝夕，而先生之神，流行于天地之间者，岂非直与风霆同其鼓舞，有不可得而测者哉？邑侯应君象川，以意摘其要略，请梓之以传。谓川也尝亲炙于先生者，过而使序之。顾惟不类，未之有得也，曷足以发哉？惟及门以来，窃见先生之学，虽已夙悟天端，其精诣默成，盖有日新而岁盛者。读其书者，以其年考之，亦可以见其进德之迹矣。

至于本体之莹徹圆融渊微精睿，所以通神明之德，官天地之化，立生民之极，而会群圣之楷者，则浩浩乎莫得而窥其际也。世之君子，未尝灼见先生之道，乃欲以私智悬断其所至，不亦远乎？夫良知之无圣凡夫，入于孩提信之矣，而卒与圣悬隔者，岂有他哉？卑者昏于嗜欲，高者蔽于见闻，而莫之致焉耳。先师夫既已开之矣，犹有疑良知不足以尽天下之变，而必外求以裨之者，是不信其目而自障之，伥伥然索险夷于杖也，是意见之重为蔽也，则集中指点，虽灿若日星，其能入乎？苟无先横意见，易气以观之，固宜不待更端而跃然开悟矣，则若兹摘刻者，不既多矣乎？应侯名云鸑，象山人。

南赣乡约后语

邹守益

此中丞阳明王公参酌蓝田乡约以协和南赣山谷之民也。呜呼。蓝田通都大邑、名卿世族也，公以世族大邑之法望于村童野叟，其仁矣乎。民之秉彝，好是懿德，不以村童野叟异于通都大邑、名卿世族也。凡吾民之受告谕者，仰体我公协和之仁，以厥身果于为善也，如饥之求食、渴之求饮；其不果于为不善也，如食之不可以乌喙，而饮之不可以酖酒也；则于秉彝之德，尚其不爽，而三代之风可庶几乎。父兄子弟，曾有饥而弗食、渴而弗饮者乎？曾有充饥以野葛者乎？止渴以酖酒者乎？身之死则知重之，心之死则不知重，其亦弗思焉耳矣。易曰：“善不积不足以成名，恶不积不足以灭身。”小人以小善为无益而弗为也，以小恶为无伤而弗去也，故恶积而不可掩，罪大而不可解。呜呼，吾民盍相与敬思之。

跋阳明先生与双江公书

罗洪先

阳明先生与双江公书，在嘉靖丙戌。又二年，先生遂有南康之变。是时公犹未执弟子礼，而先生尽以近日所独得者，切切语之，惟恐不尽吐露，斯其付托责望之重可知矣。夫万物一体之义，自孔门仁字发之，至宋明道始为敷绎，其后西铭一篇，程门极其称羡。自是止以文义视之，微先生，则孔门一脉几于绝矣。故尝以为先生一体之说，虽谓之发千古之秘亦可也。公珍重是书，既勒诸石，乃以原稿付谢生经，以其责望，岂无意乎？

刻阳明先生与晋溪司马书序

宋仪望

予尝聆人论阳明王先生提师镇虔时，深为大司马晋溪王公所知，诸所题奏，辄为议覆，以是卒能剿平诸峒，四省赖以宁息。其后宸濠反，江西传儆两京，一时大臣多惶惧失色。司马王公独曰："王伯安据上游，濠何能为？"未几逆濠果就擒，如司马公言。世尝以此高两王公。顾今所刻阳明文集，其与晋溪司马书不少概见，何也？绵衣戴君伯常雅慕二先生之为人，乃购于司马公仲子，得所与书，凡十五篇，亟缮其本，仍以王公在虔题奏诸疏，间为论说，以究二公之用心，并刻以传，翌日出以示予，且以叙见属予。因叹：当正德末年，阉寺擅权，纲纪倒置，一时文武大臣，多偷安取容，濠、庶人虐焰搆煽，谋动肘腋。方其率师渡江，中外汹惧，朝廷仓卒下诏亲征。其所任信，皆比昵寺人。外有逆藩之举，内有肘腋之虞，谋国诸臣，忧疑莫定。于其时，藉我王公慷慨誓师，以数郡之兵，克复豫章，而逆濠卒以就擒，卒之江彬诸人，亦竟畏惧遥顾，不敢肆其无厌之心。后之议者，徒知先生擒逆濠之为功，至于保固乘舆，计安社稷，屹然措天下于泰山之安，其功或未能尽知也。今读公与晋溪书，率言虔镇事，其所措注设施，晋溪盖知公之心非特为虔镇计也。嗟乎。二公之谋国若此，岂非所谓不出俎豆而折冲千里者欤。予故乐为之述，俾后之知二公者，庶几得其用心一二焉。

刻阳明先生与晋溪书后跋

王　祯

右书一十五首，乃我师敬所先生旧所手录。阳明先生在南赣时，上司马晋溪公而与之商确一方戎务，以共底厥绩者也。夫晋溪、阳明二公，均具王佐之才，古社稷之臣，当朝人物之选也。其德业闻望，炳人心目，奚止此书之所建白与所许可已哉？而我师所录惟是，诚以贤才难得，而为天下用才者尤难，功不易成，而重社稷之功，能终始成就者，尤不易也。阳明先生以千古豪杰之才，从事于南赣军戎之务者数载。向非晋溪公握本兵于内，重厥功而专委任，则未必不为疑忌者中阻，安能得竟其志以底于有成哉？是故阳明之功，大司马王公之功也。阳明先生之功，人皆知之。而晋溪公用贤不及宰辅休休之量，实人所未知者。我师秉烛湘舟，阅书读之，不能不有感于衷，而怀仰于二公相知相遇之殷也。是以惧其泯没，而命祯刻之，且以传之同好，兼之有闻晋溪公而典之望，以属后之人，吾师诚心二公之心，于此书有深契焉。而又以信天下之人之心无弗同也。然则兹刻也，岂直以彰二公之美盛而已邪？其意自有在也。祯不敏，幸夙承于吾师之教，敢厕数语而志之末简。嘉靖甲子夏，门人南昌王祯顿首书。

刻阳明先生手柬小序

王宗沐

余舟行次湘江，于箧中检尝手录阳明先生与晋溪公柬一帙，秉烛读之，因废书而叹。嗟乎。古人建立功名，信不易哉。阳明先生以千古天挺之才，早膺阃寄，然犹藉晋溪公乃得就。观其往来札中所云，是先生恃有知己处中，言听计从，以故得安其身而毕其志。先生往见之疏中，览者亦以为叙奏之常格固当，而岂知其中诚然委曲如是也。事不能背时而独立，功不得违势而独彰。故鸿毛遇风而巨鱼纵壑者，顺也；登高传呼而建瓴下水者，据也。嗟乎。古之豪杰，率以不遇知己，不知而不用，或用之而未尽，或尽之而终谗。当其中轴见疑，孤远势隔，则书生竖子一言，而白黑立变，罪不可逭，其何功之图哉。是可叹也。余尝从缙绅后，见道晋溪公者，不及其实，过晋中，颇揽镜其平生行事奏疏，固已倾心焉。今观其虚心专己，用一人以安国家，可谓社稷之臣，即阳明先生亦称其有王佐之才。余惧其泯没，因寄友人王宗敬于婺州，使刻以传同好。后世其无有闻晋溪公而兴者耶？则是稿似微而不可忽也。王公名琼，晋之太原人。阳明先生名守仁，越之余姚人云。时嘉靖癸亥三月，临海王宗沐书于湘江舟中。

重刻阳明王先生手柬后语

陈文烛

国朝文儒以功业显者，辄称新建王公云。方公抚南赣时，所上司马王公书，凡十五章。嗟乎。士为知己者用，又为知己者死。即新建公多才，赖司马公居中，知而用之，乃得尽其力以成厥功。不然，祷金縢而草宪令，昔之圣贤尚避居而难忧，况远臣乎？每观后世处功名之际，遭谗被废，有伤心流涕者。此太史公传管夷吾，不多其功而多鲍叔能知人也，其旨微矣。往季癸亥，中丞王公得前书读之，慨然有志于新建公之为人，梓于婺州。顷抚淮，命烛校而新之。主上以大计寄公，又公卿师师如也。则所称知己以建无穷之业，奚啻一司马公已邪？语曰：千金之裘，非一狐之腋也。三代之际，非一士之知也。窃于今日交有望焉。新建公名守仁，余姚人。司马公名琼，太原人。中丞公名宗沐，临海人。明隆庆壬申王正既望，汉阴后学陈文烛顿首拜撰。

跋王阳明先生家书

朱彝尊

王子逸仲，出阳明先生平浰贼后家书见示，定乱之顷，不矜不伐，意在气休，足以见先生之学力未尝与人争功能也。故世儒言性理，以先生学术未纯，动加诋毁。然微先生，则宁藩之变，危及社稷，靖难前事，可为寒心，乃吴入伍袁萃倡邪说，诬先生潜通叛藩，曲学阿世之士，从而传会之，其亦不仁甚矣。嗟嗟悲夫。今之从政者患得患失，克如先生功成不居，第思乞休，几人哉？览先生家书，可兴感也。

王文成公文选序

钟　惺

经云：“敷奏以言。”盖谓人之所性所学，无以自见，故托言而敷奏焉。然有言之则是，而考其行事则非者，岂其言不足以尽其人耶？非然也，殆所言者之观察未审耳。夫人之立言，莫不假辞仁义，抗声道德，以窃附于君子之高，而苟非所有，则虽同一理，同一解，而精神词气，已流为其人之所至。何也？盖言者，性命之流露，而学问之精华也。学问杂则议论不纯，性命乖则言词多戾，有非袭取者之能相掩也。古之立言者不一家，相如之词赋，班、史之著述，固文人也，而文人之无论，即如申、韩之刑名，管、晏之经国，以及老、庄之寓言，岂不以圣人贤者自视，而或流为惨刻，推王佐得乎？等而上之，子舆氏愿学孔子者也，亦步亦趋，直承道统，而一间之未达，终属圭角之不融，宁可强哉？子舆氏犹不可强，况其下焉者乎？近之立言者，稍陟韩、欧之境，辄号才人，略窥朱、程之绪，便称儒者，而试求其言之合道否也，不矫为气节之偏，则溺于闻见之陋，不遁入玄虚之域，则陷于邪僻之私，曾得以浮词改听哉？独阳明先生之为言也，学继千秋之大，识开自性之真，辞旨蔼粹，气象光昭，出之简易而具足精微，博极才华而不离本体，自奏议而序、记、诗、赋，以及公移、批答，无精粗大小，皆有一段圣贤义理于其中，使人读之而想见其忠孝焉，仁恕焉，才能与道德焉，此岂有他术而侥幸致此哉？盖学问真，性命正，故发之言为真文章，见之用为真经济，垂之训为真名理，可以维风，可以持世，而无愧乎君子之言焉耳。使实有未至，而徒以盗袭为工，亦安能不矫不溺，不遁不陷，而醇正精详，有如是哉？李温陵平生崛强，至此亦帖然服膺，良有以也。世之论文者，动则曰某宋文也何如，某汉文也何如，某战国之文也又何如，不知文何时代之可争，亦惟所性所学者何如耳。予僭评此文，非谓先生之言待予言而明，盖欲使听言者读先生之言，而知立言者之言可饰，而所性所学不可饰也。一人之所性所学可饰，而千圣之所性所学不可饰也，斯不失圣经“敷奏”意矣。竟陵后学钟惺书。

重刻阳明先生文粹序

赵贞吉

初编《阳明文粹》而刊之者，都御史宋阳山氏也。今重刻于扶风者，佥事带川梁君也。梁君名许，昔为御史，请从祀王先生。今复刊其书，二君子皆以一日之长视予，宿知予之不能藏其狂言也。序曰：

是编多录与闽论意指异者，盖王先生学入理界最初之论，故能廓摧理路之础，而晓然示人以行也。嗟乎。吾生有知，即知诵说先生之言。见世之儒生，始骇王先生之异而攻之，中喜王先生之为异而助之衍，终羡王先生之持异，乃欲驾其说。于是王氏之学又若自异矣。

有童子闻予言之，进曰：“闻之天下无二道，圣人无两心，学奚贵异哉？”予曰：“嘻。小子何知？夫学未至于圣人之地，而假名言以修心，其势不容于不异也。昔闽、洛之儒异唐、汉矣，唐、汉之儒异邹、鲁矣。三千、七十之流，各持其异入孔门，而欲争之；皆丧其名言，而如愚以归。故曰：‘虽欲从之，末由也已。’然后异者合，而道术一矣。此曷故耶？以得圣人为之依归也。是故圣人者，群言之家而道之岸也。夫众车离丽驰于康庄，而前却之异者，策使之也；众舟沿溯于广津，而洄突之异者，楫使之也；众言淆乱于名言，而喧聒于是非这异者，见使之也。至若行者抵家，则并车释之矣，何有于策？渡者抵岸，则并舟释之矣，何有于楫？学者而至于圣人之门，则并其名言丧矣，何有于见？故知圣人者，以自度为家也，不令己与人异也；以度人为岸也，不令人与己异也。如使闽、浙二大儒遇孔子而事之，必有以塞其异之源，而不令其末之流也。”

童子曰：“丈夫何以知之？”曰：“予尝观夫子答问群弟子，而知道术之可一也。”噫。希矣。可易言哉。班固曰：“仲尼没而微言绝，七十子逝而大义乖，于是百家之异论又竞起，遂至不可胜究矣。”孟子舆折以雄辩，而不能熄也；庄子休和以天籁，而不能齐也。使后生者不幸，而不睹古人之纯全，纷纷藉藉以至于今，悲夫。

书阳明先生语略后

邹元标

予尝读《传习录》，以先生之学在是书，近而知先生之自得不尽在是书也。盖当时格物之说浸淫宇宙，先生力排其说，约之于内，其后末学遂以心为内者纷纷矣，与遂外者何无先后间耶？且当时先生随人立教，因病设方，此为中下人说法，而所接引上根人，则本“天津证道”一语尽之，学者当直言无疑可也。嗟乎。先生当时所造就者济济，今吾吉豪杰岳立，然未有作人如先生者，予于先生不无遐思。

阳明先生道学钞序

李　贽

温陵李贽曰：余旧录有先生《年谱》，以先生书多不便携持，故取谱之繁者删之，而录其节要，庶可挟之以行游也。虽知其未妥，要以见先生之书而已。今岁庚子元日，余约方时化、汪本钶、马逢阳及山西刘用相，暂辍《易》，过吴明贡，拟定此日共适吾适，决不开口言《易》。而明贡书屋有《王先生全书》，既已开卷，如何释手？况彼已均一旅人，主者爱我，焚香煮茶，寂无人声，余不起于坐，遂尽读之。于是乃敢断以先生之书为足继夫子之后，盖逆知其从读《易》来也。故余于《易》因之稿甫就，即令汪本钶校录先生《全书》，而余专一手钞《年谱》。以谱先生者，须得长康点睛手，他人不能代也。钞未三十叶，工部尚书晋川刘公以漕务巡河，直抵江际，遣使迎余。余暂搁笔，起随使者冒雨登舟，促膝未谈，顺风扬帆，已到金山之下矣。嗟嗟。余久不见公，见公固甚喜，然使余辍案上之纸墨，废欲竟之全钞，亦终不欢耳。于是遣人为我取书。今书与谱抵济上，亦遂成矣。大参公黄与参、念东公于尚宝见其书与其谱，喜曰：“阳明先生真足继夫子之后，大有功来学也。况是钞仅八卷，百十有余篇乎，可以朝夕不离，行坐与参矣。参究是钞者，事可立辨，心无不竭于艰难祸患也。何有是处上、处下、处常、处变之寂，上乘好手，宜共序而梓行之，以嘉惠后世之君子乃可。晋川公曰：然余于江陵首内阁日，承乏督两浙学政，特存其书院祠宇，不敢毁矣。

阳明传信录小引

刘宗周

暇日读《阳明先生集》，摘其要语，得三卷。首《语录》，录先生与门弟子论学诸书，存学则也；次《文录》，录先生赠遗杂著，存教法也；又次《传习录》，录诸门弟子所口授于先生之为言学、言教者，存宗旨也。

先生之学，始出词章，继逃佛、老，终乃求之《六经》，而一变至道。世未有善学如先生者也，是谓学则。先生教人吃紧在去人欲而存天理，进之以知行合一之说，其要归于致良知，虽累千百言，不出此三言为转注，凡以使学者截去之，绕寻向上去而已，世未有善教如先生者也，是谓教法。而先生之言良知也，近本之孔、孟之说，远遡之精一之传，盖自程、朱一线中绝，而后补偏救弊，契圣归宗，未有若先生之深切著明者也，是谓宗旨。则后之学先生者，从可知已。不学其所悟而学其所悔，舍天理而求良知，阴以叛孔、孟之道而不顾，又其弊也。说知说行，先后两截，言悟言参，转增学虑，吾不知于先生之道为何如。间尝求其故而不得，意者先生因病立方，时时权实互用，后人不得其解，未免转增离歧乎？

宗周因于手抄之余，有可以发明先生之蕴者，僭存一二管窥，以质所疑，既得藉手以就正于有道，庶几有善学先生者出，而先生之道传之久而无弊也，因题之曰“传信”云。时崇祯岁在己卯秋七月望后二日，后学刘宗周书于朱氏山房之解吟轩。

阳明近溪语要序

钱谦益

自有宋之儒者高树坛宇，击排佛学，而李屏山之徒力相撑柱，耶律湛然张大其说，以谓可箴江左书生膏肓之病，而中原学士大夫有斯疾者，亦可以发药。于是聪明才辩之士，往往游意于别传，而所谓儒门淡泊收拾不住者，即于吾儒见之矣。

吾尝读柳子厚之书，其称浮图之说，推离还源，合于生而静者，以为不背于孔子。其称大鉴之道，始以性善，终以性善，不假耘锄者，以为不背于孟子。然后恍然有得于儒释门庭之外。涉猎先儒之书，而夷考其行事，其持身之严，任道之笃，以毗尼按之，殆亦儒门之律师也。

周元公、朱文公皆扣击于禅人而有悟焉。朱子《齐居》之诗曰：“了此无为法，身心同晏如。”彼其所得，固已超然于语言文字，亦岂落宗门之后？五花开后，狂禅澜倒，扫末流之尘迹，修儒行为箴砭，阏现之间，亦有时节因缘在焉，其微权固未可以语人也。本朝之谈学者，新会之主静，河津之藏密，固已别具手眼。

至于阳明、近溪，旷世而作，剖性命之微言，发儒先之秘密，如泉之涌地，如风之袭物，开遮纵夺，无地不可。人至是而始信儒者之所藏，固如是其富有日新，迨两公而始启其扃鐍，数其珍宝耳。李习之年廿有九参药山，退而著《复性书》，或疑其以儒而盗佛，是所谓疑东邻之井，盗西邻之水者乎？疑阳明、近溪之盗佛也，亦若是已矣。滇南陶仲璞，撮两家语录之精要者，刻而传之，而使余叙其首。余为之序曰：

此非两家之书，而儒释参同之书，可以止屏山之诤，而息漠然之讥者也。若夫以佛合孔，以禅合孟，则非余之言，而柳子之言也。

崇祯壬午涂月，虞山钱谦益叙。

王阳明集要三种序

严　复

丙午长夏，方君芑南、魏君蕃实重刊《阳明集要三种》成，诿复为之序。自念如复不肖，何足以序阳明之书？故虽勉应之，未有以报也。冬日邂逅江上，魏君又以为言，且曰:“非得序，无以出书。”既辞不获，则曰:“嗟乎。阳明之书，不待序也。”

夫阳明之学，主致良知。而以知行合一、必有事焉为其功夫之节目。其言既详尽矣，又因缘际会以功业显。终明之世，驯至于昭代，常为学者宗师。近世异学争鸣，一知半解之士，方怀鄙薄程、朱氏之意；甚或谓吾国之积弱，以洛、闽学术为之因。独阳明之学，简径捷易，高明往往喜之。又谓日本维新数巨公，皆以王学为向导，则于是相与偃尔加崇拜焉。然则阳明之学，世固考之详而信之笃矣，何假不肖更序其书也哉。

虽然，吾于是书，因亦有心知其意，而不随众人为议论者，可为天下正告也。盖吾国所谓学，自晚周、秦、汉以来，大经不离言词文字而已。求其仰观俯察，近取诸身，远取诸物，如西人所谓学于自然者，不多遘也。夫言词文学者，古人之言词文字也，乃专以是为学，故极其弊，为支离，为逐末，既拘于墟而束于教矣。而课其所得，或求诸吾心而不必安，或放诸四海而不必准。如是者，转不若屏除耳目之用，收视返听，归而求诸方寸之中，辄恍然而有遇。此达摩所以有廓然无圣之言，朱子晚年所以恨盲废之不早，而阳明居夷之后，亦专以先立乎其大者教人也。

惟善为学者不然。学于言词文字，以收前人之所以得者矣，乃学于自然。自然何？内之身心，外之事变，精察微验，而所得或超于向者言词文字外也。则思想日精，而人群相为生养之乐利，乃由吾之新知而益备焉。此天演之所以进化，而世所以无退转之文明也。知者，人心之所同具也；理者，必物对待而后形焉者也。是故吾心之所觉，必证诸物之见象而后得其符。火之必然，理欤？顾使王子生于燧人氏之前，将炰燔烹饪之宜，未必求诸其一心而遂得也。王子尝谓："吾心即理，而天下无心外之物矣。"又喻之曰："若事父，非于父而得孝之理也；如事君，非于君而得忠之理也。"是言也，盖用孟子万物皆备之说而过，不自知其言之有蔽也。今夫水湍石碍，而砰訇作焉，求其声于水与石者，皆无当也；观于二者之冲击，而声之所以然，得矣。故伦理者，以对待而后形者也。使六合旷然，无一物以接于吾心。当此之时，心且不可见，安得所谓理者哉？是则不佞所窃，愿为阳明诤友者矣。虽然，王子悲天悯人之意，所见于答聂某之第一书者，真不佞所低徊流连，翕然无间言者也。世安得如斯人者出，以当今日之世变乎。

魏君待吾言亟，则拉杂率臆，书以邮之。

刻阳明先生文粹序

宋仪望

阳明先生文粹若干卷，始刻于河东书院。盖余企诸人士相与讲先生之学，故集而编之云。或曰："先生之文灿如日星，流若江河，子既檄刻其集布之矣，兹编之选则何居焉？"予曰："道有体要，学有先后。先生之学以致良知为要，而其所谓文章功业云云，是特其绪余耳，非学者所汲汲也。故余推本先生之学，取其序《大学古本》、《或问》等篇，他如门人所刻《传习录》、答诸君子论学等书，要皆直吐胸中所见，砭人膏肓，启人蔽锢，尽发千古圣贤不传之秘，窃以为士而有志于学圣人者，则舍此何适矣。""若是，则《传习录》乃门弟子所撰记，故集不载，今子亦类而编之，何也？"曰："先生之学，著为文辞，吐为述答，实则一而已，而又焉往而非先生之文也。"曰："先生录中所云致良知一语，则以为超然独悟，岂吾夫子之学，固犹有歉于此耶？"曰："善乎而之问之也。昔者闻之，上古之时，人含淳朴，上下涵浸于斯道而不自知，是以宓羲氏始书八卦，而未有文字。自尧舜有'精一'、'执中'之训，而万世心学之传无有余蕴矣。乃成汤、文、武、周公数圣人者，其于斯道又各自有所至，书传所载可考而知也。及至周末，圣人之学大坏，学者各以所见为学，纷纷藉藉，流于异端而不自知者不可胜纪，于是吾夫子始与群弟子相与讲明正学。今考其指归，大抵一以求仁为至。夫仁者以天地万物为一体，欲立立人，欲达达人，心之本体固如此耳，外是即功业如伍伯，要不免于失其本心。然当时传夫子之学者，惟颜、曾氏与子思、孟子数人而已。是故曰'忠恕'，曰‘慎独’，曰‘集义养气’，是数子之学又各自有所得，要之莫非所以求仁也，是又数子之所以善学孔子也。呜呼。观乎此则可以论先生之学矣。先生之学求仁而已矣，求仁之要致良知而已矣。何者？心一而已，自其全体而言谓之仁，自其全体之明觉而言谓之知，是故舍致知则无学矣。孟子云：‘智譬则巧，圣譬则力。’致良知以学圣，巧之至也。呜呼。此非达天德者其孰能知之。若是，则子于先生之学奚若？”曰：“吾吉有三君子，皆先生门人，而予从而受学焉，学而未能，是则先生之罪人也。”

王文成公文选叙

陶　珽

古文人之宦游其地也，风波所不免，而往往留一段风雅之事，令人思慕焉。予官武昌九阅月而劳人被逐，宜矣。第念君臣政事之外，无一风雅事可述，几为黄鹤白云所笑，独于竟陵得吾友钟伯敬所评《公穀》、《国策》、《国语》、《前后汉》、《三国史》暨《通鉴纂》、《衍义纂》、《昌黎选》、《东坡选》、《宋名家选》、《明文选》与夫《王文成选》诸遗书一十八种，归途展玩，差为快耳。古今之书不知凡几，而古今之评又不知凡几，独沾沾于是，无乃陋乎？不知天下之事岂容拣择而尽取之，亦随所遇、随所感，而偶讬之以为名可耳。不然，则古今之白云黄鹤亦不知凡几矣。因谋之梓，聊以见予斯役也，虽不得于君，未始不得于友，虽不得于政事，未始不得于文章，或亦可解嘲于古文人也已。兹阳明之刻成，故述其意于首。崇祯癸酉春二月，黄岩陶珽稺专文题。

阳明先生要书序

叶绍颙

夫揖让而却莱夷，此洙泗经济之为兆也。自汉、唐、宋而降，学术事功歧而为两，故李、郭有再造之勋，而不传其闻道，周、程绍既绝之学，而疑托于空谈。若夫开拓万古之心胸、推倒一世之豪杰，发千里未发之秘，以显真儒之作用，至阳明先生亦宇宙一开辟也。余自束发时，即沉潜先生之书，考正较异，匪朝伊夕。一日，京邸与陈几亭讦衡时事，感慨于斯人之不作，几亭出其枕中鸿宝，则丹铅先生之集，大约同者什九，异者什一，不觉狂呼剧欢，遂参互而合并之，命曰《阳明要书》。几亭渊学邃识，潜心经世，吾党畏友，所谓登先生之堂而入先生之室者，余自幸或不至门外汉。未几，余有省方粤东之命，逌辔豫章，吊览于樟树沅子间，想见先生集义誓师，一战歼逆，至于功成陧杌，龃龉忠、泰辈，几身不能保，为之慷慨流涕。再循历于章贡、岭西，访先生歌吟习礼之堂，征剿防守之略，目识心维，庶几与先生身亲遇之。夫诵其诗、读其书，不如论其世也，古人岂欺我哉？先生之集，南昌、赣州皆有刻，繁乱寡要，余因出所携，命梓之以公同志。因是以慨世之生圣贤也不易，而其知圣贤也实难。以先生勤王定乱之功，其显明较著者，当时诬蔑索衅，若门人冀元亨辈，至备受考掠，捐命狱底，何况良知实开千古极则之宗，寻测声响之儒，其惊惑也尤甚。夫犬有嗥雪者，以其非恒所见也，夫非恒所见而攻之，其于先生之学也不亦宜乎。崇祯乙亥上元日，后学吴江叶绍颙书于广城公署。

阳明先生要书后序

叶方蔼

古来道学之宗、功名之士、文苑之家各居其胜，欲从道学显功名，从功名著文苑，触处拈提，辄标上乘，非心光独湛、悟门特辟者，能几其万一乎？遡往哲于有明，若阳明王文成公，洵哉其兼擅矣。公以甲第起家，其歼逆定变，不动声色，而智略通神，功高蹈险，终酬上爵，且以良知启后学之阶梯，发儒先之秘奥，内圣外王之学，三百年来谁同屈指？吾世父度绳先生，才擅雕龙，艺林山斗，尝下帷武塘，一时英彦俱入金兰谱中，而几亭陈先生尤称切磋，同阐阳明之教，佩服沉酣，析理毫末。自释褐后，揽辔皇华，巡方东粤，秘之枕中。维时刘香蠢动，播乱兴戈，世父皂纛甫临，肤功遂奏，宁不于兹得力哉？爰梓其集，流传遐域，使九疑五岭之外，性学揭于中天，而熏习于寮寀士大夫者，靡不知有阳明矣。因追忆先文荘亦尝建牙两广，重镇岩关，懋昭丕绩，与世父先后符揆，流辉史册，此天也，非人也。世父历官司驭、司宰以及廷尉，清廉恭俭，有若次孙、子尼；周密知变，有若子雍、伯山；务宽无寃，有若仲孙、本德；随职称职，追配古人，益信鼓舞感化于阳明者，即称登堂入室，岂虚语耶？知几早退，乞休林泉，三径惟二仲高踪，训习惟膝前珠玉，出其慧锋智刃，探般若根源，翻玄要窠臼，能令经纶学术、法苑禅机镕成一片，具此无量鸿裁，非小子所能窥测其涯涘也。蔼谬以驽质滥厕木天，金匮石渠之藏不能搜读，而圣朝方崇正学，于先儒诸书参求恐后，乃从兄素旃远道以要书见贻，熏沐开卷，云雾顿披，庄诵数过，不啻冰鉴当前、钳锤在侧，便觉痛痒相关，针针透合。仰阳明之真实践履，即知世父之亲切循持。小子不敏，请随后尘，聊缀数言，质之海内云。顺治辛丑壮月，后学鹿城叶方蔼拜撰。

阳明先生集抄序

李腾芳

予观先生之始学也，当有志于辞章矣，与何景明、徐昌国辈相先驰骤。尝有志于事功矣，因石英、王勇之乱间出居庸关逐蕃人骑射，又每于宾宴布果核列障势为戏。尝有志于养生矣，在洪都入铁柱宫与道士趺坐，又游九华山参蔡蓬头及筑室阳明洞中行道引术。尝有志于节义矣，抗疏救戴诜等忤逆瑾，几杖杀之。夫是数者，在他人有其一己足以名于天下、列于后世，况兼之乎？不知此正道之障，而先生结习之累也。天启先生，居龙场万山中，忧患内煎，瘴毒外攻，从者尽死，先生亦自分必死，叹曰："吾他念已空，独生死未忘耳。"镵石椁以自誓而俟命焉。当是时，平生之所覃思竭能，以为贤于人而足以垂于世，若文章、事功、节义者，都如画水印空，无一有用。而日前先生迫切烧眉剐心，不足为喻，以是逼拶之极，不觉中夜画然开悟，洞见此心，如暗室得烛，一切藏物皆可探数，又如贫者得珠，此珠原在衣里。乃唱格致之说，唱知行合一之说，最后指出良知二字，益简益明。其言有曰："此理沉埋数百年，只为宋儒从知解上入，认识神为性体，故闻见日侈，翳道益深，辟之有人冒别姓坟墓为祖墓者，何以为辨，只得开圹，将子孙滴血，真伪无可逃矣。我此良知二字，实千古圣贤相传一点滴骨血也。"又尝语人曰："此学更无有他，只是这些子。"又曰："连这些子亦无放处，今经变后，始有良知之说。”又曰：“这些子看得徹，随他千言万语，是非真假，到此便明。合得的便是，合不得的便非，如佛家说心印相似，真是试金石、指南针。”观此，则先生之悟可知矣。而俗儒不识，哄然只以为禅。夫先生所谓良知者，谓自心光明本体。此心之光明，是知；此知之湛寂，是心。心体湛寂，非知非不知，知不足以言之也，故谓之良知。若有知，则有不知矣。非善非不善，善不足以言之也，故谓之至善。若有善，则有不善矣。非静非动，静不足以言之也，故谓静亦定动亦定。若有静，则有动矣。无体无用，体即是用，用即是体。无终无始，终既不灭，始亦不生。无凡无圣，吾儒圣贤诸佛菩萨皆同此心，皆同此知，凡夫盗贼禽兽亦同此心，亦同此知。其有凡有圣，有知有不知，有善有不善，以至于起灭动静者，皆意也，非心也。三代以下，儒者多错认意以为心，自意以上一层思量忖度所不及，则以为空虚寂灭，不复研究，一语及之，则斥以为外道。故先生曰：“辟之厅堂，三间共为一室，儒者见佛氏则割左边一间与之，见老氏则割右边一间与之，而己则自处中间。”究竟所谓中间者，亦非真正圣人之中间也。呜呼。岂不可悲也哉。然先生在当时，未常讳言二氏。有曰：“二氏与吾儒毫厘之差。”又曰：“二氏自私自利，推其意，盖亦有所不得已耳。”以今观先生与人讲格物一条，其说甚祥，抑亦多就中下人说，盖恐人锢于旧见，说愈高则愈不解。故王汝中云：“心无善无恶，意亦无善无恶，知亦无善无恶，物亦无善无恶。”先生以为此但可接上根人，我之宗旨，毕竟是无善无恶心之体，有善有恶意之用，知善知恶是良知，为善去恶是格物。杨慈湖曰：诚正格物，孔子无此语，颜曾孟子亦无此语。孟子曰：“仁，人心也，未尝于心之外起，故作意也。”孟子曰：

“而勿正心，岂于心之外又欲诚意，诚意之外又欲致知，致知之外又欲格物哉？”先生曰：“慈湖不为无见，但只在无声无臭上见也。”先生之意盖如此，所以只言心外无理，将物理归到心上。比时学者尚信不及，以至于今日，亦不过腾口说耳。夫千古圣学，只是一心，先生良知之说，只是说此一心。但先生能与人说，不能剖此心以与人。而人各有心，即先生剖其心以与之，于人何与？故人必自见其心，然后可以见先生之心与吾无二，见先生之心与吾无二，而后知先生之说质诸圣人而不惑。不然，则一部四书，如大学之心之身，中庸之性之中，论语之仁，孟子之义，何者不可拈出以为讲说之题目？而先生良知之语，亦只讲家门面招牌而已矣。就使一一依先生，说得吻合，发得精彩，又何益哉？若果能自见其心，自证自信，自说自行，则亦直无借于先生之残膏剩馥矣。予抄先生之书，既以分为内外二篇，而其实先生之学，则一以贯之。故自南赣以后，日在兵间料敌制变，彷彿古之名将。然于人，则兵为诡道，而于先生，则良知自然之用也。故郡邑簿书之吏皆可假以逮麾先驱；而脱鳌陷阵，即与僮厮隶之肩肩者焉。韩信所谓驱市人口战，惟先生有之。先生常言用兵胜负，不必卜之，临阵只在此心动与不动耳。有人自谓能制心不动者，先生笑曰：“此心当对敌时且要制动，又谁与发谋出虑？”其与宁王战于湖上，前军失利，先生正讲学时，出见谍者，退而就坐，神色自若，徐论诸军以火攻之具。申告三四，听者皆如不闻。彼其人皆有大名于时者，而皆忙失乃尔，因是盖有以见先生之不同于孟子，而神明化裁，百虑一致，直接夫孔子一贯之传。且可以验此心之妙，只一真，无内外二三，只一常，无造次颠沛。虽寂然不动，然感而遂通，虽感而遂通，然寂然不动耳。若曰：人之材智实有不同，有此心不能不动，亦可以临事当难者，则孟子所谓北宫黝、孟施舍之不如耳，岂可以语于圣贤？若又曰：虽能不动心，亦未必可以临事当难，则柳子所谓捧土揭木，坐之堂上，蒙以绂冕，翼以徒隶，岂有补于万民之劳苦者哉？包仪甫大夫捐俸锓先生书，命题其端。予实蔑然无知，弟以此本抄自予，故不得辞。

阳明先生要书序

陈龙正

余沉潜细绎于文成之书者累年，恍乎登其堂而聆其謦款也。惜其书乱而少次，繁而反晦，剖类多而滋混，欲使人人读而取益焉，乃纂为《要书》。既成，为之言曰：孟子而后，圣贤负大经济者少矣，惟濂溪、明道有致太平之才。诸葛孔明而后，豪杰之识大本原者少矣，惟阳明先生终身在事功中，终身以修德讲学为事。奏成功者，学助之也；居成功者，学为之也。观圣贤者观其用，曾谓用如先生，而尚非豁然闻道者耶？致良知之宗，其言本于不虑，其旨本于诲由，非直以不虑为良，以不虑而有别为良，至矣。莫可訾矣。贻訾者独在无善无恶，然先生实有所见而云，盖曰善本无善也，犹元公曰太极本无极也，欲人不倚善也，岂顾令不为善哉？承无极者，以体贴天理，以主敬，故百世而弥光；承无善者，以玩光景，轻行谊，资文过，则不再传而裂尔。因其徒之失真，使后人致憾于提宗之未慎，先生之灵其恫已夫。夫先生大悟者也，存诚者也，后人疑其教而因疑其学，疑其学而终慕其猷略与文章，至于慕其猷略文章而先生微矣。天下无不悟而能诚，无不诚而能神，观先生之身也，口也，手也，耳目也，兵革钱穀也，潜鱼棲鸟也，画堂貂冠也，炎风毒雾也，无不神也，皆心所为也，则驱策指引之间，先生亦恶乎往而不彰？儒者致用，无逾先生。然先生正君心者，念念苍生者，体仁也者，致天下之太平也者，非任智也者，非定方隅之祸乱也者，则犹是精才而粗用，大才而小用，全才而偏用，畴谓讲学封侯，遂惊为儒生不世之遭矣乎。故天下艳先生之才与功，而识者更致惜其遇；天下传先生之悟，而善学者以为不如法其身也。先生口谈无善，身则无须臾不为善，夫惟孳孳为善，庶可以谈无善矣。鸣呼。三代而下，圣贤而奇才，豪杰而好学，微斯人吾谁与归？假以数年，未之或知也。彼且云，尧舜以上善无尽。崇祯壬申五月丁巳，后学嘉善陈龙正序。

阳明先生要书序例

陈龙正

一曰论世。先生口薄程朱，其行已也，则大节肃如，高风洒如也。其于《大学》，几凿其序矣，然实负《大学》同体之仁。盖其过，往往不在行事而在立言，不在制心而在设教，今心则乌乎可见，而行亦已往矣。教言独炳，故守正者往往触目而见瑕，若追遡其心之所存，与实按其行事，则固命世之真儒，不可议也。以是而尊先生，斯为能尊，以尊之之心，偶抉其寸瑕，则亦出于大公已矣，视浮慕犹胜焉，而况曰排诋者乎？今有人于此，于人伦笃也，于用世则克有济也。于知人则不爽也，独宗阳明之教，遂可谓非正学乎？今有人于此，多欲以薄五伦，无实心以荷世事，无虚衷以鉴君子小人，独排阳明而崇程朱之说，遂可谓正士乎？则是听其言，不必观其行矣。故愚于阳明，无论其世以读其书，毋敢苟同，毋敢妄议。尊阳明者，我其罪人与？排阳明者，我其党人与？惟心是安，惟后世是辅，不他顾矣。

二曰统类。钱氏定《传习录》外，则有《文录》，有《外集》，有《别录》，有《续编》，名目纷纠，义例杂出。据云：纯于讲学明道者为《正录》，悔前之遗为《外集》。及观其正，皆书也，其外，皆诗与传志也。岂书皆悟后之秘，而诗、传、志皆未透之说哉？且所悔悟者，惟为论学前后有醇驳。若诗与书，总属酬应之文，与人事相发，虽大悟之后，岂得过事而遗事？专以心性为说，随事而指之，触境而点之，不离人情物变，道在其中，此则悟后之不同耳。必以酬应为外，岂先生学无内外之意耶？又论学之书，虽在初年，列入《正录》；诗与传志，虽在晚年，亦入《外集》；是不论悟与未悟，醇与不醇，始终以体类分正外也，尤自失其初旨矣。至曰《别录》以究其施，似以抚世经纶，又居酬应词章之下，果何说焉？今悉彙而採之，统之以类，就类则编以年，无年者阙之，庶几脉络分明，首尾融贯，读者不为多歧所眩，不为翻阅所困，而先生之全体大用，可以入目而秩如，徐思而自得焉尔。

三曰除繁。词寡而理达，语约而味长，此学人之笔也，《论语》而后，不多见矣。句节而气弥鬯，字减而意益明，左马以来，惟弇州近之。凡书疏一经翦裁，辄成古雅，此文人之笔也。余读阳明书序传记等文，大抵以明悉为主，不假锻炼。而奏疏文移等作，更为时体所拘，或一篇而前后重复，或一事而再四述陈，想在当日，不得不然。其徒之编集，则未可谓能继师志矣。愚尝谓凡书一概混传，与不传无异，何则？众厌而罕观，则世不被是书之泽，而作者之神没也。先生尝曰："圣人删述，惟欲减除，后人惟欲添上。"又尝欲删并所作，汇成一书，悉焚其余。且曰："得诸贤有笔力者，商议任之。"又因黄勉之刻王信伯遗言，谓之曰："凡刻古人文字，要在发明此学，其间有执著处，去之为佳。"先生雅志盖如此，余虽不敢删汇其篇次，遇一二烦复者，各以鄙意，与之节文，要使集无复篇，篇无复语，苟非切要，不复爱惜文辞，庶几体先生之心于既逝。若夫传习二录，亦去复，亦去缓，顾不芟其所非，正欲瑕瑜并留，见哲人入道之有渐，息足之无期尔。

四曰表微。起圣人者，子夏、子贡之寿，而独颜氏子为非助。先生解之曰："得他人一难，圣人倍发精神，故问诘者真能助圣人者也。"今观先生之门，助者少，悦者多，惟或者有静中穷搜色利名根一问，而先生严诛至再，盖此乃克己之要，实践之微，而其人阴挠坏之，欲不严诛，不可得也，岂顾拒其助哉？倘于时有穷奥探真，即言中以得言外，即意中以发意外，则先生之悦乐，必有油然其生者矣。期躬行，不期口说，期心得，不期面从，志果出于大同，见何嫌于小异。余去先生百有余岁，直见其微于数世之上，乃敢效起助于数世之下，或同或异，总以阐之，不敢强同于先生也，则知先生必不以异斥我矣。和而不同，事亦然，学亦然，同堂亦然，异世亦然。

小序

一　传习录

自徐曰仁有《传习录》，而陆澄、薛侃继之，今之上卷是也。其后陈九川辈，又各有记；钱绪山又为之补遗，总名《传习续录》，今之下卷是也。中卷则答顾东桥等七书，其末附以《训蒙条教》。

愚谓上下二卷，皆其弟子自记请政与所闻答问之词，大都切于明道，故宜冠之集首。若书劄虽以论学，然论学者，非止此七书也，何义而独入《传习》乎？今以七书移入二卷书劄中，《训蒙大意》移入五卷文移中，各从其类，而于《传习录》原本所载，有漫无关系者，有彼此并记，意同事同而词微别者，间删一二条，其论学答间纯否概存，仍为上下二卷。

二　书

自顾东桥至聂文蔚，共七书，原系南元善所次《传习录》中卷，今移入书类。然使一概以年为序，则全没南氏之遗，故取七书冠之篇端，其后则随年鳞次。至于答东桥书第七条，乃钱氏所称拔本塞源之论，尤诸书之统宗匮源处，实千年以来未开之眼，宜潜心熟玩焉。

三　诗

事必从年，言必分体，分体则年不得而拘也。孔子删《诗》，《风》与《小雅》，则因时之先后为次序，此就分体之中，为之从年者也。然《豳风》犹居变之末焉，《大雅》则《笃公刘》置于《文王》诸篇之后，《颂》则周鲁居商之前，此就分体之中，别起志义，不必从年者也。先生于书序等文，自标年月，其门人尊守之过，亦以时序编次其诗词，而不复分体。设在古先，何异《风》淆于《雅》，《雅》杂于《颂》乎哉？今为别正之，而于各体之中，自序年月。其格韵，则不汉不魏，不晋不五朝，不唐不宋，自成阳明之诗尔。若夫悟境之微，襟期之旷，经纶之巨，时于诗焉露之，当其得意，为性理吟，为风花雪月吟，为梁父吟，一往辄似焉，学也。金山二咏，十龄有奇，凌跨千秋，生而神灵，殆谓是与。

四　奏疏

谏难行，为不逊于君志；言难听，为不便于寮友：古今之同患也。先生言事于三朝，多所嘉纳，而格心之功未奏，何哉？格君有微机，不赖谏章，赖觌颜，赖造膝。弘治间，先生官仅郎署，未得日见君。嘉靖初，奉召旋阻，负重于外，皆无亲炙论道之便，献书无益，智者不为，故先生往往寓道于事，寓谏于言，未尝有显谏之迹也。使先生得面天子，长源之婉切，敬与之忠恳，必能兼之。一正君而国定，岂独边隅之镇靖而已耶？近古称名奏议者，宣公而外，有马周，有欧阳修。然不过才士文人耳。以濂洛之道，而才足以施之，文足以阐之，兼长擅绝，颉颃宣公，则于奏疏具其大端矣。

五　文移

事益于百姓，宜行矣；言益于百姓，宜宣矣；文益于百姓，宜传矣。官养民，民事官，相为一体，苟有物焉益于官最切者，岂非益于民最切者与？先生事业绚烂，冠乎近儒，欲识先生之学难，欲考先生之语言设施易；全读先生之书难，且按先生之历任文移易。通彻上下之志，文移有之；厝置常变之方，文移有之；则谓良知之学，具在文移，亦何不可之有？或云：是卷且便于独行，使筮仕者读而悦之，或从而仿其一二，则亦阳明一二分之政事也。未也，随事而师之，见阳明政事之全者，不知其几也。未也，风以动之，天下皆阳明之政事可也。未也，日习善言，日举善事，心从而日进于纯。何流之非源焉？何倒之非顺焉？从政者，皆阳明先生之学之人也，其毋曰文移尔也，而末之，而少之。

六　策序

典鲁试事时，先生未四十也，语道语经济，皆非其至者，存以见其升高行远之自。诸序开阖奇正，无所不备，要归于道，非复文人之文。

七　记说题跋杂著

筮仕也，所记大抵经济之事也；居夷也，所记皆超俗忘困之高致也。其记明伦、记尊经、记学，则纯乎道矣。夫道一而已矣，是故言虽变化，靡不同条而共贯。读杂著终篇，见良知之鼓舞一世，遍乎声聩，呜呼盛哉。

八　墓表祭文

呜呼。谀墓之讥，久矣其难免矣。志道之君子，惟坚辞而不为，然致其求而复坚拒焉，抑又难矣。何以不致其求，必也先免文人之号，则先生其庶乎？先生墓文甚少，余仅存其有益生人一篇，表死者而旨在生人，以为从是非之心入道，而必从恻隐之心成德，真悟者盖如此。至于祷明神，吊寒鬼，视世俗畀奠之恒辞，迥然别观，又其智足以通重泉，仁足以泣空山者与。夙究心于死生之说，晚而识夫鬼神之情状。

阳明先生集要序

施邦曜

自古称不朽之业有三，曰：立德、立功、立言。然果如是之画为三等，如玄黄黑白之殊类乎？非也。盖人未尝生而有功，生而有言，惟此德命于天，率于性，明此者谓之精，诚此者谓之一。惟明故诚，惟精故一，是谓圣贤之学。学至于诚，则有以立天下之本；一，则有以尽天下之变。德也者，功从此讬根，言从此受响者也。惟学之入德未至，即身奏一匡之绩，只成杂霸之勋名；即文起八代之衰，终属词章之小乘。故上下古今，伊、周之后无功，《六经》之外无言。非无功与言也，德之未至，即功与言不足称也。先生从学绝道丧之日，独悟良知之妙蕴，上接“精一”之心传，就不睹不闻之中，裕经纶参赞之用，举世所谓殊猷伟烈，微言奥论，不必分役其心而已。实有其理，将见富有日新，自然应时而发。战乱定变，人所视为非常之原者，先生唾手立办，使世食其功，而绝不见抢攘之迹，斯名世之大业也。创义竖词，人所称独擅制作之林者，先生未尝遇而问焉，不外日用之雅言，而备悉夫继往开来之绪，斯羽翼之真传也。德立而功与言一以贯之，此先生之独成其不朽哉。世于先生之学，未能窥其蕴奥，故慕先生之功，若赫然可喜；诵先生之言，若淡然无奇。譬适沧茫者，不望斗杓为准，与波上下，东西南北，揣摩向往，无一或是，而先生之为先生自若。人惟学先生之学，试升其堂焉，入其室焉，而后知先生之不可及也。后知不可及者，之其则不远也。性命之中，人人具有一先生焉。人人具有一先生，而竟无一人能为先生，先生于是乎独成其不朽矣。余以蚵蛂之质，仰羡蟾蜍之宫，每读先生之书，不啻饥以当食，渴以当饮，出王与俱。然行役不常，苦其帙之繁而难携也，因纂其切要者，分为三帙。首理学，次经济，又次文章。便储之行笈，时佩服不离，亦以见先生不朽之业有所独重云。同邑后学施邦曜顿首撰。

阳明先生图谱序

王宗沐

昔者孔子之没也，游、夏门人以有若貌似孔子，欲以所事孔子事之，而曾子独以为不可，曰：“江汉以濯之，秋阳以暴之，皜皜乎不可尚已。”盖深言之也。本体之在人，流贯圆莹，昭明灵变，所谓建于天地而彻于古今者，一刻未尝息，一毫不可污，其斯以为皜皜也。孔子之所以为孔子，全是而已。如徒以其貌也，则涂之人有肖者焉。至语其心则不极于皜皜者，不可以语精，而况于形乎？心无似者也。曾子之称孔子也，不道其绥来动和之所为用，而指其光辉洁白之所以妙。盖自颜子而后惟曾子得其深，此曾子、游、夏之辩也。虽然，余尝思之矣，曾子盖亦有未尽者。三千笃信，沦浃肌髓，一旦泰山颓坏，众志孑然，如孺子之丧慈母，无所依归，其学不皆曾子。苟一有所存焉，亦足以收其将散之心，而值其未废之教。故余尝谓：“项氏梁籍之强，用兵如神，业已破秦，乃从民间求收竖怀王立之，彼安所资哉？楚人思故主，从其心而立之。怀王不足以兴楚，而足以系楚，系则由以兴，游、夏之意，何以异此？”

阳明王先生，天挺间出，少志圣贤，出入二氏，晚悟正脉，的然以良知为入门，盖有见于皜皜者。故自髫年，以比白首，凡所作用，以其学取力焉。忠挠权嬖，志竖拂抑，崎岖甲兵，以及临民处变，染翰吐词，靡不精解融彻，而功业理学，盖宇宙百世师矣。当时及门之士，相与依据尊信，不啻三千之徒。今没才三十年，学亦稍稍失指趣。高弟安成东廓邹公辈，相与给图勒石，取先生平生经历之所及与功用之大，谱而载焉。嗟夫。皜皜之体，人人同具，先生悟而用之，则凡后之求先生者，于心足矣。而公犹为是非独思其师，亦以著教也，所谓系而待其兴焉者也。据其渐则觉其进，考其终则见其成，而其中之备尝辛苦艰难，仅得悟于百死一生之际者，学之道，良在于兹而独载其事耶。

余少慕先生，十四岁游会稽，而先生已没。两官先生旧游之地，凡事先生者，皆问而得概焉，然不若披图而遡之为尤详也。以余之尤有待于是，则后世可知，而邹公之意远矣。公遣金生应祥来请余序，为道曾子之未尽者，以明公旨焉。嘉靖丁巳冬十有一月，长至赐进士出身，中顺大夫江西按察司副使，奉敕再提督学政，临海后学王宗沐书。

重刻大学古本序

聂　豹

《大学》古本之传久矣，而世之学士乃复致疑于格物之说，辨焉而不释，何也？予始受学于阳明先生，骇而疑之，犹夫人也。已而反求诸身心日用之间，参诸程、朱合一之训，涣然若有所觉，而纷纷之疑亡矣。

盖《大学》之道，惟在于止至善也。曾子曰："君子有大道，必忠信以得之。"朱子释"至善"云："盖有以尽天理之极，而无一毫人欲之私。"释"忠信"云："盖至此而天理存亡之几决矣。"是数言者，真有以契夫"精一"、"执中"之旨，而古之欲明明德于天下者，舍是无以用其力也。

是故知止之功，诚意而已矣。知者，意之体；意者，知之所发也；知之所发，莫非物也。如曰“好恶”，曰“忿懥、恐惧、好乐、忧患”；曰“亲爱、贱恶、畏敬、哀矜、傲惰”；曰“孝、弟、慈”；曰“老老、长长、恤孤”；曰“理财、用人，洁矩与不能洁矩”之类，是皆所谓“物”也。圣人不过于物，好恶之必自慊也，忿懥、恐惧、好乐、忧患之得其正也，亲爱、贱恶、畏敬、哀矜、傲惰之协于则也，孝、弟、慈之成教于国也，老老、长长、幼幼，推而至于理财、用人、洁矩以通天下之情也，夫是之谓“格物”也。

程子谓：“格，至也；物，事也。事皆有理，至其理，乃格物也。”又曰：“致知在格物，非由外铄我也，我固有之也。因物有迁，则天理灭矣。”故圣人欲格之，何其明白易简，一以贯之，而无遗也哉。而世之论格物者，必谓博极乎事物之理，信如是，则孔子之求仁，孟子之集义，中庸之慎独，顾皆不及乎格物矣。而《大学》于入门之初，乃先驱人外性以求知，其于天理存亡之几，疑若无所与焉者也。无乃厌圣学之明白简易，而欲率之以烦苦者之所为乎？

呜呼。阳明逝矣，其有功于圣学，古本之复其一也。予故重刻于闽，以存告朔之羊云。

跋古本大学问

邹守益

圣学之明，其在《大学》乎。圣学之不明，其在《大学》乎。古者自小子至于成人，初无二教，故曰“蒙以养正，圣功也”；自天子至于庶人，初无二学，故曰“一是皆以修身为本”。后世歧小学、大学为二，而谓帝王经纶之业与韦布章句异。呜呼。圣人之教天下也，将望其为经纶乎？将望其为章句乎？古今学术之同异，执是可以稽矣。古者洒扫应封，造次颠沛，参前倚衡，无往非格物之功，故求诸吾身而自足；后世钻研于书策，摹拟于事为，考索于鸟兽草木，以一物不知为耻，故求诸万物而愈不足。求诸吾身而足者，执规矩以出方圆也；求诸万物而愈不足者，揣方圆以测规矩也。絜矩以平天下，天下之大道也，而其目曰：所恶于上，无以使下；所恶于下，无以事上。千变万化，只在自家好恶上理会。呜呼。修己以敬，可以安百姓；戒慎恐惧，可以位育；扩充四端，可以保四海；夫非守约施博之要乎。圣学之篇，要在一者无欲，无欲则静虚动直；定性之教，以大公顺应天地圣人之常，其于《大学》之功，同邪异邪？阳明先师恐《大学》之失其传也，既述古本以息群疑，复为问答以阐古本之蕴，读者虚心以求之，沂濂洛以达孔孟，其为同为异，必有能辨之者。

初刻大学古本后跋

王时槐

大学古本刻成，有疑者曰："《大学》自平治逆推之至于致知，皆由末而反本也。学至于致知尽矣，而又云'在格物'，阳明先生谓格其事之不正以归于正，则是复求之于外矣，不亦支离琐屑而失其归一之旨乎？"时槐曰："此正见孔门大中至正之学所以异于二氏也。假令推本极于致知而不言格物，则其弊将有遗物而沦空者矣。夫物者何？即意、心、身、家、国、天下是也。格者何？即诚、正、修、齐、治、平是也。故曰：'物有本末，格物者格此本末之物，皆正其不正，以归于正也。’诚正以修身格其物之本也。自修身达之齐、治、平，格其物之末也。故曰：‘修身为本，本乱末治者否，知本是谓知至言，致知在格物者如此。’下文祥释诚、正、修、齐、治、平，正祥言格物之事也。夫舍诚、正、修、齐、治、平，则知无可致之实矣。舍致知，则诚、正、修、齐、治、平无从出之原矣。物无内外者也，格之之功无内外者也，知周万物亦无内外者也。举要言之，犹曰古之欲平、治、齐、修、正、诚者，先致其知，而致知即在于诚、正、修、齐、治、平云耳。此体用一原，显微无间之圣学，复何疑焉。”曰：“然则阳明先生独重致知者何？”曰：“《大学》言致知在格物，不言先格其物，则八条目之统于知也，甚明矣。夫知者吾性之真明，命物而不命于物者也。故以知格物则可，以物先知则不可；谓知不遗物则可，谓外知以格物则不可。物有本末，知者贯本末而一之者也。易称‘乾知大始’，‘乾以易知’。盖天之明命首出，庶物而能发育万物者。此孔门法天之学之本旨，宜阳明先生独重而专揭之也。彼二氏遗物而沦空，同不能达知之用；俗学昧本而逐末，又不能全知之体。惟致吾良知而实践于事物，是之谓圣学。”曰：“近世儒者，深避宋儒在物为理之说，而曰‘理在心不在物’，是果阳明先生之本旨欤？”曰：“为此说者，既未悟阳明先生之旨，且不达宋儒之说矣。夫宋儒之所谓物者，非但指山川、草木、鸟兽而言，即吾人之意念、思备皆物也。物无内外，理无内外，则谓理在物可也。阳明先生之所谓心者，亦非专指方寸之情识而言，盖《虞廷》所谓道心，《大学》所谓天之明命此心弥宇宙，贯古今，通天地万物为一者也。心无内外，理无内外，则谓理在心亦可也。要之心体而物用，可言体用，不可言内外，而谓理在此，不在彼，过矣。

惟阳明先生病宋学末流之弊，稍辨正之，而后学不悟，遂执内为心，外为物，理在内不在外，于是有弃伦物，苟言动毁名检，而自以为知道者。其或不然，则以内心应外物，终未免歧而二之，而圣门体用致一之学益晦。阳明先生发明格致，虑远说详，学者能深悟此理，始可以会大学心法于言语之外矣。”疑者退，因僭附其说于卷末，求正于四方有道者。

刻大学古本跋

王时槐

《大学》一书，本出于《戴记》，汉郑玄注，唐孔颖达疏，传之千百年，未有疑其缺误者也。至宋程明道先生，取诸《戴记》中而表章之，稍疑错误，乃移“淇澳”至“没世不忘”于“絜矩之道”之下。伊川先生因之，犹以为未尽也，复以“此谓知本”为衍文，移“听讼”一条于“未之有也”之下，而结以“此谓知之至也”一语，继之以《康诰》“克明德”至“止于信”，以加于《诚意章》之上。朱子又以为未定也，乃分经文十传更置之，且疑其缺文，复补缀之，则今儒生所诵习之章句是也。格物之说，郑玄训“格”为“来”，“物”为“事”。明道先生云：“物来则知起，物各付物，不役其知，则意诚不动。”伊川先生以“格”为“穷至”，“物”为“物理”。司马温公云：“扞御外物，而知至道。”孔周翰云：“扞去外诱，而本然之善自明。”江德功以“格”为“执法度以齐物”。宋深之以“格”为“及己及人”。李孝述以“格”为“擦磨此心而出其明”。朱子独宗伊川之说，则今章句之所注者是也。阳明先生云：“古本未尝缺误也，当依其旧，格之训正，物之训事，本非隐语也，不必他释。然世之学者蔽于诵习之久，信今文而疑古文，信以物为理，而疑以物为事，无亦为先入之言，坚主于中者之遇也。夫文义固不暇论，且身、家、国、天下之本，有不在于吾心者乎？谓之曰心，有何形状，非以其虚灵之知乎？此知之良，根诸秉彝，万古不能易，即千经万典皆从此知流出，家国天下皆从此知运用。纵使先儒以大学之文先后更置不一，乃吾心之良知决不因文字之更置而有改异。凡为学者，安得舍吾心之良知以为学乎？世儒执议论之异而不自信，此心之必不容异者，则尤惑之甚者矣。”阳明先生《大学古本》有自序，有傍注，近世刻者，附以先生《大学问》，及邹文庄公后语跋二篇。庐陵钱侯欲重刻，以惠诸生，属时槐校阅，乃复摘先生集中数条，及邹文庄、罗文恭二公集中语，有足发明者，并刻入之。读者诚毋泥于先入，惟切己反求虚心，以绎其旨，当自信其秉彝之良，而契孔、曾心法于千载之上矣。

跋客座私祝

张元忭

此阳明先生出山绝笔也。先生奉命赴两广，功成而身殒，车不复返矣。濒行书此，以诫子弟，告士友，唯谆谆于德业之相劝，过失之相规，则其平时所以修于身，教于家者，为何如也。且当西征劻勷之秋，而从容挥翰，遒劲庄严，所谓造次必于是者，先生之所养，亦从可窥矣。嗟乎。后之谈良知云者，其说愈玄，而其义愈晦。至于善之当迁，过之当改，辄以为浅近而忽之。行背其言，志役于气，才临小利害，便觉仓皇。视先生此刻，试自省焉，有不惕然警赧然愧者乎。忭佩服先生之训，如临左右常张之客座间，凡见者亡不瞻对徘徊，起高山之仰永。春季金部启东甫，请重刻之，以惠同好。忭敬书数语于后，以见先生之学，急于伦理，切于身心，非徒虚知虚见云尔。

诰命

奉天承运皇帝制曰：

竭忠尽瘁，固人臣职分之常；崇德报功，实国家激劝之典。矧通侯班爵，崇亚上公，而节惠易名，荣逾华衮。事必待乎论定，恩岂容以久虚。尔故原任新建伯、南京兵部尚书兼都察院左都御史王守仁，维岳降灵，自天佑命。爰从弱冠，屹为宇宙人豪；甫拜省郎，独奋乾坤正论。身濒危而志愈壮，道处困而造弥深。绍尧孔之心传，微言式阐；倡周程之道术，来学攸宗。蕴蓄既宏，猷为丕著；遗艰投大，随试皆宜；戡乱解纷，无施弗效。闽、粤之箐巢尽扫，而擒纵如神；东南之黎庶举安，而文武足宪。爰及逆藩称乱，尤资杖钺渊谋，旋凯奏功，速于吴、楚之三月；出奇决胜，迈彼淮、蔡之中宵。是嘉社稷之伟勋，申盟带砺之异数。既复抚夷两广，旋致格苗七旬。谤起功高，赏移罚重。爰遵遗诏，兼采公评，续相国之生封，时庸旌伐；追曲江之殊恤，庶以酬劳。兹特赠为“新建侯”，谥“文成”，锡之诰命。于戏。钟鼎勒铭，嗣美东征之烈；券纶昭锡，世登南国之功。永为一代之宗臣，实耀千年之史册。冥灵不昧，宠命其承。隆庆二年十月十七日。

祭文

湛若水

维嘉靖八年，岁在己丑，三月某日朔，越某日甲子，友人南京吏部右侍郎湛若水，谨以牲醴束帛之奠，寓告于故新建伯兵部尚书、左都御史阳明王先生之灵曰：

于乎。哀乎。戚乎。而遽至于是乎。而止于是乎。前有南来，报兄病痿，及传二诗，题敝止予，曰“小恙未足为异”。开岁以来，凶问垒至。予心警怛，疑信未已。黄中绍兴，讣来的矣。于乎。戚乎。哀乎。而止于是乎。而遽至于是乎。

嗟惟往昔，岁在丙寅。与兄邂逅，会意交神。同驱大道，期以终身。浑然一体，程称“识仁”。我则是崇，兄亦谓然。既以言去，龙场之滨。我赠《九章》，致我殷勤。聚首长安，辛壬之春。兄复吏曹，于我卜邻。自公退食，坐膳相以。存养心神，剖析疑义。我云圣学，“体认天理”。“天理”问何，曰廓然尔。兄时心领，不曰非是。言圣枝叶，老聃、释氏。予曰同枝，必一根柢。同根得枝，伊尹、夷、惠；佛于我孔，根株咸二。

奉使安南，我行兄止。兄迁太仆，我南兄北。一晤滁阳，斯理究极。兄言迦、聃，道德高博，焉与圣异，子言莫错。我谓高广，在圣范围；佛无我有，《中庸》精微；同体异根，大小公私；斁叙彝伦，一夏一夷。夜分就寝，晨兴兄嘻。夜谈子是，吾亦一疑。分呼南北，我还京圻。遭母大故，扶柩南归。迓吊金陵，我戚兄悲。及逾岭南，兄抚赣师，我病墓庐。方子来同，谓兄有言：学竟是空；求同讲异，责在今公。予曰：岂敢不尽愚衷。莫空匪实，天理流行。兄不谓然，校勘仙佛。天理二字，岂由此出？予谓学者，莫先择术，孰生孰杀，须辨食物。我居西樵，格致辨析。兄不我答，遂尔成默。

壬午暮春，予吊兄戚。云致良知，奚必故籍？如我之言，可行厮役。乙丙南雍，遗我书尺，谓我训规，实为圣则。兄抚两广，我书三役；兄则杳然，不还一墨。及得病状，我疑乃释。遥闻风旨，开讲穗石；但致良知，可造圣域；体认天理，乃谓义袭；勿忘勿助，言非学的。离合异同，抚怀今昔。切嗟长已，幽明永隔。于乎。凌高厉空之勇，疆立力胜之雄，武定文戢之才，与大化者同寂矣。使吾怅怅而无侣，欲语而默默，俯仰大道，畴与共适，安得不动？予数千里嗟恻而望，方恸哭以哀以戚哉。既返其真，万有皆息，卧而不忘，岂谢人力？兄其有知，可以默识。尚飨。

黄　绾

于乎斯道，原于民彝，本诸物则，无人不全，无物不得，亘古长存，无时或息。惟人有情，情有公私，故心有邪正，而道有通塞。斯道既塞，此政教所已多讹，生人所已不蒙至治之泽也。

惟我先生，负绝人之识，挺豪杰之资，哀斯道之溺，忧斯道之疵；指良知以阐人心之要，揭亲民以启大道之方；笃躬允蹈，信知行之合一；人十己千，并诚明而两至；续往圣不传之宗，救末代已迷之失；孝弟可通神明，忠诚每贯日月；试之武备，既足以戡乱；用之文字，必将以匡时。幸文明之协运，式浚哲之遭逢，何勤劳仅死于瘴岭，勋勚徒存于社稷？慨风云之难际，悼膏泽之未施。言之伤心，竟莫之究。悠悠苍天，卒知无哉。尚赖斯道之明，如日中天，勉之惟在于人，责之敢辞后死。冀竭吾才，庶几先生千古而如在也。呜呼哀哉。尚飨。

邹守益

某自己卯受学虔台，受再造之德，四十有二年矣。自辛卯卧病浙水，展拜兰亭，三十年矣。自辛丑南雍归田，骏奔于天真，又二十年矣。光阴迅速，旧学无成。上之不能修德凝道，以身发良知之教，协于帝则；次之不能述功勒伐，以阐诛乱讨贼之迹，彰于国典。而学术异同，意见犹淆；勋烈掩黯，抔土尚荒。此皆后死之责，其何以逭？兹幸当道表章祠宇，辑定地方，某与同志始得瞻依明德，以温旧学。敬采蘋藻，祗荐松楸，惟公于昭之灵，尚无鄙弃，俾克有成，无胎师门羞。谨告。

谢　迁

呜呼。阳明而止于斯乎？天生异才非偶然也。固将以为桢于国，胡为啬其年而不使之究厥乎？夫名高毁来自古已然，阳明不理于多口亦甚矣，岂平素之所自立毋乃大，奇矣乎。然戡定乱逆之勋，表表在人耳目者，九重固深知之矣，又安得泯遗于鼎彝乎？吾之所以悼阳明者，为国惜才故尔，岂直区区交亲之私乎？呜呼阳明。九原茫茫，其亦知予之悲乎。

董　沄

昔日歌耶水，今晨哭浙江。死生知不异，忧乐竟无常。远道惊归梓，衰迟临驿航。尚思求指示，哪意服心丧。犬马季何久，龙蛇数卻富。哲人成萎逝，斯道堕微茫。夷服初疆理，皇风始振扬。大星悲子夜，铜柱折南荒。览胜心犹在，从游兴未央。云门摩石刻，禹庙访梅梁。梦月朱华麓，松泉道士庄。东山同酽集，南镇几徜徉。惜我攀云树，多时候石泷。鑒湖看戴笠，曲水命浮觞。除夕□□伴，中秋玉尘傍。欣然威风在，震矣巨钟□。□□时瞻狱，吁嗟每望洋。仁希三阅月，馆授五经霜。未去迷疑病，空传博约方。诲人真不倦，言志哂余狂。实愧山林质，虚叨弟子行。教言深□□，□泪下残阳。

薛　侃

呜呼。世有一长一善，皆足以自章明，而吾夫子学继往圣，功在生民，顾不能安于有位，以大其与人为善之心，岂非浅近易知，精微难悟，劣己者容，而胜己者难为让耶。且自精一之传，歧而为二，学者沦无滞，有见小遗大，茫无所人。吾夫子发明良知之说，真切简易，广大悉备。漫汗者，疑其约而不知随遇，功成无施不可，非枯寂也。拘曲者，疑其泛而不知方圆，无滞动出规矩，非率略也。袭古者，疑其背经，考之孔孟，质之周程，盖无一字一意之弗合。尚同者，疑其立异，然即乎人情，通乎物理，未尝有一事一言或迂，是大有功于世教圣门之宗旨也。盖其求之也，备尝艰难，故其得之也，资之深若渊泉之莫测，应之妙若鬼神之不可知。教之有序，若时雨之施，弗先弗后。而言之易入，若春凰煦物，一沾一长，其平居收敛若山林之叟，了无闻识。其发大论，临大难，断大事，则沛然若河海之倾，確然若蓍龟之信，而莫知其以也。世之议夫子者，非晏婴之知，则彭更之疑；非互乡之惑，则子路之不悦；非沮溺荷蒉之讥，则武叔、淳于髡之诋。用是纷纭，非夫子之不幸，世之不幸也已。侃也不肖，久立门墙而无闻。顷年以来，知切淬励。夫子逝矣，慨依归之。无从虑身，世之弗立。郁郁如癡，奄奄在告。盖一年于兹矣，方将矢证。同志期奉遗训，尚赖在天之灵。昭鉴牖，使斯道大明于天下，传之来世，以永芘于无穷，是固夫子未尽之志也。灵辆将驾，薄奠一觞，衷怀耿耿，启天高地长，于乎哀哉。

王　畿

鸣呼。道之在天下也，如脉理之在人身，脉调而身泰，脉病而身屯，兹关系诚匪鲜矣，胡察脉而真见者之难其人？三五之代，政穆风淳，上有轩农之主，下皆仓扁之臣，宜其颐摄参于玄化，蒸蒸乎翊斯世而咸春。太和既降，札厉相循，异端众岐，蛙噪簧鼓，使愚者懵懵其莫之知者，又沉醉没溺于怪陷之妄，斯道之不绝也岌乎。若千钧之系于一纶。于是，孔氏则诛乱贼矣，孟氏则讵杨墨矣，韩退之氏则辟佛老矣，二程、晦翁尤峻闲崇伟，而悉力以芟刈乎荆榛。彼数圣贤之于道，孰不谓其療良心于既死，续正脉于将湮，而讵知先觉不作，滛邪渐煽，大中至正之矩，日以圯塞而渊沦。卓哉。先生英颖绝伦，解脱株局，顿悟本真，指良知以立教，揭日月于苍旻。嗟嗟。良知谁不具之？孟氏已先陈之，胡先生再发其旨而举世嚣嚣，咸訾以为异闻？盖以功利之害深入于吾人，沦肌浃髓，良知蔽昏。譬之病脉者，容色体肤、起居饮食，虽无变常度，而岐黄仓扁独远望而忧呻，彼不惟讳之不吐也，反忌良医之忧之过，至于诋詈而相嗔。嗟嗟。先生蒿目而视，洞照厥因，吃紧反复，宁拂众议而不忍斯世之粃尘。故畿尝以为，孔氏诛乱贼，孟氏讵杨墨，韩与程朱相继辟佛老，而先生之教，则毅然以遏绝功利，砭剂乎斯民。今读其书、味其言，大旨昭昭可睹。而议者乃以先生为异端玄寂，既不觉其所见之天壤，至徒以文章事业观先生者，又何异乎井鲋而望此海之津？鸣呼。先生往矣。功利之障日盛月新，安得解良知之旨者，揭之以医斯世之沉痼，庶几三五复作，直与之寿域而同臻？畿幼虽向学，长而无闻，间有论说，衹取笑于效颦。惟倾仰止以斯文，肃庀院宇，敬妥灵神，闻风而起，实赖我多士之彬彬。

欧阳德

鸣呼。夫子何为而来？何遽而不作也？良知（阙文）反身自成，闻者皆获，如彼中宵，照之皎月。彼迷其蒙，指之归辙，天下后世，卓矣先觉。谓天以夫子为木铎也，非耶？然而风教未尽被，愤悱未尽发，群疑未尽亡，纷纷者未尽协于一。道大莫容，哲人早萎，大耶？其不可度也耶？鸣呼哀哉。鸣呼哀哉。某早岁及门，晦惑忽荒。夫子诱掖开导，前却抑扬，或巽而启，或直而匡。譬之父母，病子倡狂，治不余力，而药不留良。若夫四海一体，万物一腔，盖学贵深造，道本自得，而困穷拂欝，追琢其章。其大者，蛮荒播迁，十死一生，而奸凶谗妒，利害劻勷，莫非磨砻锻炼，笃实辉光。故其建功业，作俊又化奸顽，洽黎氓者，真诚恻怛，不显而彰。而阴惨阳舒，风散雷动，渐被沦浃，心醉而难忘。顾真疾未瘳，夺之桂姜；巨川弗济，臭厥舟航。鸣呼。天乎。胡不以倥倥者代夫子身，旁烛无疆？胡智周万物，道利天下，曾不得试其百一千一万一，忍不尽伤也哉。先皇南征，献俘军门。群奸蔽之，咫尺不瞻。嘉靖更化，遵养丘园。每慨然曰：

天子圣哲，谁与同理？可为流涕，知无益耳。又曰粉身莫报，圣恩高厚，瞻望阙廷，夙夜自疚。呜呼。夫子无已之志，人或未之究也。起定南蛮，薏苡在车。病伏奄奄，虑不及家。惟曰圣学绝响，赖天之灵，不能自效。深负圣明，乃草遗表，潸潸涕上。其遗文付二三子，曾未浃日，而属纩俟矣。呜呼哀哉。呜呼哀哉。志士闻之，当为抚膺，而况亲炙厥风，窃窥其心者哉。遗训炳炳，子欲无说，哀此痺人，其何能默？我二三子曷敢自逸？庶几夙夜，率履无越。呜呼。夫子有灵，其启其翼，其觉我后，以俟百世而不惑。

陈九川

呜呼。夫子如斯而已耶。夫子道觉万世之迷，统传千圣之秘，文洗六经之诬，武定四海之沸，业广周程而势益难，德贯思孟而功则异，精神气魄，盖孔子之后一人而已。其始志斯道也，错综诸儒，出入二氏，未获所安，而反求诸己，精之于患难，而妙悟默契，始沛然若决江河，而确然建诸天地。于是解学术之积毒，救人心于将死，发良知之秘诀，出方圆于规矩。海内之士，始骇而仇，中疑以俟，卒乃靡然向风，心服而师事，虽高明辨博，或私门第未能会归于有极要，皆闻风而兴起者也。而况先生恻怛岂弟，其视斯人之陷蔽若焦溺之子弟急于救援，虽至于匍匐颠踬，亦惟致其一体之良知，而又何暇恤夫俗议也。而况及门之士谆谆循循，又乌有不用其至者哉？顾夫子之道，高广密邃，固宫墙之限亢，亦江河之饮赐，炙之虽盎兮其若春，探之则渊乎其无际也。应万变而无为，出百虑于一致，定犹豫如蓍龟，知险阻以简易；旁行而不流，中立而不倚。将略兵机，莫非仁义，行权剪凶，神功盖世，而嫉于群奸，奚啻虎尾？夫子方劳谦不居，赤舄凡凡，卒使谗邪冰消，渊衷天启，以施于今，德泽四被，非夫子之至诚，其孰能与于此？乃征西粤，格此狼子，全万民之命，而建万世之利，非大德好生，神武不杀，其孰能与于此？乃卒劳于军旅，毒于瘴疠，不得归死于二三子之手，而野死驿邸。呜呼痛哉。天何降此背戾也。岂所以章夫子中国一家、万物一体之学耶？岂以舜崩苍梧、禹终会稽之迹示之耶？

方献夫

呜呼。惟先生英姿颖质，高出一世，精诣自得，独契千古。其先辈之所谓不由师传，所谓天挺人豪者耶。是以卓然而有立。然而蚤岁博学六籍皆通，尝历仙释，而后沛然一归于正，自谓得于龙场之谪。某二十年前幸忝同官，得于先生之启发者为多。今犹跃然而在目。先生之心，洞洞然应物无滞；先生之诚，恳恳然与人惟一。异己者或忌嫉，而达识者每屈服。呜呼。先生江西之功在社稷，田宁之功在吾广，可谓鞠躬尽瘁，死而后已者，而犹不免于訾议。人心谓何，而亦岂足为先生之损益？先生以道德为富贵，以仁义为窟宅；节气文章皆其绪余，而何有乎事功之烜赫。呜呼。先生之学，刊落陈言，直造本原，其读书悟道，多由中出，不逐逐于章句之末。如以《中庸》“戒慎恐惧”为修道事，“中和”自“慎独”来，以《孟子》“尽心、知性、知天”为圣人，而“存心养性”以至之，皆轶后儒而直追乎先觉。惟“格物”“博文”之说似为贤智者之过。某尝屡有辩论，先生亦不以为非，而其意惟急于今之学者救病之药。先生之志，终始在道，讲学一念，至死不懈。呜呼。先生之苦心，谁则知之而谁信之？使天假之以年，其当底于纯粹安成之地，而士论终翕然而弗惑。虽然，自古贤人君子皆不免于当时而论定于身后，先生之灵吾亦知其泰然于冥漠。呜呼。先生已矣，吾道落落，临风挥泪，寄此衷恪。

钟　芳

嗟乎。道之不易明也，濯旧致新则本源莹焉，由中制外则节文详焉，故学有定本，教有成法，自孔氏以来莫之能易也。先生资禀超绝，名重一时，才猷事业，夐出流匹。又悯俗学支离，驰骛乎外，欲使学者，求言自近，实践精思，力排多闻，专务守约。遂于程朱之说，每多龃龉，群言沸兴，挺然弗顾，可谓果于自信，瞠视千古者矣。昔子贡方人而夫子警之，欲其反求诸己也。先生之教，警策学者反己之功为多，要自宋儒理学大明之后，此等议论在天下决不可无，校之辞章绮靡之习，奚啻径庭。空谷足音，良足自慰。说者徒以其贰于程朱少之，而不知“存诚涵养”正惟孔氏家法，要其指归固不出程朱范围内也。某岭海末学，忝在交游，宦辙所经，每亲绪论，退而取其大旨，略其异同，循其所可循，而不辨其所不必辨，盖其过激处于圣教未尝损，而鞭辟近里处于学者则有益也。呜呼。先生已矣，是是非非，久将自定。九原有觉，鉴此哀恫。

季　木

先生之学，将以继往开来；先生之志，将以尊主善俗。乾乾自强，益大所畜。有本之学，无施不足。勋业文章，既昭众目。辅佐太平，人望所属。然而道未大遇于时，天也，夺之太速，斯文无依，苍生懟福。岂惟一时知己者之所悲哀，诚亦万世有志者之所痛哭。呜呼。道之行废，在先生固已豫识其机缄，而忧世乐天，虽君子或未尽知其衷曲。夫良知之训，惟在谨独，由此推之，可致位育。若得闻不失其本真，则论说何有于烦渎？开明人心，辨别理欲。统承孔、孟之宗，治踵唐、虞之躅。吾知先生之在九泉，如是而后可以瞑目也。某立门墙，沾教惟沃，义则师生，恩同骨肉。兹者官职所羁，趋时匍匐奔走未申，中心思服。寄哀于觞，鉴此诚朴。

罗钦顺

惟公才周万务，学本一心，气盖古今，量包湖海。绍斯文之坠绪，跻斯世于平康，岂惟众所同期，诚亦公之自任。遭逢昌运，服在大僚，属时望之方隆，胡仙游之遽尔，固有光于建立，曾未究夫经纶。伟矣。希文天章辽邈；劳哉。诸葛渭曲凄凉。愚也弟兄，夙钦风义，交游以世，气味攸同。宦邸论文，不在盈尊之酒；归途讲学，犹存隔岁之书。约信顿乖，尽伤何已。素帏伊迩，薄奠斯陈。有炯精灵，鉴此诚意。呜呼哀哉。

周汝登

万历已亥九月丁未朔十一日丁巳，后学周汝登等敢昭告于阳明夫子之灵：越有夫子，即鲁有仲尼，徐、王、钱先生及门于前，如回如伋，请事足发，以启后人。登等居幸同里，世未百年，私淑有资，愿学良切，敬联同志，凡数十人，月会夫子之堂，用体夫子之教。呜呼。夫子之教，首揭良知。良知非口耳，敢蹈支离；良知无始终，永无作辍。共期心领，务以身明，夫子在上，其默相之。尚飨。

陈效古

维嘉靖叁拾肆年岁在乙卯，叁月丙申朔，越贰拾日乙卯，巡按贵州监察御史陈效古，谨以牲帛庶馐之仪，致奠于明兵部尚书阳明王夫子老先生之祠曰：

天地有正气，斯文有统宗，惟秉此气以维持三纲，续此统以开发群蒙，斯固不囿于类，而慨然以斯世斯道为己任者也。于唯夫子挺生越服，海毓山钟，筮仕清朝，言听谏行。嗟余生晚，未卉躬逢，剽闻先达，殊切式矜，故夫标炳显著，孰非经术之要？苟数其事，亦浅乎其论公。宸濠酿乱，南国汹汹，夫子一来，论议从容，元恶褫魄，振落发蒙。呜呼。是气也，在地为河洛，在天为日星，在夫子为不朽之忠。造化夫子，同体而异形，驱邪翊正，孰非明道之实？惟即其大，乃所以知公，未学争尚，各筑墙宫，夫子惧焉。极力排攻，良知之致，启聩提声。呜呼。是道也，惟尧舜为能发，惟孔孟为能明，惟夫子为能独得其宗。夫子圣贤，时异而心同。噫。正气苟存矣，其没也宁，道统苟续矣，虽死犹生。顾彼无益于世教，无补于败成者，又恶得为重轻？效古叨承上命，观风贵境。升夫子堂，凛乎如瞻夫子之德容；入夫子室，依然如袭夫子之德馨。精神意气，实相感通，式陈薄奠，聊慰生平，伏惟英灵鉴之。尚飨。

魏良弼

呜呼先生，英肤天挺，高视千古，精一正传，心领神悟，亲民之谊，格致之训，扩先儒之未发，指后人之迷路，真所谓俟后圣而不惑，考前王而不谬者也。然而，世之人徒见先生文与道俱，音协风雅，驾出汉唐，争趋而慕，不知先生矢口皆格言，而自为律为度，非若有所袭于外而假以为助者也。人徒见先生三征不庭，仓卒注措，声色不大，功业焰富，非学者所能企及而究其故，不知先生日与二三子相讲习者，莫非此理之著，其所谓不战而屈人之兵，不杀以神其武者，寔先生经世宰物之素有，非若所谓权谋术数。呜呼先生，道高毁积，功成谗妬，在孔孟计所不免，而于先生复何怨何恶。呜呼先生，某兄弟良政、良器，少不知师，学不知务，幸赖先生发蒙聋瞽切切焉，明善为诚身之工夫，格物乃致知之实下手处，呜呼先生，父母全而生之，欲报罔极，苟得全而归之，先生与生我者，又复何如何如？呜呼。先生往矣，二弟俱逝，某也孱弱，焉所依附。呜呼先生，道有废兴，命也奈何，山頽木坏，哲人者磨，斯道不彰，负罪寔多，临风披奠，血泪滂沱，呜呼痛哉。

王宗沐

惟道学之敷阐，实立人之大纪。方极隆如三代，并细绎于斯旨。自微言之既绝，乃杂兴于群氏。老者虚而佛者空，权家数而俗学支。纷苗莠之同亩，咸角立而倡辞。当斯时而叩扃，靡一钥而奚持。譬稺童之适市，褋百戏而具宜。方眩观以漫顾，何妍媸之与知。惟时天佑斯文，人依先觉，指迷途以启径，救肓瞽而剔瘼。非挺生之信灵，孰遐睹而如廓。伊宋鼎之既易，明绍统以继天，惟文明之遘会，学几绝而复传。然植以大而或蠹，檽以久而间牙。谅至精之尚在，哀门径之或迁。功利为途以褋沓，章句闘靡而兢先。惟持循之靡要，迄探讨以穷年。卒心身之奚补，亦沉痼而未痊。先生学究鲁余，秀钟越服。少征特起，长益拔俗。自遭擯于龙场，益艰贞而精熟。揭良知以为柄，秉慎独以为轴。原切当于当人，胡有闻而弗兴。如痛痒之独觉，岂外益以强绳。顾习俗之方旧，忽疑起而转惊。尚力任而独引，羌受嗤以靡更。忆鹅湖之立辨，分朱陆而肇争。陆岂禅兮朱岂俗，顾方相攻而加之名。夫言求有当于吾心，又何必问所从来而为晦明。且功有渐而源本径，惟在辨其志而察之。精虽疑似，偶同于外，道固不得，故避其说以讳其情。矧儒昙之断断乎，其不相涉，云胡啜其醨而猎其英？盖先生之神悟，曾不掛乎一缕。既兰径以直捷，亦空洞而无滓。故或介胄而树勋，辄勒券而震主。以缀藻而敷文，抑滔滔而千里。出余绪于素缣，锥处囊而雷在耳。世番持此而见推，譬之指波以为水施，未竟于枢轴。痛梁木之遽萎，念兹土之遐燠。郁人文于未昌，顷文旌之既届，南吾道而破荒。惟后生之忝窃，亦藉赖以播扬。监肖像之如见，俨俎豆于空堂。闵予生之不偶，曾不得望先生于门墙，幸闻风而私淑，亦未能继踵而躅芳。抱此衷之耿耿，跽陈词而荐觞。惟明神之未厌，尚分照于未光。

林希元

维公英资盖世，雄智出群，涉猎三教，迄自成家，文武通才，功成乃武。若公者，可谓一世非常之士矣。公之功业，固当世不敢望而及焉者。然西藩既挫之锋，思田已穷之弩，皆不足尽公之妙用，必遇汉七国，宋元昊，公之功始可见耳。孳孳谋国，老目飞鸢，万里捐躯，天寒归鹤，公之劳诚可录而志诚可哀也。曰予小子，承事此方，军国民谋，叨从末议，念幽明之永隔，悲再晤之无期。瓣香杯酒，聊荐心知。公神如在，尚其鉴之。

其他

为请复新建伯封爵疏

徐　渭

为请复功臣封爵，以崇厚道作人心事。

臣本菲薄，赖陛下圣仁，令臣提督浙江学校，臣愚不敏，以为学校首务在敦实行，敦实行在先士风。于是作为条约，首令提调官以四孟月采士民之行，而臣岁一按临，以观其风。凡忠臣义士，孝子顺孙，烈女节妇，臣悉咨访，以备旌举。时臣至绍兴府，则见乡大夫士及故老庶民争来言："故新建伯兵部尚书兼都察院左都御史王守仁，始以倡义擒逆濠，受封前爵，迨后奉命平思、田，讨八寨、断藤诸贼，其抚剿处置，功烈尤著。既以勤事病困，乃就巡历属地，冀得便道待乞休之报，遂死南安。当时廷臣过从吏议，谓守仁倒施恩威，擅离职役。身死未寒，而削夺旋及，使功臣之骸，蒿葬原野，子孙微贱，下同编民，非所以广圣意劝忠良也。"臣既得闻斯言，复检按诸呈递，前御史臣裴绅所行绍兴府山阴、余姚等县学生员秦倪等呈词，及先后诸臣大学士方献夫、詹事霍韬、御史闻人诠等论列之稿，守仁生时历年章疏文移处置施行之实，参之臣畴昔所闻缙绅道路传诵之言，则知守仁平定逆藩之大功，与陛下之所以嘉守仁之懋赏，举的然后定议矣。至其往处思、田，不血一刃，不费斗粟，遂定两府之地，活四省之生灵，呼吸之间，降椎结者以七万。至其往征八寨、断藤诸巢，则以数千散归之卒，不两月而荡平二千里根连之窟，破百年以来不拔之坚，为两广除腹心之蠹。卒以蒙犯瘴疠，客死南安，实亦在其所制境上。夫功烈之高如彼，死事之情如此，而当时廷臣抑使不扬，后来诸臣复请之奏屡上，陛下亦竟留不下何也？

臣虽至愚，亦窃有以知其故矣。盖其故或在于言事者之尚未悉其情也。夫思、田二酋向化，而当抚剿，断藤峡诸贼稔恶而当剿，惟守仁则亲见其事而熟筹之，其他在廷之臣未必知也。兼总四省，则江西本其属地，毕事而巡历，病困而乞休，驻便道以待报，私不害公，此亦人情之常。至于终不获命以死，尤可痛悼，此在守仁宜自谅其无他，其他在廷之臣未必知也。故守仁求随宜剿抚之实，以副明旨，而廷臣据专意二酋之名，谓宜必剿；守仁以巡历地方，幸冀其返还之便，而廷臣因谓其一意返还，徒假借于巡历之公。则守仁之所谓抚剿尽是矣，而廷臣之所谓倒置似未尽非也；守仁之所谓待命尽忠矣，而廷臣之所谓擅离似亦未尽伪也。以未尽非、未尽伪之言，而陈于陛下之前，陛下安得不信之乎？故臣愚不敏，妄意陛下果终夺守仁之爵于始者，此也。夫陛下既已信廷臣矣，后之进言者又徒彼此求胜，既不白廷臣未尽非、尽伪之意，以缓其责，遂亦不能指守仁尽忠尽是之故，以互形其短长而破其两可之疑，则陛下亦安所取信而遂改易其前议乎？

故臣愚不敏，又妄意陛下不欲复守仁之爵于终者，此也。如其不然，以陛下圣明，往年尝复刘基之后矣，复王骥之后矣，此又复郭子兴之后矣，岂其独忘情于守仁哉？录其功而封之，人告其罪而夺之，审其无罪而复收之，惟是之求而循环不已，此陛下之所为至公也。不能深明其故，以启陛下之聪明，此臣之所以有憾于言事者之未悉其情也。不然，陛下何惮一改议之烦，争千古之粟，使功臣之绩，骨未朽而名实尽泯哉？臣有以知陛下决不为也。且守仁经略两广，功烈无比，天下所共闻知，谓宜有加爵之赏，姑无论也。遂使其倒恩威，离职役，诚如群臣言，犹不足以掩其擒逆濠、卫社稷之功，况乎以所谓廷臣未必知之说，而遂欲尽弃其平生，譬如以铢称镒，其低印亦甚枉矣。臣闻式鼓气之蛙，则士卒尚勇，买死马之首，则骏骨旋至。方今海上告警，士气不振，思效知能之徒，每以前事为鉴。守仁实生其乡，闻乡人每一聚谈，知与不知，皆为扼腕太息。夫泯没劳苦，使闾巷得以藉口，甚非所以作豪杰使奋起也。

说者又以为守仁聚生徒盈海内，名为道德而实伪学，为可遗弃。臣窃意不然，学术之与事功无有殊二，此自学士自修之说也。若朝廷赏罚当功罪，非以学术也，椎埋屠贩，恣睢不逞，亡人伦、鲜行谊之徒犹得裂土而封，世世勿失，此岂以学真伪哉？守仁之于学，其真与伪，臣姑勿论，纵其伪也，尽其死力于艰难，索其罪谴于讲说，朝以劳而封之。暮以其学而夺之，无乃大相缪乎？且人各有心难可洞视，徒以猜量之虚，而遂亡其舍生倡义、定一大难之实，使不得托于椎埋屠贩之流，其亦去人情远矣。

臣职专学校，首教化，遂以采民风，得知守仁之事，至熟且悉。又且兵革之役，方兴未已，而掩抑戎勋，非所以观视远迩。臣闻之古语曰："宠女不避席，宠臣不敝轩。"盖悲恩爱之难终也。周公曰：

"故旧无大故，则不弃也。"盖恐恩礼之易夺也。臣诚愚昧，谓宜念守仁之劳苦，察先臣之过举以深味夫古语周公之意，复守仁旧所封新建伯爵，俾子孙世世承袭，以彰国家报施之厚，作臣下之心，诸所宜葬祭赠谥之礼，悉从故事。

新建伯从祀疏

邹德涵

工部办事进士臣邹德涵谨奏：为崇祀大儒以章正学以正人心事。臣比者伏睹言官建白，要将先臣新建伯王守仁从祀孔朝，蒙皇上特下廷臣集议。臣末学新进，安敢出位妄言。窃闻野老食芹而甘，曝背而适，且欲自献于君，念臣祖原任南京国子监祭酒臣守益受学守仁。臣三世守其学，窃闻绪余，而不一摅其愚，上裨圣聪，以事主则不忠，以承家则不孝，臣罪滋大。臣是以冒昧披沥出位一言。臣观皇上践祚之初，首谕群工曰：理道之要，在正人心。夫不曰正纪纲、正法度，独曰正人心，大哉。王言盖已握尧舜正天下之要，而大乎可几睹矣。臣愚以为：欲正人心，非可家喻，宜有以风之。欲有以风之，则莫若表章大儒，以示之的。我明号称大儒可承孔子之统者，盖莫有过于守仁。孔子有云：众人之命儒也。妄常以儒相诟病，则自春秋以来，儒品不白矣。臣请陈儒品。夫儒品有三，有大儒，有曲儒，有世儒。明明德于天下，长育人材，辅翼皇化，为国家当大任，树大勋，措天下于泰山而众庶不见其迹，其遗言流布，犹足以醒寤后觉，使天下回心而向道，是谓大儒。左规矩，右准绳，言信而行，果畏先圣贤之法，不敢踰尺寸，然而可以镇俗，不可以作人，是谓曲儒。钻研名义，考较异同，仿先圣学之遗言，撰述篇章，傲然持以继往开来，然而反之身心无当，是谓世儒。夫世儒易知也，曲儒尤易知也，惟大儒为难知。故非大儒，不足以知之。孔子万世所谓大儒也，晨门荷蒉微生晏婴之徒，尽春秋之贤智，乃相与诮而沮之，大儒果不易知也。孟轲氏崛起战国，独推尊焉，侪之尧、舜、禹、汤、文、武之列，信惟大儒能知大儒矣。臣尝粗睹守仁之迹，盖亦可疑，其直契本心似禅，其辩驳先儒之言似讪，其汲汲觉世真若天下之饥溺似激，其惜爱同类似党，其倦倦接引漫无拣择似愚，其在军旅中聚徒讲学似迂。夫此数者，信可疑矣。然原其心，则欲明明德于天下，冀以正天下之人心也。盖其心在天下，视天下之人心未正，若疾痛在身，不愈不已，故不得不以兴起斯文为任。欲兴起斯文，而不自人心之本明者觉之，则或从事于见闻形迹之间以为是，而人心终不可正也，故不得不揳良知以示之趋。况当其时，又不获掌握钧轴，日以其意默转朝宇，故又不得不哓哓然费于辞说，是岂守仁之得已哉？其欲正人心以承往圣者，则固可谅耳。方今正学彰明，大儒辈出，君臣合德，千载一时。臣愚以为知守仁者，宜莫逾于今日。然而，议论纷然，徐徐未决，岂亦谓从祀重典非众允不可？臣窃谓之不然。夫事有千百人是之而不为多，一人是之而不为少者，特究其是何如耳。当弘正间，欲祀薛瑄，议者少其著述，至以瑄饬励不愧屋漏者，反品之汉儒之下。赖先皇帝灼知其贤，排群议而祀之，而瑄之品始定。天下以此颂先皇帝之明。今日守仁之祀，非赖皇上英明独断，恐亦如弘正间之议瑄无定时矣。若必欲求天下无一诋訾之人而后议祀，则众心之同悦者，莫甚于乡愿；春秋之最诋訾者，莫甚于孔子，祀当首乡愿而次孔子矣。臣恐天下人心，日以不正，是以汲汲请祀，非阿其人，为天下计耳。夫祀一守仁，可以转移天下，皇上又何所爱而不为也。臣狂野不知忌讳，干冒天严，不胜战傈悚惧之至。

新建伯从祀议

邹德涵

皇上身作君师，隆重儒臣，特允言官建白，欲以先臣王守仁从祀孔庙。岂繄彰显潜德，实欲鼓舞来学。臣承乏造士，敢以自默。夫守仁之为人，先穆宗皇帝品之当矣。曰绍尧、孔之心传，曰倡周、程之道术。守仁之当祀，两言而决。今者议论纷纭，致疑祀典，岂谓先皇帝之报守仁者既厚，可且缓其祀与？然观先皇帝所品守仁者，岂徒以其勋伐已哉？勋伐不足以尽守仁，则铭鼎锡券不足以尽先皇帝褒德之心。然先皇帝未即登祀，留待今日耳。臣谓皇上欲继先志，祀守仁最急。今之议守仁者，谓异于朱熹氏，臣不知其异也。夫熹与守仁之志，其欲继往圣则同，其欲开来学则同，其欲立心立命则同，此人人信之也。熹与守仁之学，其忠君则同，真孝亲则同，其仁民爱物则同，此人人信之也。熹之格物可以致知，守仁之格物亦可以致知；熹之言新民可以明明德，守仁之言亲民亦可明明德。譬吴越人赴阙下者，或经河洛，或经齐鲁，车辙马迹，隔越千里，然皆可以赴阙下。今不谅其言之皆可以入圣，漫是熹而非守仁，是经河洛者笑齐鲁也，岂不异哉？且自古圣贤立言，何可尽同？孔子言仁，孟子兼言义；孔子言志，孟子兼言气；达者不以此异孔孟。周敦颐言太极，程颢言天理，程颐又专言敬，此其口相授受者，犹矛盾若是，达者亦不以此异周程。以守仁之言与熹异，遂以此短守仁，此臣愚所未解也。且今世所以高守仁者，徒谓其勋伐足称云耳。審如所云，则古今斩将搴旗、谋王断国者，何可胜数？诚不必进之从祀之烈。然臣观守仁之勋伐，皆自其道德所成，区区立功之臣，未可同日语也。守仁之硕树昭昭耳目者，臣不暇论，试举一二轶事，为皇上陈之。臣闻守仁总督南赣时，武宗皇帝南巡，奸贼在君侧交计谤之，祸且不测。属吏请勿处用兵之地，以坚奸人之疑，守仁谢不听，处之泰然，竟能出危去险，坐收成功。庶几哉赤舄几几之度，非涵养深厚何以致此？又闻守仁督抚江西时，勤勤教民为善，如父母之于子弟，虽军旅仓皇，歌诗习礼，不辍于时，弦诵成俗，盗亦格心，迄今颂之，尚有泫然涕者，此岂声音笑貌所能为哉？又闻守仁勘事福建时，行次丰城，适宸濠反，亟还吉安，檄兵征讨。方出师时，置妻子官舍中，环以薪蒯，令守者曰：万一事不测，即举火，勿为宸濠所污。此其身与妻子一不系念，古所称致身者非与？又闻守仁承命征思田。先是，议征议剿，负固愈急。守仁一闻召，即于辞疏中极陈思田激变之由，情非得已，请上广好生德意。思田人闻之，无不欲得守仁来抚者，故守仁一至其境，不遗半矢，即缚首受罪。夫守仁伏山陬中，即能为国家筹万全策，上成当宁舞干之绩，下全数百万生灵之命，固非朴遬儒者所能办也。凡此数事，皆古先哲人所难，本之蕴蓄不凡，故猷为丕懋，此臣益信守仁之当祀为无疑也。臣伏考周礼大司乐有曰：凡有德者有道者使教焉，没则以为乐祖，祭于瞽宗。守仁之道德，足为师表，又合于乐祖瞽宗之义。臣谓宜进守仁从祀，庶足以兴起斯文，培植风教，且可慰先皇帝褒德之心。谨具议以闻伏候敕旨。

九华山阳明书院记

邹守益

青阳九华山之胜，与匡庐、武夷競爽，至李太白始发其奇，嗣是诗人、隐士、仙、释之流，相与经营其间，而未有以圣贤之学倡而振之者。弘治壬戌，阳明王先生以恤刑至池，爱其胜而游焉。至正德庚辰，以献俘江上，复携邑之诸生江学曾、施宗道、柯乔以游，尽蒐山川之秘，凡越月而去。尝宴坐东严，作诗曰:“淳气日凋薄各，邹鲁亡真承。各勉希圣志，毋为尘所蒙。”慨然欲建书屋于化成寺之西，以资诸生藏修，而未果也。嘉靖戊子，金台祝君增令兹邑，诹俗稽典，始克成其志。中建正堂，大书曰“勉志”，东西有廊室，而亭其后，曰“仰止”；合而门之，曰“阳明书院”。池守韩君楷、二守张君邦教，视而嘉之，更议置田以膳学者。而九华之名，将与白鹿、云谷焕然昭方策矣。诸生乐其绩之成也，不远南都，以来徵言。守益窃闻绪言之教矣。先生之教，以希圣为志，而希圣之功，以致良知为则。良知也者，非自外至也。天命之性，灵昭不昧，自涂之人至于圣人同也，特在不为尘所蒙而已矣。二三子亦知尘之害乎？目之本体，至精至明，妍媸皂白，卑高大小，无能遯形者也，一尘蒙之，则泰山秋毫，莫之别矣。良知之精明也，奚啻于目？而物欲之杂然前陈，投间而抵隙，皆尘也。故戒慎恐惧之功，如临深渊，如履薄冰，所以保其精明，不使纤尘之或蒙之也。纤尘不蒙，则无所好乐忿懥，而精明之凝，定廓然大公矣。亲爱贱恶无所辟，而精明之运用，物来顺应矣。大公之谓中，顺应之谓和；中以立天下之大本，而天德纯矣；和以行天下之达道，而王道备矣。此邹鲁之真承也。古先圣王兢兢业业，克勤克俭，不迩不殖，亦临亦保，率是道也。故尧、舜、禹、汤以是道君天下，而孔、颜、曾、孟以是道为天下师。后之学者，见圣贤之君师天下，其成功文章，巍巍若登天然，而遂以为不可阶。譬诸入明堂清朝之中，见其重门层阁，千方万员，前瞻后盼，眩然以骇矣，而不知所以创造图回，规矩之外，无他术也。二三子其将求之规矩乎？将求之方圆乎？良知之教，操规矩以出方圆也。而摹方效圆者，复哄然以禅疑之。呜呼。爱敬亲长，吾良知也；亲亲长长以达天下，将非致吾之良知乎？恻隐羞恶，吾良知也;扩而充之，以保四海，将非致吾之良知乎？孰为礼，孰为非礼，吾良知也；非礼勿视听言动，而天下归仁，将非致吾之良知乎？是邹鲁之真承也，而何禅之疑？禅之学，外人伦，弃事物，遗肝胆耳目，而要之不可以治天下国家，其可以同年而语乎？书院之建，群多士而育之，固将使之脱末学之支离，辟异端之空寂，而进之以圣贤之归也。二三子之朝夕于斯也，其务各致其良知，勿使蒙于尘而已矣。处则以是求其志，达则以是行其义，毁誉不能摇，利害不能屈，殀寿不能二，使尚论道术者，按名责实，炳炳有征焉，则良有司鼓舞之典，其于圣代作人之助，规模宏集远矣。岂翳山水严壑之遇而已乎？

阳明先生书院记

邹守益

阳明先生官滁阳，学者自远而至。时孟友源伯生，偕弟津伯通，预切磋焉。逾四十年，而伯通令黄州之黄冈，以所闻师友者，与两庠来学及诸缙绅宣畅之。良知之同，远迩翕然，每月三会，每会率数百人，默坐澄心，共明学脉。或质疑问业，期以改过迁善为实际。少间，则考钟击鼓，歌咏情性。少长咸秩，怡怡充适而归。两庠来学议建书院，以永藏修，而中丞方近沙任，旧学于予也，谋于诸缙绅曰："阳明公归自贵阳，诸生郭庆、吴良吉辈及门受学，请尸祝公为矜式。"孟尹以闻于当道，抚按监司咸韪之。而督学刘初泉亟允以垂永久。乃市安国寺左隙地及僧房二重，廓而新之，于听讼中酌助其役。曰讲堂，曰祠堂，曰书屋，曰大门；缭以周垣。而先师图像之刻，祀典之备，门役之守，以次而具。孟君入觐于京，属予兒善以征言，且曰："愿阐师门同然之蕴，以波于江汉。"某拜手复曰：夫同然之蕴，子孟子发之矣。二三子亦知其有时而异乎？口之悦刍豢也，而恶寒发热，则异矣；心之悦理义也，而遗亲后君，则异矣。故同者，本体也；异者，病症也。良师胜友，冠弁一堂，法语必说，异言必从，是上帝降衷，灵明弗昧，无知愚，一也。能绎能改，则如灵明杲日，为美为大，以达诸圣神；弗绎弗改，则灵明如闪电，为暴为弃，以淆诸禽鸟。嘻，其几微矣。昔者孔圣之南游于楚也，歌衰凤则避之矣，封书社则沮之矣，问津则耰而弗告矣。彼皆一时高流名卿，而意见一滞，灵明遂壅障。今黄之耆旧俊髦，超于齐民，欣聆正学，如茹橡采蕨，获饫膏粱，意见可谓融脱矣；其亦有鼓舞于意气、点检于格套、担当于闻见者乎？悦子之道，中心诚服矣而诿诸力，则终于自画；克伐不行，笃于践履矣，而观所由，犹不得谓之仁。见礼闻乐，智足以知圣矣，而博学而识，终与一以贯之殊科。在圣门犹患之，而况吾侪乎？圣学之得其宗者，曰弘以任重，毅以道远，战战兢兢，临渊履冰，以研皜皜一脉。平日见称为鲁，而超然文学威仪之上，二三子其亦念之乎？以江汉，地相迩也；以秋阳，时相遇也。自濯自暴，而不为三蠹所障，即其同以辨异，则纤慝除；反其异，趋其同，则明命莹矣。由是而智及之，曰入门；由是而仁守之，曰升堂；由是而勇终之，曰入室；将质鬼神，俟后圣，举幽明古今，更无二矩，是谓致良知之蕴。顾与二三子交儆之。

虔州报功祠配享记

邹守益

报功祠者，报先师阳明王公功也；配享者，举三湖邢侯珣以配公而与享之也。先师之功在宗社，教在士类，泽在黎庶，尝生祠于濂溪祠，后政者谓弗虔也，徙于郡邑学宫之右。益偕同门俞尹大本，祗谒遗像，议隆报祀。会晴江喻中丞莅虔台，慨然图缵公之绪，修厥废坠，以秩祀典。复念赞襄成功，邢侯预有劳，而祀弗及，以询于士民，士民协其议，而林郡守功懋赞其决，方宪副任核其实，遂列祀名宦，而设像以配于公之侧。伻来征言山房，曰："维公之学，与邢侯之政，皆司成氏所素濡染也。其昭明觇，以信于后。"益也有慨于中，逾三十年矣。往岁受学于虔，时方剿横水、破桶冈、平浰头，郊野乐业，商贾四集，而成人小子，横经讲学，歌诗习礼，雍雍文物之盛。暇日以通家谒三湖于郡斋，历询亲冒矢石，规画章程，众誉归重焉。逆濠之变，益复在军门，樟树誓师，西山捣伏，豫章复城，黄石俘馘，公扶疾冒暑，鞠躬尽瘁，以靖巨憝。而邢侯与松月伍侯，赤然为称首，吉兵将北，侯麾义勇陷阵以往，岁斩贼帅，以褫逆魄，其绩尤伟焉。功高谤兴，群憎反构，权奸势阉，朶颐封拜，将陷公于不测，而嗾以焚掠大多，为同事诸君罪。圣明御极，爵赏始及公，而侯竟参藩，陟左辖，致其事。公辞爵力争之，至有“虚受升职，实畀退闲，阻忠义而快谗嫉，反不若观望引避可以安享富贵，无众口之诽。诚不忍叨天功，掠众美，独受殊赏，以靦颜面”，听者为之汗背，而竟无所济。未几，而公之爵亦弗世矣及矣。益尝告执政曰：“死忠死孝，自是臣子降衷，岂以赏不赏为加损？而国家砺世磨钝，亦使乘风云，附竹帛，赏延于世，以为鼓舞之具。试评江西功次，何啻安化？而赏罚黯暗，豪杰疑沮，異时南征北伐，奚以为军旅法程？此事自关国体，非一家恩泽计。”执政善其言而未改，岂待时而发耶？肆兹中丞，阐幽振郁，顺物情以劝有功，而监司至于郡守、县令，敦古举义，应若桴响。充是操也，秉钧轴，斡化机，别淑慝，树风声，罔俾黯暗疑沮以蔽懿德，将式克休前政，钦成烈以闻于无穷，其兆足权舆矣。益不敏，尚执笔以竢。

天真书院改建仰止祠记

邹守益

嘉靖丙辰，钱子德洪聚青原、连山之间，议修阳明先师年谱，且曰：“仰止之祠，规摹耸旧观矣。宜早至，一记之。”益未果趋也，乃具颠末以告。天真书院，本天真、天龙、净明三方地。岁庚寅，同门王子臣、薛子侃、王子畿暨德洪，改建书院，以祀先师新建伯。中为祠堂，后焉文明阁、藏书室、望海亭，左为嘉会堂、游艺所、传经楼，右为明德堂、日新馆，傍为翼室。置田，以供春秋祭祀。甲寅，今总制司马梅林胡公宗宪按浙，今中丞阮公鹗视学，谋于同门黄子弘纲，改祠于天真上院，距书院半里许，以薛子侃、欧阳子德、王子臣袝。左为叙勋堂，右为斋室，后崖为云泉楼，前为祠门；门之左通慈云岭，磴道横空若虹。立石牌于岭上，曰“仰止”；下接书院，百步一亭，曰“见畴”，曰“泻云”，曰“环海”；右拓基为净香庵，以居守僧；外为大门；合而题之曰“阳明先生祠”。门外泮壁池，跨池而桥，曰“登云桥”。外印龟田，亭其上，曰“大极”云。岁丁巳春，总制胡公平海夷而归，思敷文教，以戢武事，命同门杭贰守唐尧臣重刻先师文录、传习录于书院，以嘉惠诸生。增修祠宇，加丹垩，搜泉石之胜，辟“凝霞”、“玄明”二洞，梯上真，穴蟾窟，径三峡，采十真，以临四睡；湘烟越峤，纵足万状，穹岛怒涛，坐收樽俎之间。四方游者，愕然以为造物千年所秘也。文明有象，先师尝咏之，而一旦尽发于郡公，鬼神其听之矣。

益拜手而复之曰：真之动以天也，微矣。果畴而仰之？又畴而止之？先师之训曰：“有而未尝有，是真有也；无而未尝无，是真无也；见而未尝见，是真见也。”而反复慨叹于颜氏知几之传。故其诗，曰“无声无臭”而“乾坤万有基”焉，是无而未尝无也；又曰“不离日用”而“直造先天未画”焉，是有而未尝有也。无而未尝无，故视听言动一于天，欲罢而不能；有而未尝有，故天则穆然无方体，欲从而末由。兹颜氏之所以为真见也。吾侪之说，服师门众矣，饬励事为而未达行著习察之蕴，则倚于象；研精性命而不屑人伦庶物之实，则倚于凌虚。是自迩而远，自卑以高，犹未免于歧也。而入门升堂，奚所仰而止乎？独知一脉，天德所由立而王道所由四达也。慎之为义，从心从真，不可以人力加损。稍涉加损，便入人为而伪矣。古之人受命如舜，无忧如文，继志述事如武王、周公，格帝享庙，运天下于掌，举由孝弟以达神明，无二涂辙。故曰：无微之显，诚不可掩，指真之动以天也。先师历艰履险，磨瑕去垢，从直谏远谪，九死一生，沛然有悟于千圣相传之诀，折支离于众淆，融阙漏于二氏，独揭良知以醒群梦，故惠流于穷，威詟于剧，功昭于宗社，而教思垂于善类。虽罹谗迩娼，欲掩而弥章，身殁三十年矣，干戈倥偬中，表扬日力。此岂声音笑貌可袭取哉？维梅林子尝受学于金台，取师门学术勋烈相与研之，暨令余姚，谙谏淬砺，荐拜简命，神谋鬼谋，出入下古，旁观骇汗，而竟以成功，若于先师有默解者。继自今，督我同游，暨于来学，骏奔咏歌，务合斋明盛服之实，将三千三百，盎然仁体，罔俾支离阙漏杂之。其望也若跂，其至也若休，以古所称忠信笃敬，参前倚衡，蛮貊无异于州里；省刑薄敛，亲上死长，持挺可挞于秦楚。于以发先师未展之秘。圣代中和位育之休，达为赤舄，隐为陋巷，俾熙熙光天化日中，是为仰止之真。

龙冈书院祭田记

邹守益

龙场驿距贵阳州西七十里，水西安宣慰地，在古夷蔡之外。正德间，先师阳明王公以直言忤逆瑾，谪丞于驿，尝作何陋轩、君子亭、玩易窝及宾阳堂，咸自记于石。瑾怒未解，濒于死屡矣。动心忍性，磨瑕去垢，沛然有悟于洙、泗、濂、洛之脉，融释众淆，折衷二氏，揭良知以醒群酲。嗣是历卿寺，开督阃，翦剧寇，靖逆藩，炳然膺封爵矣。复焉娼者所出，而有志于学者翕然宗之。

嘉靖某甲子，宪副焦君维章，即其地，甓一池如泮，而奉主以祠。壬子，侍御麟阳赵君锦，增堂饰像，缭以周垣，守以驿卒，焕然新矣。中丞须野张君某率藩臬拜跽奠爵帛，颁胙群寮，而祀仪未有常典。丙辰，侍御白厓王君绍元，受学南野宗伯，思崇遗教，以风士民，乃谋于中丞玉华高君翀，曰："祭而无田，弗可以永也。敛于夷则或扰，派于官则或惰，莫若以罚锾之羡，置田，以簿正之，庶明德以飨乎。"藩臬之长杨君守约、陈君尧，咸尚德乐善，协力而成之。计岁入可供二祀，而积余以备修理。复惧其久而湮也，遣伻千里，以纪于石，俾嗣政者稽而勿废。且曰："顾宣畅师门之蕴，俾任学遐荒者，因有兴起焉。"某也不类，尝侍教于先觉矣。谨述所传以就正。

往者尝疑大学、中庸一派授受，而判知行，析动静，几若分门以立。及接温听厉，反覆诘难，始信好恶之真，戒惧之严，不外慎独一脉。独也者，独知也。独知之良，无声无臭，而乾坤万有基焉。知微之显，其神矣乎。于穆不已，而四时行，万物育，故大始之知，独归乾；自强不息，而三德乂，五典敦，故通乎画夜之知，独归诸乾乾。七十子之在圣门，中心悦而诚服也。莫我知之歎，举而诿诸天，盖慨夫能行能习而弗著察也。治任失声，何等爱慕，非江汉秋阳侃侃数语，几不免疑有若于夫子。故莫不饮食而鲜知味，岂独愚不肖当之？吾侪之悦服师门，众矣。检点事为而未达不睹不闻之蕴，是忽恂栗也；研精性命而不屑人伦庶物之实，是略威仪也；知二者之偏矣，而以自然为极则，以戒惧为加一物，是废切磋琢磨也。于皜皜肫肫之教，得无犹有所倚而有可尚乎？在易之乾，以龙取象，刚健中正，纯粹以精，始为聪明睿智达天德之智。卧龙之冈，弦诵言游，奏咸英以破乘间，遗韵未泯焉。凡百君子，骏奔咏歌于斯也，诚诸身，徵诸民，对越诸神明，将为潜、为见、为跃，以觐天子之耿光。进退得丧而不失其正，于龙冈其永有休闻。百世之下，尚有斐勿谖，又何忧于祠？何患于祠田？祠田在龙场之东公鸡壩，去祠二里许。计租米一百四十四秤，民人路大贵所售也。经理之劳，则贵前二卫指挥刘镗、胡恩、杨凤鸣，千户胡杰。法得附书。其田段界至，具勒诸碑阴。

九华山阳明书院记

欧阳德

九华山东去池阳且百里，殿青阳南境，峦嶂廻复，奇秀盘郁，称江南名胜。先师阳明王公每蹑履兹山，幽探遐览，动弥旬月，欲结精舍化城寺西，偏与诸生讲业其中。前御史柯君乔始从乡赋，告诸县令祝君，即其处成讲堂三间，堂后辟[illegible]榛莽，夷阜为原，构亭曰“仰止”。公薨，巡按御史虞君守愚督学，御史闻人君诠奉木主于亭，痹隘弗称，处恭弗展，乃檄同知池州府任君柱改作为祠，其间架视讲堂，而闳丽有加，庑序门垣，罔不完美；唐陈阶戺，罔不廉饬；赡祭有田，奠献有仪，以为公所卜地神或眷。兹且使受学于公若感而兴者藏焉修焉，庶几严奉遗矩，罔有失坠，甚盛厚也。公倡道南服，本良知为教，所谓是非之心不由外铄者，盖自善继而性成，诚立而神发。知也者，神之所焉，性命之灵，德性之则也。虽淫邪无忌之尤者，其掩恶饰善，若或见其肺肝而无所容。神明内融，潜伏孔昭。若此，精一执中，造端于兹矣。而五性感动，牿之反复，迷真丧本，沦胥以溺，匪知弗良，弗能致其知者也。在昔孔门传心之要，必慎其独。迨夫孟子示乍见之怵惕，嘑蹴之惭忿，孩提之爱敬，平旦之好恶，达之足以保四海，亡之不远于禽兽。周子称“静虚动直，明通公溥”，程子论“明觉自然，大公顺应”，其揆一也。公之教，原人心天命之真，足以质往圣俟来学，然予犹惧其暗郁弗章，而无以消天下之疑沮者。夫良农之子，卤莽灭裂，田卒污莱，而父受其訾。大贾有宝，贫慵椟而沽诸市，则日号而不售。凡吾党道扬师训，罔有深造自得之实，则有异于是者乎？故讲学以崇德，或谓立异；尊师以广道，或谓树私。孔、孟、周、程相传之学，因拒而弗信，无怪也。故某以为修公堂宇，贵修其道；依公宫墙，贵依其教。阐之以言，贵先之以身，慎自欺自慊之几，默而成之，遁世不见知而不悔，然后德孚于人，而师训益尊，瞻堂起敬，闻风知慕，学者益笃，兴者益众，岂曰小补之哉。嗟夫。由前之说，诚可惧；由后之说，吾党其可为也。讲堂成于嘉靖戊子秋，改亭为祠，成于甲午夏，先后相协者池州守侯君缄、陆君冈、通守徐君子宜、闻人君、柯君、任君，皆公门人。明年乙未冬十月，门人南京尚宝司卿、泰和欧阳某记祭田祭器，识诸碑阴。

龙场阳明祠记

罗洪先

阳明王先生揭良知之学倡于天下，天下之人师其说而鼓舞不怠者，所在祠之，无问曾至其地与否。龙场，故谪宦处，当时所居，皆手自筑树，其棲迟咏歌之迹，至今宛然，能无思乎？葺何陋轩、君子亭之腐挠，复亭其北，龛主以奉之者，始于宪副雪山某公。某撤亭北壁，夷坎剔秽，中堂三楹，旁翼两序，前为门，题曰“龙冈书院”。周垣缭之，守以传人者，侍御麟阳赵公绵。赵为先生乡人，有气节而又嗜学，故其勤若此。祠成，致侍御之命索余记者，为宪使仰斋胡公尧。时增餙未备，亲视其役，复自为文以祀，且遣使速记者，今巡撰都御史须野张公鹗翼与宪使龙山张公尧年、参政枫潭万公虞恺、学宪高泉谢公东山也。

余尝考龙场之事，于先生之学有大辨焉。夫所谓良知云者，本之孩童固有而不假于学虑，虽匹夫匹妇之愚，固与圣人无异也。乃先生自叙，则谓困于龙场三年而后得之，固有甚不易者，则又何哉？今夫发育之功，天地之所固有也。然天地不常有其功。一气之敛闭而成冬，风露之撼薄，霜霰之严凝，陨获摧败，生意萧然，其可谓寂寞而枯槁矣。郁极而轧，雷霆奋焉，百蛰启，群卉茁，氤氲动荡于宇宙之间者，则向之风霰为之也。是故藏不深则化不速，蓄不固则致不远，屈伸剥复之际，天地且不能违，而况人乎？先生以豪杰之才，迈往之志，振迅雄伟，脱屣于故常，于是一变而为文章，再变而为气节。当其倡言于逆瑾蛊政之时，挞之朝而不悔，其忧思恳欵，意气激烈，议论铿訇，真足以凌驾一时而讬名后世，岂不快哉。及其摈斥流离于万里绝域，荒烟深箐，狸鼯豺虎之区，形影孑立，朝夕惴惴，既无一可骋者，而且疾病之与居，瘴疠之与亲。情迫于中，忘之有不能；势限于外，去之有不可。辗转烦瞀，以成动忍之益。盖吾之一身已非吾有，而又何有于吾身之外？至于是而后如大梦之醒，强者柔，浮者实，凡平日所挟以自快者，不惟不可以常恃，而实足以增吾之机械，盗吾之聪明，其块然而生，块然而死，与吾独存而未始加损者，则固有之良知也。然则先生之学，出之而愈长，晦之而愈光，鼓舞天下之人，至于今日不怠者，非雷霆之震？前日之龙场，其风霰也哉。嗟乎。今之言良知者，莫不曰“固有固有”，问其致知之功，亦莫不曰“任其固有”焉耳。亦尝于枯槁寂寞而求之矣乎？所谓盗聪明、增机械者，亦尝有辨于中否乎？夫良知虚寂无体，其速发而善应，不啻雷霆之鼓其机，而人之忧愉恐喜、咈顺拘肆之态，磊礌出没于胸中，日不知其凡几，又不啻一龙场也。然未有知之而动忍者，彼其根株蔓引之潜滋，而勉强格禁于既发，此虽困顿扼抑之极，将亦何益于进退？生于忧患，死于安乐，岂亦有待其人乎？盖忧悔吝，而后可以言补过；齐夭寿，而后可以言修身。大受而不惧者，内无所系者也；苦难而不入者，近有所安者也。龙场固传舍也，先生遇之，一以为风霰，一以为雷霆。非先生其人，荒烟深箐，狸鼯豺虎故区而已矣，谁为过之？谁为祠之？世之势位，加于龙场何限？考其所至，犹传舍然，而人之遇之者，亦如逆旅之过目。吾又未尝不有感于贤愚相远，而歎先生厚自贻也。先生去龙场四十有三年，而后有祠。又三年，而余始为记。须野公持节来镇，夷獠底定，群公当藩维之寄，庶政修和，顾乃出榛莽，履幽巉，徘徊其地，信宿不能舍去。复走一介索鄙言于数千里外，果何所慕也哉？后之观风者试思之。

移置阳明先生石刻记

罗洪先

昔阳明王先生督兵于赣也，与学士大夫切劘于圣贤之学，自缙绅至于闾阎，以及四方之过宾，皆得受业问道。盖濂、洛之传，至是再明。而先生治兵料敌，卒有以平奸宄者，皆原于切劘之力。于是深信人心本善，无不可复，其不然者，由倡之不力，辅之不周，而为学之志未立故也。既以责志为教，肄习其子弟，复取大学、中庸古本，序其大端，与濂溪太极图说联书石于郁孤山之上，使登览而游息于此者，出埃壒之表，动高明旷远之思，庶几见所书而兴起其志，不使至于懈惰，盖所以为倡而辅之之虑至切也。先生去赣二十余年，石为风雨之所摧剥者，日就缺坏，而是山复为公廨所拘，观者出入不便。嘉靖壬寅，宪副江阴薛君应登，备兵之暇访先生故迹，睹斯石，悲嘅焉。既移置于先生祠中，复求搨本之善者，补刻其缺坏，而讬记于予。予尝观先生所书，恨其学之不俱传也，自孔孟以后，明其学者濂溪耳。故图说原天所以生人者，本于无极，而求复其原，则以无欲为主，舍无欲而言中正仁义，皆不可以合德而反终。故大学言致知，中庸言慎独。独知之地，欲所由辨，求其寡而无焉，此至易而难者也。先生生数百年之下，处困而后自得，恍然悔既往之非，真若脱溷淖而御冷风。故既自以切劘而尤不敢隐于天下。于是择其辞书之石，冀来者之自得，犹夫已也。今先生之言遍天下，天下之人多易其言而不知其处困之功与责志之教。故深于解悟者，每不屑于持守，而意见所至，即皆自是而不疑，哓哓然方且以门户相持兢譬，则石已缺坏，而犹不蔽风雨，顾以为崇护之严，贸焉莫知，其所出入，岂不失哉。夫欲之易炽，速于风雨，而志之难立，有甚于石其积习之久，非一日可移置也。然使精神凝聚，即独知之地以从事焉，则又不易地不由人，而足以自反，譬则石之摧剥于风雨者，复庇之以厦屋，虽失于昔，亦犹可以保其终乎。今石存，则升先生之堂者，宜有待矣。薛君有志于学，其完此石，盖亦辅世之意，而余之困而不学，则有愧于切劘之助也。书之石阴，亦以为久。要云。

题阳明先生祠

钱士完

先生由铨曹来佐冏，论学最著。荆溪吴安节视冏修谒，新其祠宇，谓先生门墙士多遗议者，今其余风日波，夫亦有以致之乎？余未能对，深加考订。当时与滁士谭，见其躁动，且教其静坐，谓将补小学收放心一段工夫。比入江右，又恐喜静厌动，流入枯槁，单提致良知。其说曰:“良知本体昭明洞彻，莫非天则，不论有事无事，精察克治，俱归一路，方是格致实功。”盖先生既惧滞口耳者之粗而言良，又恐躭枯寂者之幻而言致，要使精察克治，悉合天则。汝中序先生之录，亦曰：“有触发之义，有栽培之义，二者合而致良知教旨始全揭矣。”此其用意未始不精密也。读《传习录》，一友问：“欲于静坐时将好名、好色、好货等根逐一搜寻，扫除廓请，恐是剜肉做疮否？”先生正色曰：“这是我医人的方子，真是去得人病根，更有大本事人。过了十数年，还用得着你，如不用，且放起，不要坏了我的方子。”其严毅如此。读与舒国用书曰：“才谓敬畏之增，不能不为洒落之累。又谓敬畏为有心，如何可以无心而出于自然？凡此皆欲速助长之病也。动容周旋而中礼，从心所欲而不逾，所谓真洒落，是洒落生于天理之常存，天理常存生于戒慎恐惧之无闻，孰谓为洒落之累？尧舜之兢业，文王之小心，皆出于心体之自然。出乎心体，非有所为而为之，自然之谓也。”其透切如此。与黄宗贤：“凡人言语正到快意时，便截然能忍默得；意气正到发扬时，便翕然能收敛得；愤怒嗜欲正到腾沸时便廓然能消化得。”非天下之大勇者，不能其近里如此，成言具在，脉路最真，然孔孟之教，引而不发，以待深思自得。先生“致良知”三字，一句道破，学者往往以口语承之。彼玩弄天机，享用见成良知者，渐流入于虚圆而鲜真诣，甚则检押大逾，以身为谤，犹然藉口良知，视先生前数条训言何如也？可猛省矣。余因葺先生祠宇，特拈出之，以复吴先生九原可作，或亦首肯否？祠由先生弟子闻人诠允诸生请，建于丰乐、紫微间，余椒戚贤为之记，今始再葺云。

王文成公祠碑

吴桂芳

阳明先生王文成公，以正德己卯来平我南昌逆濠之变。南昌之民赖先生义师得脱水火，即衽席，思所以俎豆先生以报祀功德于无斁者，亿万人一心也。顾先生道大望尊，功成疏爵，身没之后，忌者稍起，郡民盖贸贸焉。嘉靖己亥，前少师华亭存斋徐公视学江右，始狥士民之请，即射圃旧址，肖先生像祠之。丙辰，前司徒晋江可泉蔡公来抚我邦，议捐赎金葺之。乙丑，徐公复捐赐金再葺之。自是南昌父老始得岁时伏腊拜瞻祠下，欷戏低回，久之而后去。二公复即祠之左右，建号舍若干楹，集郡诸生俊者，读书讲学其中，祠彬彬称盛矣。隆庆改元，穆宗皇帝修举先庙佚政，时华亭徐公方柄国，天子允诸廷臣之议，诏复先生新建伯，世其爵，遣官谕祭造年，赐谥文成。盖先生应得彝典，兹焉始备。时南昌之民相与举手加额，称明圣云。今葬春，侍御巡察云门任公澄清之暇，睹先生庙宇恢宏，而祠额未称，爰谋于抚台凤竹徐公，檄太守云皋周公竖坊其前，扁以今諡。更檄太守议所未备者，属邦人记之。太守议曰：先生之祠，记之者既再矣，顾皆陈述先生学术大端，而未及先生戡定之伟绩。夫江汉告成，吉甫作诵；淮蔡既乂，昌黎述碑。先生平逆濠之难，社稷之功也，祀之宜也，其功在南昌，则南昌之专祀之，又宜也。祠先生以崇德，抑以报功记先生之祠者，可独废哉。请以属司马氏。司马氏曰：余齠龀时，闻郡长老言正德己卯六月之变甚祥，盖是时豫章之民每饭不忘王公也。大烈哉。仁人哉。其功其德无兢已。顾讵今垂六十年，未有记其事者，岂非郡中之阙典欤？凤竹、云门二公之政举其大，太守周公之议协于中，其贤夫。其贤夫。余以所闻于郡父老者著于篇，俾郡子弟暨祠中诸生于俎豆先生时声歌之。其辞曰：

昔在中叶，武皇震业。内蝥外讧，根盘株结。衅宂攸乘，以芽以蘖。蠢兹宁濠，王我大邦。德否志修，睥睨匪常。招逋纳叛，逆谋用张。帝念亲藩，削其护卫。爰遣近臣，往诘其罪。逆濠闻之，反形斯炽。戕我抚使，及于宪臣。天地以黯，日星为昏。贼旗纷指，虐焰如焚。遂破南康，以迄九江。舳舻绵绎，其锋莫当。远近大耸，望风迎降。桓桓王公，开府于赣。有诏赴闽，抚处军叛。既次剑江，仓卒闻变。扁舟宵遡，驻辔吉安。虎符遄发，四征材官。洒涕临戎，不共戴天。义师之兴，有严有翼。亦有吉守，同心戮力。暨于列郡，奉期成集。公有劲卒，日维新民。感公神武，赴义如奔。曾不逾旬，亦集辕门。兵既萃止，我武维扬。元戎万艘，以先启行。公曰咨汝，文武将吏。贼帆既远，予追曷企。维是南昌，贼巢在焉。我往克之，贼必内牵。归而擒之，易若燎原。将吏曰都，兹维胜算。先人夺人，贼将焉窜。旌帜蔽江，士志競劝。豫章之野，其墉言言。贼之宗盟，城守甚坚。公亲誓师，一鼓应弦。公亟下令，叛者独夫。若军若氓，皆我发肤。有妄杀者，立抵厥辜。城下之日，市不改肆。老稚胥庆，壶浆箪食。于时逆濠，盛兵在皖。攻其外郛，画夜靡缓。我捷既闻，贼丧厥魄。迺解皖围，星言返国。归次黄溪，我师逆之。贼锋甚锐，我气小摧。公再誓师，戮彼北者。凡厥效尤，必杀无赦。时维盛秋，西风方飚。公曰时哉，火攻为上。乃集轻舟，乃苇乃膏。揭帆顺流，直捣贼艏。濠急挥金，躬擐督战。火燎其舟，贼是溃乱。大兵乘之，遂执渠魁。或俘或馘，余孽尽夷。凯声雷动，欢徽九衢。父老有言，我为贼穴，匪公来疾，贼且反檝。虎而负嵎，厥未易驱。将协吾众，以抗王师。哀此无罪，匪屠则诛。公之德矣，何日忘之。父老再言，濠逆始传，武皇赫怒，亲征而南。匪公擒濠，万乘来狩。我室我家，孰保相守。公之德矣，如山如阜。父老又言，公既平逆，巨珰贪天，拒公奏绩。矫诏提兵，来入公壁。公也御之，不吐不茹。经权竝运，彼珰诚翰。莫敢我噬，亦莫敢我渔。公心独若，公民晏如，公之德矣，曷其斁诸。维公德懋，维公功巍。肃皇锡爵，恭皇世之。金章铁券，与国咸熙。爵以酬功，祠以寄思。成我思者，华亭少师。葺之廓之，少师司徒。且葺且坊，两台之烈。伐石记功，守议之协。司马作碑，以告来哲。

阳明先生祠堂记

焦　竑

孔孟之学，至近世而大明，如日之中天，非无目者未尝不知而仰之，则阳明先生力也。先生自谓“其学凡数变，盖从万死一生中得之”，是岂可以易易言哉。今先生之说盛行于世，而尸祝之者几遍宇内。独金陵师首善之地，先生为太仆、鸿胪卿于此者且六年，都人士沐浴膏泽，沾丐芬香者不少矣，而顾无专祠以祀之，非缺事欤？顷岁绍兴周海门公以符卿摄兆，士大夫抠衣问学者无虚日，其所推明阐绎，率先生意也。爰念居游无所，而瞻响靡从，非所以兴学。乃择高敞燕闲之处，畚壤测臬而大葺之，经体面势，言言譮譮，不大变徙而祠适成。当是时，京兆黄公继至，尤嘉公意，而相其所营。于是斫削，丹雘之饰，焕然完富，而士以得学其中为乐，相约而诣余请记。

《易》曰：“形而上者谓之道，形而下者谓之器。”余观先生之始也，其为虑深。尝示人以器，而略于道，俾守其矩矱而不为深微之所眩。然使终于此而已，学者将苦其无所从入，而道隐矣。乃遴二一俊人，时以其上者开之，如所谓“无善无恶”者是已。至今昧者未隐于心，而大以为先生病。孔子不云乎：“我则异于是，无可无不可。”“可不可”者，即善与恶之云也。究且举“意、必、固、我”而绝之，则空洞之中，纤微不立，而何善之可言乎？无美者，天下之真美也；无善者，天下之至善也。是非都捐，泯绝无寄，而变化兆焉。此道之系窾系而名曰“大本”者也。不此之求，而呶呶然枝业之辨，譬于执糟粕而弃醇醪，恶足以与于道哉？夫为学而致道，犹掘井而及泉。泉之弗及，郎九仞何为也。先生起于学绝道废之余，处困居夷，矢志必得，以彼磨礲锻炼，如木生嵌严奇蹇之隈，欲透复缩，而非干霄摩云则弗止，宜乎明既晦而续不传，其所成之伟如此也。学者有志于先生之为人，不可不求诸学。有志于先生之学，不可不求诸道。苟其以语上为讳，而安于日用不知之民，甚非先生之意，而亦非符卿所望于诸君子者矣。余故备论共事，令学者究先生之微言，而不为咻者，辍庶斯道之明，日伸月引，而载符卿之美于后世，其亦将亡穷也哉。

王文成公祠记

葛寅亮

昔阳明先生之谪龙场也，由间道浮海入闽，因游武夷，有“险夷原不滞胸中，何异浮云过太空”之句。故兹山有先生故迹焉。夫武夷为神仙之居，遗蜕犹在，儒者以为怪诞不道，而讵知通天地人曰儒，造化鬼神，应无不了彻，而岂得隅见自封，骇所不经见以为怪。若先生入室禅宗，开壇儒学，世出世法，几于一之，而《浮海》一咏，聊以露同得丧齐死生之概焉耳。予每读先生书，徘徊向往，愿为执鞭而无从兹。武夷诸生以予天游之生祠改祀纯阳也，后另建祠于接笋峰下，予仍为撤去，改建文成祠。嗟乎。丹山碧水，多为俗士驾所点，惟先生险夷一视，有若仙踪之蝉蜕焉者，以先生居此，诸十三仙侣必翩翩携手入林，而不为北山之移矣。

重建王文成公祠记

王　梓

自古寇乱之作，天必生一奇伟特达之士，平定而安辑之。上以利社稷，下以福苍黎。事虽出于一时，功实敷于奕世。固未尝蕲人之感而感之者，千百载如一日，亿万人有同心，此天理民彝之不容已也。崇安武夷山之一曲，旧有王文成公祠。嘉靖戊午，本郡董司马白之、刘使君创建。游山仰止者咸谓：公初斥权阉，谪龙场，间道过此。后人表其经历，或又曰：公尝次壁间韻，有“肩舆飞度万峰云，回首沧波月下闻”之作，故因诗祀之，而不知皆非也。此崇德报功之举耳。公提督南、赣、汀、漳，尝剿漳寇，破长富村等巢三十余所、水竹大重坑等巢一十三所。选丁壮，立兵符，通商贾，足军需，不调狼达，不加赋敛，居民安堵，而数十年逋寇悉平，又奏设县治，移巡司，以为久长计。至于今，地称易治，此功德在汀、漳者，今两郡皆有特祠是矣。后又奉敕勘处福建叛军，虽中道平宸濠还，然为闽上游经画者甚悉，其与王晋溪司马书云：闽中之变，皆由积渐所致。始于延平，继于邵武，又发于建宁及沿海诸卫所。论者以为，寇盗要领，公诚得之，后人奉其指授，卒以成功。然则八闽之中，被泽者五。其于本郡，功德何似而可勿祠以祀之乎。旧祠圮废六十余年矣，梓承乏兹土，怒焉心伤，每过其地，辄思重构。戊子夏，公六世裔草堂名复礼者，以制抚两台聘请至闽，白之督学观察，欲复是祠。而巡宪泽州陈公，又以阐扬先哲为己任，捐俸首倡。梓因得敬承趋事，数年积愿，一旦获伸，宁非快欤。顾旧基在观西溪口，蔓绝荒凉，不堪经久，今更择望仙桥右建之。山空鸟怨，忽而晕飞；迹晦烟消，倏然云构。是会也，窃有五善焉：崇德报功，勿忘遗爱，一也；地以人传，名山增重，二也；刘公创于前，梓幸踵其后，天运一周而复，三也；梓复以余力，选公文集刊之，四也；武夷为文公讲学地，历五百余年阒其无人，祠成而草堂不忍弃去，结茅隐此，以继往躅，五也。工既竣，谨祥次其事而记之。

重修阳明先生祠记

邹元标

庚寅秋，予赴铨曹，舟过池阳，望群峰昂霄耸壑，郁郁青青，问之则九华峰。予乃蹑跻而登，僧来亨指山隈为阳明先生祠，导予游。予至祠前，荆棘莽翳，堂户倾圮，不可为礼。予赋诗寄慨，属秦令君新之。令君唯唯，会以迁去，留金竢后来者。而继秦者为蔡君，君履其地，慨然曰："毋论先生勋贤弥宇宙，即吾里先哲流风，讵可令澌灭草莽间为。"遂捐俸大加修葺，堂额门庑仍旧，而祭有田，田有志，备矣。复遣僧来亨者问记邹子，以邹子故窃闻先生绪余。

予执笔茫然者累日。忆余幼从乡先生游，言必曰先生，心窃疑之，而实嗜文清所为《读书录》也者，故日必有录，然于先生学未尝置念也。及戍贵竹，留心格物之学，语人人殊，独于先生"致良知"、"事事物物之间，格其不正以归于正"之语有入，因叹曰："往儒博物理于外，先生约物理于内。夫博约不同趋，内外不相谋已久，约而反求诸身者，端本之学也。"然盘桓日久，知与事相持，正与不正相敌。因读先生"戒慎恐惧"语曰："戒慎恐惧是功夫，不睹不闻是本体。”又曰：“不睹不闻是功夫，戒慎恐惧是本体。”曰：“合得本体是功夫，做得功夫是本体。”恍然曰：“功夫即本体，本体即功夫，离本体而言功夫者，是妄凿垣墙而殖蓬蒿。”然心虽自信，而于所谓本体者，若犹有端倪可即，于心未有当也。年华浸盛，至道无闻，每一念及，潸然泪落，遂时时反观自讼，一旦有契于先生所谓“无善无恶心之体”者，遂跃如曰：“先生盖已上达天德，非腐儒所能窥测。”然元标从事先生之学盖三变矣。

盖尝论先生之倡道当时，如清风披拂。诸君之齐心服刑，如群鼠饮河，各得其性之所近而已。有谓“知必锻炼而后良”者，则“不虑而知”之说非乎？有谓“必揭良能始足该括”者，则“孩提知爱知敬”之说非乎？夫知爱知敬者，知也；能爱能敬者，即良能也。有谓“必归寂而之感”者，不知良知之体无寂感、无内外，而分内外寂感者，是二见也。有窥生机盎然，日以畅愉为得力者，不知“战战兢兢，小心翼翼”，未必非生机也。夫此于先生之学者皆具一体，然于世亦各有补。予独怪夫“万物一体”、“圆融无碍”之说倡，而学浸以伪也。夫良知，理一也，而分则殊；体圆也，而用则方。先儒之一体也，合天下以成其身；后儒之一体也，借天下以济其私。先儒之圆，神也，本之方以知；后儒之圆，神也，流于诡与随。藉口“交道接礼”之说，无论宋薛齐七十、五十、百镒皆可受矣；藉口“委曲行道”之说，辙环列国，栖栖依依，为是不脱冕而行非矣；藉口“猎较犹可”之说，和光同尘，为是先簿正祭器非矣；藉口《中庸》之说，乡愿、德贼，味道模棱皆所不计矣；藉口“泛爱众”之说，孔子不必瞰亡于阳货，孟子不必示默于王欢矣。神出鬼没，朝更夕易，夫岂先生之教端使之然哉？

说者曰:“良知醒而荡，非良知荡也。赝儒荡也。荡非良知也。”或曰:“圣贤立教，各因其时，当时注疏训诂，牿我性灵。学者昧反身之学，孳孳矻矻，老而无成。先生一破俗学，如洪钟之醒群寐，其群而趋之也，如百川之赴壑。今流弊若兹，司世道者，宜易其涂辙，以新学者心志。”予曰:“此非予所能测也。孔、孟不尝言仁义哉？流弊至于‘为我’、‘兼爱’，则仁义亦可废耶？圣贤言语，无非欲人识其本心耳。本心既明，即良知亦虚谭也，而何必复为更端。”

曰:“然则先生之教卒不明耶。”予曰:“先生所谓良知者，通天地，亘古今，彻昼夜，一死生，贤愚同共，非推测影响之知也。先生以全体为知，而世儒以推测影响为知，其去先生之教益远矣。良知本庸，勿厌常而喜新；良知本淡，勿吊诡以博名；良知本实，勿慕虚而谭高。子臣弟友慥慥皜皜，即圣人复起，能易先生教哉。《大学》曰‘先致其知’，宋儒曰‘进学在致知’，是知非自先生倡之，圣贤已先诏之矣。先生之祠所至增修，而先生之旨不明，则谁之忧乎？子等与有责矣。”

祠始议于予师大中丞鉴塘朱公、同年操江元冲张公，二公皆当时名臣。赞成于下，则予同年兵宪玉峰侯君，都谏文台吴君、太守沧南何君。蔡君下车未几，首先兹典，可谓知所重矣。是为记。

重修阳明先生祠碑记

陶望龄

物必有职，得职而后物举。农职耕，工职器，胥职簿领，商职贸迁。耕、器、簿领、贸迁者，所以为农、工、胥、商者也。性者，人之所以为人，故人之职在乎知性。农不知耕，工不知器，胥不知簿领，商不知贸迁，是谓失职，失职则无以为农工胥商。魁然命为人，而不知性何状，此亦失人职矣。群职坠一则一事旷，人职失则人旷，古先贤哲，皆毕世以研之，群居以辨之，黾黾亟亟，若甚饥祁寒之不可解，几以修人职而忧其旷耳。吾无远引，维我阳明先生，天授超颖，平生所建立，尺节寸膏，分丐数辈，皆足凭睨而介立，荣名而润身，而先生视若秋云绚空，不足有也。自登朝莅官，至穷愁窜逐之乡，锋驰刃接之地，岩□□□之时，靡不俦侣，正衣冠，征诘讲明于此学。虽处群姗，涉至险，而不变不疑，盖明此之谓人悖则禽、迷则鬼矣。人旷而入于鬼与禽，此至痛也，至哀也，先生忧之，故拳拳思与天下共举其人职，无使旷佚，而标指二字，以立判乎人禽鬼之关，所谓良知者是也。

夫自私用智，生民之通蔽也。自私者，存乎形累；用智者，纷乎心害；此未达于良知之妙也。混同万有，昭察天地，灵然而独运之谓知；离闻泯睹，超绝思虑，寂然而万应之谓良；明乎知而形累捐矣，明乎良而心害遣矣，良知者所以为人而远禽与鬼之路也。诚举人职，则先生之学不可一日而不明，其功亦不容一日而泯。道衰教湮，良知为铃说，末俗侮圣耳；敉心訾友，指为浮浪之谈，迂缓不切之务，词章声利，汩汩滔滔，终身于氛雾醉眠之境，而犹自居为实修庸履。嘻。其亦惑矣。

先生祠堂肇建于嘉靖十六年，时御史周公汝员实成之，有司以岁时庀俎豆，门人自汝中先生以降，尝率其乡人讲会于中。岁既久，像设榱桷，丹青弗严，阶城陵夷，垣圮庭秽。御史皖鲁岳方公以鹾使者省方会稽，祗谒祠下，爰檄山阴令余君以赎金若干两，鸠工饬新之。再阅旬，夷者圭，败者坚，黯者焕，登先生堂，为之改观易虑，若懦起什植而暗破也。方公尊人谈道江、淮之间，蔚为儒宗，人称本庵先生。公绍明庭闻，超然自得于良知之传，独契微奥，嘉与越人士修举绝学，作新之旨；寓诸庙貌。工甫竣，会巡抚都御史赣紫亭甘公视师海上，道越，乃用牲于祠，大鸠其郡缙绅文学之士，登坛讲道，为言良知在日用，非阔迂虚远之谓，闻者洒然。盖祠之兴七十余祺，而二公始以宪节之重式临之，褒崇阐绎，相责于一时，甚盛事也。山阴令过予，请镂文牲石，以纪其盛。

予维古者仕而归，则教于其里，没以配社，谓之瞽宗，是学校之始也。孔子、孟氏之道足以师天下万世，故秩祀遍于郡国，然邹鲁之乡，彬彬如也，学士大夫咸宗之。先生于越所称乡先生，其祠盖古者瞽宗之义，而越于天下，所谓邹鲁也。地近势亲，守其道为甚易，其士之贤不肖，学之明晦，足以系四方。观视其责，甚重且艰。夫不图其所艰，而屑越于所易，诞嫚无信，浮谈不重，以负其上之人，所以章教厉俗之意，此《易》所谓“匪人溺其职，而弗举”者也。意者，予亦未免欤。嘻。可惧也哉。可惧也哉。

王文成公碑

黄道周

予观于礼乐，盖积百年未备也。夫亦待人迟久，乃起其经制功德，相为近远也。我太祖定天下，既百五十年，吾漳郡邑，始有定制。而平和一县，为文成建置之始，去文成数十年，始为特祠丽学宫。又且百年，而黎献思之，参政施公、大令王公始议于东郊别崇庙貌。所议别庙者，以祖功德，且正复祠礼也。呜呼。夫岂其经始隐括不遽迨此乎。亦各待人，智不必身出，力不必自己。方文成初破贼，从上杭分道衔枚趋象湖时，我漳西鄙，实为发轫之阿；既再用师，破横水，划九连山东至河头，从民情设兹治，则公声名已烂然照于穷壑。故公之殊猷伟绩，盛于虔、吉，收于南昌，迎刃破竹，则皆于是始也。公既治虔中，不数至岭左，然以漳西不治，则岭左右皆不得治，故其精魄所注，在岭左不下虔中。今自平和设县以来，百二十年，弦诵文物，著于郡治，在崇义、和平，邈不敢望者，岂独其山川雄骏苞郁使然？亦以为名贤巨掌高蹠之所专导灵宰实护之。呜呼。士君子谆谆讲道德理义命，无大显贵，人为之屏扆前后，则峨冠侧岸者翻卷姗笑之；及际风云、逢特达，大者跨素臣享所未有，小者顺民情别地利，为苍赤数万，食报无穷，虽大君子名贤亦皆不能自知也。文成之初涉江，从武夷出龙场，樵苏自给，蛇豕与居，召仆自誓，此时即得山城斗大，南面鸣琴，其中岂下于中都之宰？然文成廓然不以此贰念，独于文字散落之余，豁然神悟，以为声华刊落，灵晃自出。今其学被于天下，高者嗣鹅湖，卑者溷鹿苑，天下争辨又四五十年，要于文成原本所以得此未之或知也。

吾漳自紫阳莅治以来，垂五百年，人为诗书，家成邹鲁，然已久浸淫佛、老之径。平和独以偏处敦朴，无诐邪相靡，其士夫笃于经论，尊师取友，坊肆贸书，不过举业传注而已，是岂《庚桑》所谓“建德之国”，抑若昌黎所云“民醇易于道古”者乎？忆余舞象时尝游邑中，时时出黉西过瞻旧祠，疑其庭径湫侧，意世有达人溯源嶓岷，必有起而更事者，距今五十余年，而当道伟识，果为更卜奕起。呜呼。人学与治，亦何常各致所应致、治所应治者，皆治矣。

即使山川效灵，以其雄骏苞郁者畅其清淑，令誉髦来彦溯文成之业，以上正鹅湖，下钼鹿苑，使天下之小慧闻说者无以自托。是则文成之发轫，藉为收实也，于紫阳祖祢又何间焉？

于时主县治者，为天台王公，讳立准，莅任甫数月，举百废，以保甲治诸盗有声。而四明施公莅吾漳八九年矣，漳郡之于四明，犹虔、吉之于姚江也。王公既选胜东郊，负郭临流，为堂宇甚壮。施公从姚江得文成像，遂貌之并为祠，费具备，属余纪事。余以文成祀杠两庑，可奏诸雅其别庙者，宜自为风，因为迎送神之曲，其辞曰：

折瑶枝兮捣琼糜，思君兮中阻饥；扬灵篚兮播灵旗，轿欲来兮何期？大江横兮大岭绝，射朝曦兮马当发。招余弓兮云中，遗予佩兮木末；虽无德兮心所知，昔曾来兮安足辞。露所生兮雨膏之，菊有芳兮兰与吹。追邹车兮抗峄马，上天兮下土；不同时兮安得游？登君堂兮不得语，耿徘徊兮中夜。

令诸生歌之，得毋以为楚声乎。

阳明先生门生及历代评鉴者名录

谢　迁　(1449-1531)，字于乔，号木斋，浙江余姚人。成化十一年进士第一(状元)。弘治八年入内阁参与机务，累官太子太保、兵部尚书兼东阁大学士。历经成化、弘治、正德、嘉靖四朝，政绩卓著，为当时世称的“天下三贤相”之一。

董　沄　(1457-1533)，字复宗，号萝石，晚号从吾道人，浙江海盐人。明代著名的学者。六十八岁时拜王阳明为师。

蒋　冕　(1462-1532)，字敬之，一字敬所，号湘皋。全州县城北隅(今广西全州镇北门一带)人。明朝弘治、正德两朝及嘉靖前期重要政治人物，官至首辅内阁大学士。

罗钦顺　(1465-1547)，字允升，号整庵，今江西省泰和县上模乡上模村人。明朝教育家。官至礼部尚书，后辞官，潜心格物致知之学，专力于穷理、存心、知性，对王阳明的心学持批判态度，尝与阳明往返探究致知与格物的关系。他的思想对日本德川时代的哲人有深远影响。

湛若水　(1466-1560)，字元明，号甘泉，增城(今广东省增城县)人，明代著名的哲学家。历南京礼、吏、兵三部尚书。与王阳明同时讲学，各立门户，著有《湛甘泉集》。

费　宏　(1468-1535)，字子充，号健斋，又号鹅湖，晚年自号湖东野老。明朝宰相。二十岁中殿试状元，深受宪宗皇帝的赏识。

黄　绾　（1477-1551），字宗贤、叔贤，号久庵、石龙。浙江省黄岩县洞黄（今温岭市岙环镇照谷村）人。王阳明最得意的门生之一。

林希元　（1482-1567），字茂贞，号次崖，福建同安县人山头村人。明代理学家，官至大理寺丞。

方献夫　（1485-1544），字叔贤，南海人，于明弘治、正德、嘉靖三代为臣，曾任光禄大夫、柱国少保、太子太保、吏部尚书、武英殿大学士，因此被尊称为“方阁老”。

季　本　（1485-1563），字明德，号彭山，会稽（今浙江绍兴）人。从王守仁学。武宗正德十二年登进士第。授建宁府推官，征为御史，以言事谪揭阳主簿，官至长沙知府。

薛　侃　（1486-1545），字尚谦，号中离，人称中离先生，揭阳县龙溪都（今属广东潮州市）人。明武宗正德二年进士。师从王阳明，晚年在岭南办学，专习并传播阳明学说。著有《中离集》。

聂　豹　（1486-1563），字文蔚，号双江，江西永丰县人。官至兵部尚书，加太子少保，明代有名的清官之一。聂豹以王阳明为师，而且十分推崇王阳明的“致良知”学说。

徐　爱　（1488-1518），字曰仁，号横山，浙江余杭人。王阳明的妹夫和第一位学生，同时也是王阳明最得意的学生，有“王门颜回”之称，曾任南京工部郎中。

邹守益　（1491-1562），字谦子，号东廓。江西安福县北乡澈源（今江西省安福县连村乡新背老屋里村）人。明代著名的理学家、教育家。王阳明的弟子。

魏良弼　(1492–1575)，字师说，一作师悦，号水洲，新建（今属江西南昌）人。明理学家、教育家，受学于王阳明，与钱德洪、陈九川、刘邦采、罗洪先、邹守益等往复论学，联集讲会，阐扬王学。

陈九川　(1494–1562)，字惟溶，号竹亭，后号明水。江西临川人。明中期理学家、诗人。正德九年进士，授太常博士。崇尚理学，曾拜王阳明为师，是江右王门的代表人物。著有《明水先生集》、《传习续录》等。

欧阳德　(1496–1554)，字崇一，号南野，泰和（今属江西）人。明代理学家，官至礼部尚书。受业于王守仁。与邹守益在江右王门中以信守师说著称。

钱德洪　(1496–1574)，初名宽，字洪甫，号绪山，时称绪山先生，浙江余姚人。官至刑部郎中，王阳明的大弟子。王阳明去世后，他收集了王阳明的遗稿，编成传世本《传习录》和《阳明文录》等多种书籍，对王阳明学说的发扬光大起到了重要的作用。

程文德　(1497–1559)，字舜敷，号松溪，浙江永康独松人。明嘉靖八年以一甲二名榜眼进士及第，授翰林编修。师事王阳明，得“良知良能”学说要旨。

王　畿　(1498–1583)，字汝中，号龙溪，时称龙溪先生。浙江山阴（今绍兴）人。明代著名的思想家。师从王阳明，为王门七派中浙中派创始人，著有《龙溪全集》。

徐　阶　(1503–1583)，字子升，号少湖，松江府华亭县（今上海奉贤区齐贤镇）人。阳明心学的完美继承者。击溃严嵩后成为内阁首辅，并在退休前提拔了张居正。

谈　恺　(1503–1569)，字守教，明朝无锡人，号十山，无锡人。官至都御史。

罗洪先 （1504-1564），字达夫，号念庵，江西吉水人，明代学者，阳明学派的重要继承者和开拓者，杰出的地理制图学家。

孙应奎 生卒年不详，字文卿，号蒙泉，浙江余姚人。嘉靖八年进士。官至右副都御史，总理河道。师从王阳明，尝从之讲学。

赵贞吉 （1507-1576），号大洲，内江桐梓坝人。嘉靖十四年中进士。官至礼部尚书、文渊阁大学士。

朱　衡 （1512-1584），字士南，又字惟平，号镇山，江西万安县人。嘉靖十一年进士，官至工部尚书兼右副都御史，总理河道。著有《道南源委录》等。

蔡汝楠 （1514-1565），字子木，号白石，明湖州德清（今属浙江省）人。八岁侍父听讲于湛若水门下，每每有所解悟。十八岁时考中进士，官至兵部侍郎。

宋仪望 生卒年不详，字望之，吉安永丰人。约明世宗嘉靖四十年前后在世。嘉靖二十六年进士。明史记载："仪望少师聂豹，私淑王守仁，又从邹守益、欧阳德、罗洪先游。守仁从祀，仪望有力焉。"

徐　渭 （1521-1593），初字文清，后改字文长，号天池山人、田水月、青藤道人等，山阴（今浙江绍兴）人。明代著名的文学家、书画家、军事家。

王时槐 （1522-1605），字子直（一作子植），号塘南。安福（今属江西）人，明代教育家。

王宗沐 （1524-1592），字新甫，号敬所，浙江临海城关人。嘉靖二十三年进士，官至山西右布政使。任江西提学副使时修王阳明祠，建正学、怀玉书院，于白鹿洞聚集诸生，亲自答疑、讲学。

耿定向 （约1524-1597），字在伦，黄安（今湖北红安）人。嘉靖三十五年进士。隆庆初，为大理寺右丞。万历年间任福建巡抚。官至户部尚书。辞官后居天台山，设书院，学者称之为天台先生。

王世贞 （1526-1590），字元美，号凤洲，又号弇州山人，太仓（今江苏太仓）人，明代文学家、史学家。“后七子”领袖之一。官至刑部主事。

李　贽 （1527-1602），字宏甫，号卓吾，别号温陵居士、龙湖叟等，晋江（今福建泉州）人。明代杰出的进步思想家、文学家、史学家。

张元忭 （1538-1588），字子盖（子荩），别号阳和，山阴（今浙江绍兴）人。明隆庆五年状元，授翰林院修撰。万历中为左谕德兼侍读。

焦　竑 （1540-1620），字弱侯，号漪园、澹园，山东日照（今日照市东港区西湖镇大花崖村）人。明万历十七年进士第一，官翰林院修撰。明代著名的学者，著作甚丰，有《澹园集》、《老子翼》、《庄子翼》等。

周汝登 （1547-1629），字继元，别号海门，嵊县（今属浙江）人。万历五年丁丑进士。官至南京尚宝司卿。师事罗汝芳，继承王阳明《朱子晚年定论》的思想，以王阳明的“本心”之学为宗。

邹元标 （1551-1624），字尔瞻，号南皋。江西吉水县县城小东门邹家人，明代东林党首领之一，与赵南星、顾宪成号为“三君”。官至刑部右侍郎。

李腾芳 生卒年不详，字子实，湘潭人。约明神宗万历三十五年前后在世。万历二十年进士。官至礼部尚书协理詹府事。学宗王阳明。

查　铎 生卒年不详，字子警。嘉靖进士。万历初官广西副使，因疾归田。后修缮水西书院，讲授王畿、钱德洪之学。

王春复　生卒年不详，字与乐，嘉靖戊戌年进士，历官所至，皆有惠政，官至三省总宪。

钟　惺　（1574-1624），字伯敬，一作景伯，号退谷、止公居士，湖广竟陵（今湖北天门市）人。明代著名的文学家。出身于书香门第，万历三十八年中进士。

刘宗周　（1578-1645），字起东，别号念台，浙江山阴（今绍兴）人。明万历二十九年中进士。刘宗周是明代最后一位儒学大师，也是心学的殿军。由他开创的蕺山学派，在中国思想史上产生了十分巨大的影响。

林　钎　（1578-1636），字实甫，号鹤胎，明末泉州同安金门人。万历四十四年殿试探花进士，官至东阁大学士。

叶绍颙　生卒年不详，字庆绳，号妙高。吴江人。明进士，历官御史。明亡之后，隐居避世，皈依佛门，法名行承。

钱谦益　（1582-1664），字受之，号牧斋，晚号蒙叟、东涧老人。东林党的领袖之一，清初诗坛的盟主之一。官至礼部侍郎，因与温体仁争权失败而被革职。

施邦曜　（1585-1644），字尔韬，号四明，浙江余姚人。万历四十一年进士 。官至左都御史。时奸臣魏忠贤当道，施邦曜不与附和，被削籍归家。晚年潜心向学，与姚江书院学人共同研习阳明学说，并参与编纂《王阳明全集》。

黄道周　（1585-1646），字幼玄（或幼平），又字螭若、螭平，号石斋，福建漳浦铜山（现东山县）人，明末著名的学者、书画家、民族英雄。官至礼部尚书，明亡后抗清，被俘殉国，谥忠烈。

查继佐 （1600-1667），本名继佑，因应县试时误写，遂沿用。初字三秀，更字支三，又字伊璜、敬修，号与斋、方舟等。浙江海宁人。癖好历史，著作甚丰，有《罪惟录》等传世。

黄宗羲 （1610-1695），字太冲，一字德冰，号南雷，别号梨洲老人、鱼澄洞主等，浙江余姚人，明末清初著名的经学家、史学家、思想家，与顾炎武、王夫之并称明末清初三大思想家，亦有“中国思想启蒙之父”之誉。

叶方蔼 （？-1682），字子吉，号讱庵，江苏昆山人。顺治十六年进士，官至刑部侍郎 。

魏　禧 （1624-1680），字冰叔，一字叔子，号裕斋。江西宁都人。明末清初散文家。

朱彝尊 （1629-1709），字锡鬯，号竹垞，晚号小长芦钓鱼师，又号金风亭长。今浙江嘉兴人。清代诗人、词人、学者。学识渊博，通经史，能诗词古文，曾参加纂修《明史》。

徐元文 （1634-1691），字公肃，号立斋，江苏昆山人。徐乾学之弟。顺治十六年进士第一，被顺治帝誉为“佳状元”，并赐冠带、蟒服、乘御马等。

潘之彪 生卒年不详，字文山，号退庵，江苏丹阳人。清顺治十八年二甲第七十四名进士。康熙七年任蓬溪知县，在蓬为官十二载，政绩卓著。

邵廷采 （1648-1711），字念鲁，又字允斯，浙江余姚县城人。师承黄宗羲，得授史学而传其文献之学。后读刘宗周《人谱》，崇奉王阳明心学，又通兵法。

张廷玉 （1672-1755），字衡臣，号研斋，安徽桐城人，清朝保和殿大学士、吏部尚书、军机大臣、太保，封三等伯，历三朝元老，居官五十年。

王贻乐 生卒年不详，王阳明后人，清康熙年间在世，曾参与编纂《王阳明全集》。

俞　嶙 生卒年不详，约康熙年间在世，浙江余姚人，曾任知县。参与编纂《阳明先生全集》。

纪　昀 （1724-1805），字晓岚，一字春帆，晚号石云，道号观弈道人。历雍正、乾隆、嘉庆三朝，《四库全书》的总纂官。

严　复 （1854-1921），乳名体乾，初名传初，改名宗光，字又陵，后名复，字几道。清末著名的启蒙思想家、教育家、翻译家。

章炳麟 （1869-1936），字枚叔，初名学乘。后改名绛，号太炎，早年又号“青兰室主人”、“刘子骏私淑弟子”等。浙江余杭人，清末民初著名的民主革命家、思想家，著述甚丰。

梁启超 （1873-1929），字卓如，另字任甫，号任公，又号饮冰室主人，中国近代著名的启蒙思想家、政治活动家和学术大师，著述颇丰。